I0295583

LA SIXIESME PARTIE DE L'ALEXIS,

De Monſeigneur l'Eueſque de Belley.

Où ſous la ſuitte de diuers PELERINAGES *ſont deduites pluſieurs* HISTOIRES, *tant anciennes que nouuelles, remplies d'enſeignemens de* PIETE'.

A PARIS.
Chez CLAVDE CHAPELET, ruë ſainct Iacques, à la Licorne.

M. D.C. XXIII.
AVEC PRIVILEGE DV ROY.

A MONSEIGNEVR LE COMTE DE MORET.

MONSEIGNEVR,

C'est proprement ALEXIS *que ie vous offre en céte Partie, où vous verrez le cours de sa premiere ieunesse, ainsi qu'vne Primeuere, toute couronnée de fleurs, dont les odeurs embaument la terre, & dont les parfuns montent iusques au Ciel. Voyez-les sous ces fueilles,* MONSEIGNEVR: *& si elles sont fa-*

uorisées des traicts, ou plustost des rays de vostre veuë, vostre fauorable regard fera que la posterité y aura égard; & que, changees en fruicts pleins de maturité, elles seront au goust des palais plus reuesches. Vous remarquerez icy ce que le Sage dit estre impossible de recognoistre, la trace de l'homme és iours de son adolescence, course qu'il compare au train de la Nauire sur l'eau, au fray du serpent sur la pierre, & au vol de l'oyseau dans les airs, passages sans vestiges. Vous y verrez vn ieune Pelerin preuenu de Dieu en de grandes benedictions, enseigné de luy dés son enfance, & portant le joug de la vertu dés ses plus tendres ans. Cette trace de la grace vous contentera plus que celle de sa race qu'il descrit assez obscurement, pour faire perdre la marque de sa barque, aymant mieux estre cognu de Dieu, que des hõmes: ausquels ce n'est pas son dessein de plaire, sinon entant qu'ils auront le iugement conforme à ceux qui ayment le seruice et la suitte de Dieu, de ce Dieu qui l'a tenu par sa main droitte, qui l'a conduit en sa volonté, qui luy a monstré ses voyes, & qui par les sentiers de son aßistance le meine au chemin de la gloire. O! MONSEIGNEVR, si par l'ongle vous iugez du Lyon, que sera-ce si ma plume continuant ces Pelerinages vous descouure les incomparables merueilles que Dieu a operées en cette ame, au progrés de sa vie, en laquelle preparãt des escaliers *en son cœur, il a monté de vertu en vertu, pour voir vn iour Dieu en sa saincte montaigne. Vostre ieunesse, pleine des estincelles de tant de viues esperances, ne trouuera rien icy qui puisse offencer ses yeux : aussi estimeroy-ie cet ouurage indigne d'aller à vous, & de sortir de moy, s'il estoit d'autre trempe qu'honneste & vertueuse. Au cōtraire, comme les exemples modernes, ainsi que les fleurs, ont d'autant plus de force qu'ils ont de fraischeur, i'espere que vous rencontrerez icy des actions autant dignes d'estre imitees, que l'antiquité en puisse produire en semblables occurrences; & où la grace diuine se faict voir en vn appareil, qui merite beaucoup d'admiration. Ie trompois en tra-*

çant cette Histoire, le loisir de ces dernieres chaleurs: que si sa lecture peut détremper le trauail assidu de vos estudes, i'estimeray mon labeur assez bien employé. La viuacité de vostre esprit, qui, comme les traicts de vostre face, porte tãt de marques du grand HENRY, vostre pere, se pourra exercer icy sans ennuy, & employer non inutilement à cette occupation des heures perduës: ce sera vn moyen pour rendre profitables vos diuertissemẽs; puis que les Princes, comme vous, qui tendent à choses grandes, en leur apprentissage n'ont point de temps à perdre. Le Roy, dont la puissãce & la volõté font la trame de vos destins, sçaura bien proportionner ses faueurs à vos merites. C'est ce qu'il regar-

de pour vous donner vn rang digne du sang de ce grand Monarque, pour les loüanges duquel la renommee n'a point assez de langues. Si vous cõtemplez fixement le Soleil de la Vertu, vous serez l'Aiglon de son cœur: car les freres du iuste LOYS, *sont ceux qui font la volonté du Pere celeste. Soustenez donc, par cette Royale voye, l'honneur que vous auez de luy appartenir: & si le Ciel vous destine au seruice des autels, rendez-vous capable de seruir Dieu, le Roy, l'Eglise & l'Estat, selon que vous oblige vostre qualité, & suiuant les attentes publiques, & les esperances particulieres,*

MONSEIGNEVR,

De vostre tres-humble, & tres-obeissant seruiteur,

IEAN PIERRE, E. DE BELLEY.

L'AVTHEVR A SERAFIC.

A LA FIN, Serafic, cet Alexis, iusqu'à present inconnu, commence comme vn limaçon à sortir de sa coquille ; & c'est la douceur des rays de tes persuasions, qui a causé en son ame cette émotion primtaniere, qui le faict glisser en cette Partie sur l'argent de sa propre escume, & qui vous faict succer en passant, ou plustost en vous paissant par l'oreille, la rosee respanduë sur beaucoup de fleurs. Qui m'eust dict que faisant l'inconnu, & attendant au dernier poinct à manifester sa cachette, il eust voulu se rendre impenetrable, & incommunicable, & pratiquer ce mot ancien, Cache ta vie, sacrifiant au silence, comme vn nouuel Harpocrate ? Mais en fin c'est à toy, ainsi qu'à la main adextre d'vne sage femme, que nous deuons la production de ce l'art, où se voit la trace de son adolescence, chose que Salomon semble loger dans l'impossibilité. Car il faut auoüer que, comme vn homme qui baaille, excite à mesme action ceux qui le regardent ; de mesme ta bouche s'est ouuerte (à l'imitation de l'Apostre parlant à cœur déboutonné aux Corinthiens) auec tant de candeur, de franchise & de sincerité à cette chere compagnie, que rien ne l'a tant obligé à se declarer, que la naïfueté de ta procedure. A la verité, tu n'as icy rien entendu de nouueau, & que tu ne sceusses desja, & mesme plus auantageusement pour luy, qu'il n'a osé exprimer ; mais nous t'auons l'obligation de la cognoissance de cette belle, pure & chaste jeunesse, qui ne peut promettre en son arriere-saison, que des fruicts d'honneur & d'honnesteté. Il appartenoit à ce pieux Cesar de nous descrire les Commentaires de sa vertueuse enfance ; & si l'on attendoit d'Hercule de si grandes choses, parce qu'il auoit estouffé des serpens en son berceau ; attente que par ses labeurs il fit reüssir auec vn tel esclat, qu'apres tant de monstres domptez, il en remporta le nom d'Alexicaque, c'est à dire

Chasse-mal ; que pouuons-nous esperer de ton Alexis, sinon qu'assisté de la grace, il domptera tous les Geans, & toutes les difficultez qui se presenteront à son passage à la terre promise ? car s'il a faict tant de choses, où la grace brille si lumineusement au plus verd de son aage, que fera-t'il sur le sec, & en sa maturité ? desia ne peut on pas dire de luy ces motets de Triomphe du grand Chantre?

Que les chasseurs pour le surprendre
Luy tendans maint filet trompeur,
L'Eternel l'en a sçeu deffendre,
Et des maux qui font plus grand' peur,
Et qu'en le couurant sous son aisle
Sa plume asseuré l'a rendu,
Et que sa verité fidelle,
Comme vn bouclier, l'a deffendu.
Bien a tremblotté sa poitrine
Parmy les frayeurs de la nuict,
Mais non pour la fleche maline
Qui vole alors que le iour luit,
Ny pour la mortelle rencontre
De la peste en l'obscurité,
Ny pour le Demon qui se monstre
Quand le iour est plus haut monté.
Il en a veu à sa senestre
Mille promptement trebuscher,
Et puis dix mille au costé dextre,

Et le mal de soy n'approcher,
Et des maux qui sont plus de crainte,
Franc en sa plus verte saison,
Desormais quelle forte attainte
Pourroit esbranler sa raison?

Ce n'est pas pourtant qu'il se doiue confier, ny en sa Chasteté, ny en ses autres vertus passees: mais aller tousiours en auãt de vertu en vertu, imitant le vol des oyseaux du Profete, qui auãçoient sans cesse & ne se retournoiẽt point, & cet Apostre qui couroit tousiours, n'estimãt pas auoir atteint au but; car il faut ramer continuellement sur le courant de cette vie, autrement on deuale: sur l'Eschelle de Iacob tous les Anges mõtent & descẽdent, nul s'arreste; car s'arrester en la voye de Dieu, c'est desister, s'abbatre, se relascher. Et c'est à quoy il vise auec toy en ces Pelerinages qui vous sont cõmuns: car si l'ame chemine, selon S. Gregoire, auec ses affections, ainsi que le corps auecques ses pieds; ie m'asseure qu'à mesure que vous tirerez païs en la terre, au moyen de ceux-cy; vous vous esleuerez biẽ haut en la Perfection, à l'ayde de celles-là; car ce sont ces belles & sainctes affections, qui vous seruiront d'aisles de Colombe, pour vous porter en vostre repos, & de plumes d'Aigle pour voler au biẽ, sans iamais deffaillir: les vnes vous donneront de la promptitude & de la ferueur, les autres de la fermeté & de la perseuerance. Mais ne vous estonnerez-vous point, qu'estant le Secretaire de vos plus douces pẽsees, ie sçache si mal vostre secret taire, le publiant par le vol de ma plume, à tous ceux qui auront la curiosité de lire ces escrits? Que vous serez estõnez de voir estalé en ces pages publiques, ce que vous auiez cõmis au silence des bois, & comme mis en depost dans le sein fidele de cette chere forest de Rets: que nous pouuons bien plus iustement appeller sacree, que ne faisoient les anciens les lieux ombrageux, & les cauernes des plus affreuses solitudes, à cause de leur horreur, qui leur sembloit auoir ie ne sçay quoy de diuin. Mais si vous considerez que les forests, quoy que sourdes aux plaintes, sont neantmoins assez babillardes pour les r'apporter, à cause du grand nombre d'Echos, qui resident pour l'ordinaire dans leurs centres, & qui recitent par tant de redoublemẽs les paroles qu'ils rebattent, qu'il est mal-aysé que les passãs n'en entendent au moins les extremitez. Aussi ne sõt-ce que les moindres merueilles operees par la grace celeste en vos ames que ie vay racontant en ces Pelerinages, où ie vous depeins, comme des Israëlites en la Pasque, les reins ceints, les bastons ou les bourdons à la main, parcourãt plustost que discourant posément sur les principales & plus releuees actions de vos vies ; pour ne donner prise au monde sur vous, plus que les mousches en ont sur la glace des miroirs. Ie sçay que, comme des Dauids & des Elies, vous fuyez la persecution du monde, ce cruel & reprouué Saül, & la Iezabel de la vanité, en vous iettant dans les deserts: mais comme les plus retirez deportemens de Dauid & d'Elie, dans les solitudes, ont esté reuelez en leur temps, pour la plus grande gloire de Dieu, qui les retira de tant de miseres ; pour ce mesme suiect ie m'esuertuë de manifester au monde le bien que vous auez prudemment caché, pour ne perdre, comme Ezechias, vos tresors en les descouurant. Mais moy qui n'ay point d'interest en toutes ces Histoires, autre que celuy d'vn fidele Escriuain, qui ramasse la manne de la grace respanduë sur les fleurs de tant d'insignes Vertus que ie déterre de l'oubly, & que ie consacre à la Memoire, ie n'en puis craindre aucune enflure : mais i'en puis esperer de l'edificatiõ, pour ceux qui en voudront recueillir sur de si rares exemples. Le mal est, que la curiosité, ce furet importun, qui se glisse par tout, tasche, à quelque prix que ce soit, de crocheter tous les secrets de cet ouurage voilez sous des noms empruntez; ne se contentant pas de iouïr du profit, & de l'operation de la medecine, si elle n'en sçait tous les ingrediens, & les noms, & les qualitez des simples, qui entrent en sa composition: sans considerer que ce ramas d'euenemens enfilez dans la suitte de ces Pelerinages, est comme vne masse de Theriaque, ou pour vne doze de serpent; il y entre plusieurs autres drogues, qui sont fort salutaires. Si ne suis-je pas resolu pour leur passion de deschirer le voile du Temple, me reseruant tousiours ce mot, pour euaporer tout le trauail de ces alambicqueurs, que ce sont peut-estre icy toutes Paraboles: auec cette pierre i'abbatray le Colosse bigarré de leurs diuinations, essuyeray les sueurs de l'enuie, & satisferay ceux à qui le soupçon pourroit donner quelque mescontentement, chassant ainsi le marteau de leur teste. C'est grand cas! nous mangeons les viandes assaisonnees par les cuisiniers, sans nous enquerir de la façon de leurs apprests, pourueu qu'elles soient à nostre goust, & que nous en tirions vne bonne nourriture : nous aualons les remedes des Pharmaciens, les yeux fermez : nous nous laissons saigner, coupper, tailler aux Chirurgiens, non seulement auec patience, mais auec remerciment ; & ceux qui manient les vlceres inueterez de nos ames, sans fer & sans feu, sous des personnes desguisees, auec mille doux & industrieux artifices, nous ne les pouuons souffrir ? hyboux que nous sommes, qui ne pouuõs supporter la splendeur du Soleil de la Verité, qui nous bat dans les yeux ! Verité odieuse, mais aux veuës mal-saines ; ce n'est pas que son lustre ne soit beau & gracieux; mais on l'ayme leschant, non poignant. Comme le ray du Soleil qui plaist; non cuisant, mais luisant; non bruslant, mais brillant. Dequoy sert donc de creuer leurs apostemes, auec vn stilet caché, dans vn coton huillé & parfumé, puis que leurs os sont tellement enuieillis ; c'est à dire leurs mauuaises habitudes enracinees, qu'ils semblent en auoir faict nature ? si ne faut-il pas manquer de Charité pour les ayder, encore qu'ils mãquent de sentiment pour s'amender tost ou tard:

ou tard: Peut-estre que ce collyre seruira, pour faire au moins tõber la taye de leur colere, & leur faire voir que les seruir n'est pas les outrager. Ie ne dy point cecy sans sujet, Serafic; car i'ay sceu de fort bonne part, que ie ne sçay quels esprits s'estans approprié quelques pieces des Histoires de ces Pelerinages, comme si elles les pinçoient, s'estoient irritez cõtre l'Escriuain, qui iusqu'alors auoit ignoré leur nom, & qui ne cognoist pas encore leurs personnes, moins leurs deportemens; semblables à Heleine, qui deuenuë vieille, se faschoit contre son miroir, qui la representoit ridee, non contre les ans, qui faisoient que le Ciel de sa premiere beauté estoit deuenu Empyree: Ce Mimiambique, a raison de dire qu'il y a certaines imperfections, qui mesprisees s'esuanouïssent, & qui se font recognoistre par le courroux. C'est r'amener en jeu les gruës d'Ibicus, & les arondelles de Bessus, dont les vnes accuserent l'homicide, & les autres le parricide des coulpables, par le remords de la conscience des criminels, qui les fit parler contre eux-mesmes. Si par hazard vn peintre auoit donné le visage d'vn Gentil-homme à quelqu'vn des bourreaux de la Passion du Sauueur, n'auroit-il pas tort de se formaliser qu'on l'eust mis (quoy que sans dessein) en cet equipage: pareille erreur commettent ceux qui crient qu'on les regarde, quand on croit qu'ils ne soient pas au monde: qu'ils me donnent aussi peu de part en leur hayne, qu'ils en ont en mes escrits, & nous voila d'accord. Ie me ry de ces Astrologues iudiciaires, qui forment des coniectures sur les aspects des Astres, & sur les constellations des Cieux, debitans ces resueries pour des Oracles : mais i'ay bien plus d'occasiõ d'auoir pitié de ces Andabates, qui s'escriment les yeux bandez sur le Theatre de cet Alexis, & qui s'escarmouchent à coups perdus, sans sçauoir où ils donnent; tousiours courans, & n'arriuans iamais au but. Enfans qui veulent reduire en forme vne masse d'argent-vif, laquelle s'esparpille en mille parcelles plus elle est pressee : Pour vn traict de ressemblance, c'est celuy-là, sans auiser à plusieurs dissemblances; Almanacs, qui pour vne vraye prediction en ont cent fausses. Que faire à cela, sinon les laisser coniecturer, & donner à ces Enigmes, tel sens & telle couleur qu'il leur plaira, & puis se rire de leur dire? Qui ne riroit d'entendre qu'Onianthe c'est vn tel, Plombin celuy-là, Calixtin cet autre, & que toy-mesme, Serafic, es pris pour trois ou quatre differens personnages; car quant à Alexis, il a plus de visages qu'Hecate, ny que Ianus, plus de formes que le Protee, plus de couleurs que l'Iris, plus de gousts que la Manne; c'est cettuy-cy, c'est cettuy-là; en vn besoin, ce sera l'Escriuain mesme qui se cache ainsi derriere ce tableau: qui ne prendra plaisir à ces crotesques de iugemens, plus estranges, que cette peinture extrauagante qu'Horace met au front de son Art? Et ie te prie, mon Serafic, quel homme de bon sens m'en estimeroit si despourueu, que ie voulusse imiter ce Menestrier des champs, qui iouoit en ses propres nopces, ou bien si peu iudicieux, que voulant couurir des choses que ie ne suis pas obligé de descouurir, ie n'eusse peu venir à bout d'vn dessein si facile; repartant aux enquesteurs, qui est celuy que ie voile sous tel nom, cela mesme qu'vn Spartain, à celuy qui s'enqueroit de ce qu'il portoit sous son manteau: ne vois-tu pas que ie l'y porte caché, de peur que tu ne le sçaches? Cessent donc les enquestes, les diuinations, les coniectures : qu'on se serue de ces Liures en simplicité de cœur, comme ie les ay tracez de cette façon, sinon qu'on les laisse : qui pensera que i'aye eu quelque sinistre, ou malicieuse intention en les traçant, Dieu iugera vn iour entre luy & moy ; il sçait si ie veux mal à personne. Mais aussi, qui voudroit empescher vn Historien d'escrire des vices, des fautes, des imperfections, retrancheroit vne partie des Histoires, qui fait presque le tout: car tout le monde, dict la saincte parole, estant cõsit en malignité, pour vne action Heroïque, vertueuse, loüable, qui se faict sur le Theatre du monde, il s'en faict cent de trahison, de perfidie, de rebellion, d'abomination, de desloyauté; pour vne rose mille espines. L. Verité, comme le rayon du Soleil, passe sur les fleurs, & sur la fange indifferemment ; s'il ne falloit pas anciennement fermer la bouche au bœuf, qui fouloit le grain, beaucoup moins la faut-il clorre à vn Historien, qui bat en l'aire du siecle auec le fleau de sa plume, pour separer la paille du grain, le precieux du vil, le bien du mal. D'autres moins ombrageux, estimeront qu'en toy, Serafic, & en ton cher Alexis, i'ay voulu representer l'Idee d'vn Amant Vertueux, & d'vne jeunesse de tout poinct accomplie, & preuenuë de Dieu en benedictions de douceur: outre que cela, peut estre, ie n'ay rien à dire à cette conjecture, sinon qu'on en pensera ce que l'on voudra: mais si en toy & en ton associé, la Iustice & la Paix s'entre-baisent, c'est à dire l'Amour & la Pieté; c'est pour apprendre à ceux qui estiment ces choses incompatibles, qu'elles ne le sont pas, pourueu qu'ils mettent à leurs affections les bornes que vous auez prescrittes aux vostres; & en suiuant vos traces, ils trouueront, ie m'en asseure, de la facilité en ce qu'ils ont tenu pour impossible: car quãd la fin est bõne (à quoy nous deuons viser en nos actions & pretensions) les moyens pour y paruenir n'estans qu'accessoires, prennent les qualitez & la nature de ce principal. Et c'est à quoy i'ay principalement visé en cette Sixiesme Partie, ou en la personne d'Alexis: duquel i'ay si peu dict, au prix de ce qui se pourroit dire des merueilles de la grace de son Adolescence, qu'il faut auoüer que les plus fortes paroles de l'eloquence ne le sçauroient esleuer si haut, qu'elles ne le retiẽnent au dessous de son merite. La jeunesse licentieuse, & en vn aage, dont les boüillsons sont sujects à mille caprices & desbauches, apprendra sur cet exemple à se tenir en deuoir, & à regarder Dieu pour se conduire, comme il faut, en vne saison si glissante. O Serafic! si ie poursuiuois ces Pelerinages, où trouueroy-je des gens qui me voulussent croire és autres euenemens émerueillables de son aage plus auancé? qui n'accuseroit mes veritez, comme manquantes de vray-semblance? Et Dieu sçait neantmoins si elles sont vrayes! & qu'en pareilles occurrences, il me seroit moins supportable de mentir que de mourir, veu que i'impugnerois vne verité qui m'est notoire, & plus claire que le iour en son Midy, & que ie sçay de science certaine. Et toy, mon Serafic, qui m'es vn tesmoin par delà toute exception, en la plus part des choses que i'auance; tu sçais bien qu'il s'en faut beaucoup que ie n'arriue au faiste de l'excellence des Vertus, dont ie ne fais voir que des eschantillons: & que si la piece entiere estoit estalee, elle sembleroit vne fable au lieu d'vne Histoire, à ceux qui sont lourds & tardifs à croire, non toutefois à ceux qui sçauent peser & mesurer les effects de la grace, au poids & au niueau du Sanctuaire, non au profane & mondain. Et toy qui finis cette Partie, apres que ton Alexis a celé ce que son Humilité & sa Modestie luy auoient faict consigner au silence, nous laisses en vn appetit merueilleux d'entendre ces autres effects de Continence & de Pureté, que tu nous promets de nous raconter en la suiuante, en laquelle nous esperons mettre fin à ce voyage de nostre Dame de Liesse, qui est le premier de vos Pelerinages. Que si quelque lecteur precipité se plaint, que ie vous fay marcher trop lentement, & à pas de plomb; dy-luy pour moy, auec l'Apostre, que la Tortuë par son assiduité arriua plustost au but que le cheual bondissant: dy-luy que tu n'es pas resolu de te presser pour son impatience; & s'il est plus hasté, qu'il aille deuant, que les finances ne te manquent, & que tu as de quoy payer par les hosteleries, quoy que tu te destournasses beaucoup du droict chemin, que tu ne vas que pour aller, & que tu marches par des destours à dessein, pour estre moins cognoissable, & te soustraire aux yeux du monde.

Dy que tu n'es pas comme ces cheuaux fougueux, qui s'eslancent au sortir du logis, & sont las au milieu de la journee, que pour durer tu veux aller à petites traittes, prenant plaisir à toutes les rencontres, qui te donneront occasion de sejourner : comme l'abeille s'arreste sur les fleurs qui luy plaisent, & comme ceux qui voyent le païs pour leur contentement, se destournent volontiers de leur route, pour voir quelque lieu delicieux & agreable. Ceux qui trouueront les digressions ennuyeuses, & comme interrompantes le fil des Histoires, ne s'auisent pas que celles-cy ne sont faites que pour seruir de suject & d'ouuertures à celles-là; & qui prendroit ces destours pour accessoires, seroit bien esloigné de mon sens & de mon dessein. C'est grande pitié de voir, que personne ne se plaigne de la longueur de ces liures folastres & dangereux que ie combats, pleins de fatras, d'impertinences, de feintes, de mensonges, d'impossibilitez, de fables, de fadaises, de chimeres, d'imaginations fantastiques qui ne furent iamais, & qui peuuent estre viandes creuses, venteuses, indigestes, inuentions pueriles, fardées & plastrees d'vn certain ramas de paroles affettees, qui ressemblent à ces fleurs qui n'ont qu'vne couleur éclatante & point d'odeur, & qui composent vn certain ramage que quelques vns appellent Galimathias, qui n'est pas entendu de ceux là mesme qui le produisent, & qui ne semble faict que pour esblouïr les yeux de ceux qui le lisent, ou estourdir les oreilles de ceux qui l'entendent. Et quand il est question du seruice de la Vertu, & de la Verité; les digressions vtiles sont appellees importunes, les actions pieuses, les conuersions admirables sont nommees des productions de la melancholie: & si quelque chose d'affectueux, bien qu'honneste & licite, se glisse dans la Pieté, comme pour donner goust à la sausse de ce poisson, & la faire seruir d'antidote à cette poison malicieuse, plusieurs crient au scandale: tel faisant le Caton en la reprehension de cette industrie sacrée, qui est plus desreiglé en ses mœurs qu'vn Sardanapale plus dissolu qu'vn Nabal, & vn mauuais riche. Mais qui s'estonneroit de ce iugement du Monde, & des Princes du siecle, seroit bien neuf en la connoissance de ses inégalitez : car qui ne sçait qu'il est vn iuge indulgent à ses enfans ; & seuere, ou plustost iniuste, à ceux qui luy font banqueroute. Ceux, dict nostre Seigneur, qui mettent en euidence, & qui reprennent ses mauuaises œuures, sont incontinent chargez de calomnies & de mesdisances, & declarez ses ennemis : mais ces paroles du Sauueur sont de grande consolation contre ses attaintes : resioüissez-vous, dict-il, quand les mondains diront toutes sortes de maux de vous, pour l'amour de moy, car vostre loyer est grand dedans les Cieux, Cieux qui appartiennent à ceux qui sont persecutez pour la iustice : c'est pourquoy ie m'arreste à ces deux sentences de deux grands Apostres, qui me sont les colomnes d'Hercule ; l'vne, celuy qui plaist aux hommes n'est pas vray seruiteur de IESVS-CHRIST ; l'autre dict, Mes amis n'aymez point le monde, ny ce qui le concerne : car l'amitié de la terre est ennemie du Ciel, & qui voudra s'establir dans les affections, & l'estime du siecle, ſera conſtitué aduerſaire de Dieu. Apres cela, mon Serafic, il faudroit eſtre non ſeulement bien de loiſir, mais bien miſerable, pour chercher des paroles tendres & delicates pour captiuer la bienvueillance des Candides Lecteurs.

Approbation des Docteurs.

NOvs soubssignez Docteurs en la saincte Faculté de Theologie de l'Vniuersité de Paris, Certifions auoir leu, *La sixiesme Partie de l'Alexis de Monseigneur l'Euesque de Belley*, & l'auons trouué net d'heresie, & de tout ce qui contrarie à la Foy Catholique, Apostolique & Romaine, & de mesme trempe que les autres parties precedentes, en signe dequoy auons icy mis nos seings. A Paris, ce 23. Nouembre 1622.

A. Soto.

I. le Page.

EXTRAICT DV Priuilege du Roy.

PAR Grace & Priuilege du Roy, il est permis à Claude Chapelet, Libraire Iuré en l'Vniuersité de Paris, d'imprimer, ou faire imprimer, & mettre en vente, vn Liure intitulé, *La sixiesme Partie de l'Alexis de Monseigneur l'Euesque de Belley, Conseiller du Roy en ses Conseils d'Estat & Priué: où, sous la suitte de diuers Pelerinages, sont deduittes plusieurs histoires tant anciennes que nouuelles, remplies d'enseignemens de Pieté*: Faisant defences à tous Libraires, Imprimeurs, ou autres de quelque qualité & conditions qu'ils soient, d'imprimer ou faire imprimer ladite sixiesme Partie de l'Alexis, la vendre, debiter, ny distribuer par nostre Royaume, durant le temps de dix ans, sur peine aux contreuenans de confiscation des exemplaires, & de cinq cens liures d'amende, moitié à nous, & l'autre moitié audit exposant; comme il est contenu és lettres donnees à Paris le 26. iour de Nouembre, 1622.

Par le Conseil,

BERGERON.

TABLE DES SOMMAIRES de la Sixiesme Partie d'Alexis.

Sommaire du premier Liure.

1. *Prelude pour l'Histoire de la ieunesse d'Alexis.* 2. *Il la commence.* 3. *Sa grace.* 4. *Sa nourriture aux champs.* 5. *Il desire estre Hermite.* 6. *Lecture des Romans.* 7. *Pure & simple amitié calomniée.* 8. *Autre.* 9. *Histoire de Piside & de Timolas.* 10. *Histoire d'Hermellande & de Narsette.* 11. *Ialousie.* 12. *Rencontre perilleuse pour l'honnesteté.* 13. *Vœu de Chasteté perpetuelle.*

Sommaire du Second Liure.

1. *Amitié studieuse auec Amat.* 2. *Amitié deuotieuse auec Carondas.* 3. *Alexis desire estre Chartreux, & en est empesché.* 4. *Pense de se faire Pelerin, & en est*

diuerty. 5. Il va aux vniuersitez. 6. Pures & Angeliques affections auec Saincte.

Sommaire du Troisiesme Liure.

1. *Suitte de ces chastes affections. 2. L'Amour & la Deuotion compatibles.*

Sommaire du Quatriesme Liure.

1. *Tentation specieuse & subtile. 2. Amitié d'Alexis auec Edouard. 3. Saincte recherche par Tarase. 4. Lettres d'Alexis à Saincte, & d'elle à luy.*

Sommaire du Cinquiesme Liure.

1. *Autres lettres. 2. Saincte mise à la Cour. 3. Feinte recherche de Nymphadore. 4. Genereuse chasteté de Sainte. 5. Christine euitee par Alexis. 6. Il se faict Pelerin auec Serafic. 7. & comment.*

Sommaire du Sixiesme Liure.

1. *Exercices & enseignemens de Pieté. 2. Sortie de l'Hermitage, & complimens. 3. Pro-*

fetie. 4. Loüanges d'Alexis par Serafic. 5. Continence victorieuse en deux occurrences. 6. Arriuée à Compiegne.

ALEXIS,

ALEXIS.

PARTIE SIXIESME.

LIVRE PREMIER.

SOMMAIRE.

1. *Prelude pour l'Histoire de la ieunesse d'Alexis.* 2. *Il la commence.* 3. *Sa grace.* 4. *Sa nourriture aux champs.* 5. *Il desire estre Hermite.* 6. *Lecture des Romans.* 7. *Pure & simple amitié calomniée.* 8. *Autre.* 9. *Histoire de Piside & de Timolas.* 10. *Histoire d'Hermellande & de Narsette.* 11. *Ialousie.* 12. *Rencontre perilleuse pour l'honnesteté.* 13. *Vœu de Chasteté perpetuelle.*

IL TOVCHA donc en fin au gentil Alexis, de prendre à son tour le flambeau du discours, pour faire paroistre aux yeux de ses compagnons la lumiere de sa vie. Vn boucquet si gracieux & venãt d'vne main si chere, & si aymable que celle de Serafic ne pouuoit estre refusé. Toutes choses l'y obligeoient, le cercle de la conference, la franchise du procedé des autres qui l'auoient deuancé en cette lice, lesquels s'estoient depeins de toutes leurs couleurs, sans faire la petite bouche en la declaration des Vertus que la grace de Dieu leur auoit communiquées & sans s'excuser en leurs defauts, par des paroles affettées propres pour desguiser la verité, disans rondement les accidents comme ils estoient arriuez, & descouurans, par maniere de dire, iusques au fond de leurs entrailles, & parlans à cœur deboutonné, pour faire voir leurs passions de la mesme façon qu'ils les auoient ressenties. Il eust eu l'esprit trop iniuste pour marcher d'vn pied moins sincere deuant ceux qui s'estoient manifestez auec tant de candeur & d'integrité. La courtoisie & la Iustice estoient les deux esperons qu'il auoit dans le flanc quand il entra en cette carriere : celle la le pressant de se descrire auec aussi peu de vanité que beaucoup de sincerité, comme s'il eust voulu reueler sa cause à Dieu mesme, auquel rien n'est caché, puis que tout est percé de sa veuë : Et ie croy s'il eust esté parmy ces natiōs qu'on dit viure encore soūs la loy de nature, qu'il se fust despeint tout nud; au moins s'il garde la bien-seance, cela n'empeschera pas que la verité ne paroisse toute nuë en son discours. Bien qu'en beaucoup d'instances elle luy doiue mettre la rose sur le front, non pour la pudeur d'aucune action, dont sa conscience le reprenne ; mais pour l'abondance des graces que Dieu a versées en vn vaisseau si fragile, cōme vn tresor, en vn vase de terre, ausquelles il s'estime correspondre si negligemment, & auec trop d'ingratitude. Ce n'est pas que ce qu'il a maintenant à deduire de sa vie & de ses fortunes, ait rien qui approche des merueilles du reste de ses iours, & des estranges auantures de ses Pelerinages ; car n'ayant à reciter que les traicts de la grace qu'il a ressentis durant son enfance & son adolescence, de laquelle à peine sortoit-il estant sur la fin de son troisiesme septenaire, & non encor au milieu de son cinquiesme lustre, on ne peut pas attendre de grandes choses de ces principes. Si est-ce que les bons estimateurs, & qui iugent des effects de la grace, non tant par l'esclat exterieur, que par le fruict & la force de l'interieur, veu qu'elle est comparée au grain de seneué, si petit en apparence, & de si grande vertu en soy, ne lairront pas de voir en ces commencemens de fortes semences de bien, & qui promettent de beaux fruicts en vne saison plus auancée ; car Dieu rend fructueux en leur temps les arbres qu'il plante de bonne heure sur le courant des eaux de ses graces, & ne permettant pas que leur feuillage se flestrisse, il faict prosperer tous leurs desseins, & toutes leurs operations. Ces poinctes de jeunesse, que les Latins appellent de petits feux, ou si vous le voulez ainsi, des estincelles; ces productions enfantines si naïfues & si simples en la monstre, & si solides en leur substance, ressemblent à ces pierres perduës qu'on iette dans les fondemens, sur lesquelles par apres s'appuye toute la masse de l'edifice. L'ongle monstre le Lyon : Hercule fit augurer sa future valeur par les Serpés qu'il estouffa dans son berceau ; Alexandre sa generosité, ne voulant courir au but qu'auec des Roys. Et tout ainsi que selon la disposition du Soleil & de l'air au matin l'on presage quel temps il fera le reste de la iournée; ainsi souuent par les actions de l'enfance, ou de l'adolescence, iuge-t'on du reste de la vie. Les fleurs du Prin-temps meuries par l'Esté sont des fruicts pour l'Automne. Le grand Poëte des Romains faict par Ænée presager vn grand Empire à son petit Iulus, pource qu'il luy vid vne fois la teste couronnée des rayons d'vne legere & molle flamme, pareille à ce meteore qu'on appelle sainct Elme, flamme qui enuironna quelque temps ses cheueux sans les brusler. Autant en raconte de Seruius Tullius l'Histoire Romaine : Mais ie preuoy qu'autant de temps que i'employe en cette Preface, c'est autant d'importunité, dont i'afflige celuy qui lit ces pages, & qui a bien autant d'impatience que les Pelerins & les Hermites d'entendre Alexis racontant sa fortune : Il la commença donc ainsi.

I'aurois à desirer (Messieurs) ou que vostre attente fust moindre qu'elle n'est, ou que les Eloges de Serafic fussent aussi vrays qu'ils sont amiables, ou que manquant d'vne belle matiere pour vous entretenir, i'eusse la faculté d'y suppléer par vne bonne forme, ou en fin que ie me fusse acquitté des premiers de ce deuoir duquel ie ne puis me dégager sans vne inciuilité & vne iniustice impardonnable. Car comme puis-ie satisfaire à l'attente de vos esprits, ausquels tout ce qu'ō peut dire est bien loing au dessous de ce qu'ils peuuent, ie ne diray pas admirer, mais cōprendre. Fascheuse attente, qui comme vne mōtagne ne produira par moy qu'vne souris, & par vous qu'vn sousris: car ie presage desia que vostre goust se rebousche à la saueur des petites choses que i'ay à vous reciter, plus menuës que des grains de coriandre: c'est bien icy où se verifiera ce vers,

Que la presence amoindrira le nom.

En quoy i'aurois à souhaitter que les Eloges de Serafic, tirez de son amitié, plustost que de son iugemēt ou de sa cognoissance, eussent esté, non seulemēt moindres, mais nuls, d'autant qu'il me met plus en peine de les soustenir, que ie n'en sens de vous dire les graces que Dieu a daigné faire à mon ame, la retirant des pieges où ma misere la portoit. Car tout ainsi que les miroirs d'acier faicts en demy Sphere, mōstrent par le creux les choses raccourcies, & par le costé du dehors, & qui est en bosse, les objets plus grands que le naturel: Ainsi vous qui me croyez quelque chose par son estime, me verrez si peu par mon recit, que vous aurez de la peine à croire qu'vn tel iugement que le sien ayt peu estre si cruellement trahy par sa bienueillance. Et ie prie quel ornement sçaurois-ie treuuer qui peust parer le neant, de qualitez essentielles : si les beaux habits pleurent sur vne personne laide, & si la blancheur des perles enfonce la noirceur d'vn negre, quelles paroles puis-ie fournir qui puissent donner de la valeur à des actions que leur enfance met plustost dans la niaiserie & la simplicité, que dans la valeur ou le merite. On dira que Dieu perfectióne sa loüange par la bouche des enfans, & qu'au triomphe des palmes c'estoient ceux qui chantoient le plus hault *l'Osanna*, qui veut dire loüange à Dieu, & benit soit celuy qui vient au nom du Seigneur; qui disoient de plus, honneur & gloire au fils de Dauid. Mais on ne considere pas qu'estans inspirez d'enhault, ils n'estoient en ces acclamatiós que les organes du S. Esprit. Esprit dont l'haleine souffle où il luy plaist, & qui se met aussi tost dans le ieune Daniel, que dans le vieil Elisée; Esprit qui peut donner des voix aux pierres, & qui faict parler la monture de Balaam, fermant la bouche à ce mauuais Prophete. Tout cela est extraordinaire, & vous iugez bié qu'esperer ces faueurs non communes c'est presomption ; les attendre ; temerité, les croire ; posseder, vne pure folie ; ne les rechercher point, humilité ; les admirer, vne vraye Pieté ; les euiter, vne profonde Sagesse fondée sur vne sincere cognoissance de sõ indignité. Que si ie n'ay ny forme pour soustenir vn petit sujećt, ny matiere qui se puisse maintenir sans l'ayde d'vne belle forme ; que pouuez vous esperer de ma narration, sinon que comme l'oyseau d'Horace les plumes de vostre attente, & l'estime de mon cousin ostées,

Ceste corneille excite ou risée, ou mespris.

Et que puis-ie attendre autre chose, si vostre Charité ne s'oppose à vostre iustice, & si la douceur, & la misericorde ne surmonte la rigueur du iugement ? Car ie vous prie, & quel ton puis-ie prendre pour arriuer à celuy dont i'aurois besoin, pour n'apporter point de dissonance en vn si beau cõcert, & de quel air pourrois-ie, non esgaler, mais suiure les elegantes paroles, les belles conceptions, les rares inuentions, & les descriptions excellentes que ceux qui m'ont precedé ont estalées sur le theatre de ceste conference. Si ceux qui arriuoient les derniers au but és courses Olympiques, non seulement n'emportoiẽt iamais le prix, mais estoient

& mocquez & punis ; que dois-ie esperer entrant en ceste carriere apres tant de
bõs coureurs? Non certes ce que dit l'A-
postre, Courez afin d'auoir la courõne de
la course, trop heureux si i'éuite la reprehension : car comme vostre Charité peut
compatir auec la correction, aussi faict-
elle que ie n'en attends pas de risée ny de
desdain. A la verité, si i'auois à vous dire
des grandes choses, à voler en grand air,
& à nager en grande eau ; ie ne me mettrois en peine que d'estendre mes bras &
mes aisles : mais ie n'ay rien que de petites enfances à vous representer ; c'est
pourquoy auant que m'y mettre, i'ay
besoin de vous prier de pardonner à mes
simplesses, & à mes puerilitez, vous souuenant que l'Apostre ne veult pas qu'on
mesestime l'adolescence d'vn sien Disciple, & que nostre Seigneur nous defend
de mespriser les enfans pour le respect de
leurs Anges, ioinct qu'vn sage Poëte
nous ordonne :

Que l'aage d'vn enfant ne nous soit à mespris :
Mais que nous facions cas de ces ieunes esprits.

Les fleurs ont leur estime aussi bien que
les fruicts, & tousiours les choses plus

grandes ne sont pas les meilleures. Beaucoup d'excellens ouuriers ont paru en de petits ouurages : la nauire de Myrmecides, l'Agathe de Pyrrhus, & semblables pieces de petite estoffe & de grand art, ont du renom dans les Histoires : Et le grand Poëte ayant à descrire l'œconomie des Abeilles, se rend d'autant plus admirable que le sujet sur lequel il enfle sa veine semble leger,

Le suiet est petit, mais le trauail est grand,

Et d'vn si grãd trauail non legere la gloire.

dict-il luy mesme à la teste de son chant. C'est nager en petite eau, & voler bas, & en peu d'air, que vous entretenir des menües actions d'vne enfance, & d'vne adolescence, de laquelle bien que ie sois prest de sortir, quant à l'aage, estant à la fin du second Soleil de mon cinquiesme lustre, i'y suis encore quant à l'inexperience, & à la rudesse, & peut estre y seray-ie toute ma vie, puisque l'Escriture marque des enfans de cent ans. A la verité c'est aux Cesars & aux Antonins à descrire leurs vies, parce qu'ils estonnent le monde de la grandeur de leurs actions. Mais qui n'a de quoy se faire imiter, n'a que faire de se produire: le limaçon qui monstre ses cornes s'expose au pillage, & apres cet estalement il ne laisse qu'vne baue qui le faict suiure à la trace, & on ne le suit que pour l'escraser. Il est vray que comme les medailles ont deux reuers : ainsi les choses humaines ont deux anses, il est bon que les imparfaicts soient recognus, comme les parfaicts, afin que ceux-cy soient imitez, les autres euitez ; ainsi les vns & les autres profitent, les premiers pour se faire fuir, les secōds pour se faire suiure. Ce sont des miroirs également vtiles en leur diuersité, car les vns monstrent les taches, les autres prestent les moyens de les lauer. Vous semble-t'il pas que Serafic a eu bonne grace de loüer mon Humilité, & mon Eloquence (s'il y a quelque ombre en moy de ces deux qualitez) puisqu'il les a renduës contraires à la Verité : en quoy vous remarquerez qu'il me connoist d'vn toucher si infect, que ie suis capable de corrōpre les meilleures choses, & de les appliquer à vn mauuais vsage. I'espere neātmoins me cōduire tellement par le milieu (centre de la Verité comme de la Vertu) que i'euiteray le sort d'Icare dont l'eau enseuelit la presomptiō, & ne frauderay point la gloire deuë à la celeste grace par vne fausse humilité, & que ie ne changeray point la nature des actiõs que i'ay à deduire par l'art fardé, & par le fard artificieux d'vne vaine Eloquence. Outil miserable ! puis qu'il faict profession de representer les choses non selon qu'elles sont, mais selon qu'il plaist à celuy qui s'en sert. Et Dieu mercy i'en suis si despourueu, que i'ay plustost à me loüer de n'en auoir point, que vous à craindre d'estre deceus par la persuasion des paroles de l'humaine Sagesse, dõt ie suis desgarny. Seulement ce mot, & puis ie commence. Souuenez-vous que ces entretiens nous sont autant de banquets spirituels: & tout ainsi qu'aux banquets, apres qu'on a beu le bon vin, dict l'Euangile, on sert le moindre, parce que le goust estãt emoussé en est moins friãt; & comme apres les viandes solides on en sert de creuses & legeres au dessert, telles que sont des fruicts, des dragées, des confitures, & autres gentillesses : de mesme apres tãt de belles & serieuses choses qui vous ont esté representées par ceux qui vous ont discouru de leurs fortunes, vous entẽdrez maintenant pour relascher vos esprits, des auantures pueriles, & par quels moyens Dieu me tenãt par la main droitte, & me conduisant par sa volonté én la ſcience de ſes voyes, m'a faict accõpagner au chemin de ma jeuneſſe par ſes Anges, de peur que ie ne choppaſſe aux pierres de ſcandale qui ſe ſont trouuées à mes pieds, me faisãt marcher ſur l'Aſpic, le Baſilic, le Lyon & le Dragon, parce que i'eſperois en luy, me preſeruant des embuſches du talon, & m'amenant en fin au poinct que vous me voyez d'eſtre Pelerin ſur la terre, ainſi que dit le Pſalmiſte, comme ont eſté tous nos Peres. Mais ie vien.

Vous me connoiſſez tous, & vous 3
ſçauez que Paris eſt le lieu de ma naiſſance. Vous connoiſſez mes parens & ma race : mais peut eſtre ne ſçauez-vous pas ce qui de Lorrains nous a faicts Pariſiens. Sçachez donc que noſtre lignage eſt de ceux qui ſont appellez en Auſtraſie de l'ancienne Cheualerie, & que mes anceſtres ont eu l'honneur de poſſeder auprés des Princes Auſtraſiens de belles charges, ſoit en Paix, ſoit en guerre. Or durant ces diſſentions qui furent ſi longues & ſi faſcheuſes entre les Lorrains & les Bourguignons, quelques-vns de nos predeceſſeurs ayans employé leur ſang, leur vie & leur courage, pour le ſeruice de leurs Souuerains, eurent encore part aux

conseils qui furent pris touchant les accords de ces puissantes & souueraines Maisons, dont l'Histoire conserue à la posterité tant de faicts memorables. Durant ces negociations, vn Cadet de nostre famille fut affectionné d'vn Duc de Bourgoigne, auprés duquel il se retira: ce Prince estimant d'en faire par ses biensfaicts vn aussi bon suiect, qu'il auoit recognu ceux de sa race affectionnez au seruice des Ducs de Lorraine leurs Souuerains; ce qui succeda ainsi qu'il l'auoit projetté: car luy ayant faict prendre party dans la Franche Comté, sa posterité qui s'estendit és villes de Pesme, de Pontarlier & d'Auxonne, a laissé d'euidentes marques de sa pieté enuers Dieu, & de son zele au seruice des Princes de cette maison, qui s'en alloit des plus florissantes du monde, si le trop de valeur n'en eust perdu le dernier masle en la bataille de Nancy, où par vn sort estrange, il arriua que le Chef de nostre race fut tué; son Prince qui estoit le Lorrain, restant victorieux, & le Cadet Bourguignon se sauua, laissant apres soy des enfans masles; l'autre ne laissant que des filles, qui en portant le bien en d'autres maisons, où elles furent alliées, perdirent nostre nom dans l'Austrasie ; nous voila depuis Bourguignons. Et pource qu'il arriue des lignees, comme des arbres, dõt les troncs se partagent en diuerses branches: Quelques vns s'habituerent à Gennes en Italie, & s'allierent en vne famille assez cognuë en Piémont des Marquis de Seue, d'où depuis ils se retirerent quand le party Espagnol commença à preualoir le François en cette Cité ; & de là se rendirent à Lyon, ville ancienne & principale des Gaules, où ils establirent vne fortune, pour leur temps, & pour auoir esté pratiquée hors de la Court, assez éclattante. Mon bisayeul Baron de Pegna eut plusieurs enfans, que fils que filles ; celles-cy furent alliées en des principales maisons de Dauphiné, de Sauoye, & du Lyonnois; & les masles qui estoient quatre se separerent en deux parts, les deux aisnez demeurerent auprés de leur Pere, tant qu'il fut en vie : les deux Cadets vindrent à Paris à la Court : ceux-là qui sont les Chefs des armées, sont les Barons de Platame, en Lyonnois ; l'autre de Calis en Beaujolois ; les autres furent esleuez par les Roys leurs Maistres, aux premieres charges des Finances, & du Cõseil: l'vn Seigneur de Pilagie, & de Poligate, qui estoit mon ayeul, l'autre Seigneur de ..... qui a laissé des enfans grands en l'Eglise, en la Iustice, au Cõseil, & aux Finances, & pleins, qui plus est, de merites, de vertus & de sçauoir: mõ Pere, qui s'appelloit Theocarés fut fils vnique, qui espousa vne fille vnique en Neustrie, sortie des Cõtes d'Icidie, appellée Cyrie, & dõt la Mere estoit des Pyrées d'Orleãs, qui est la famille de Florimõd, race d'importance, & de reputation. Nous nous appellons Simastres en nostre lignage, soit, par ce que nous venions d'Austrasie, soit par ce que nous portons des Astres en nos Armes, soit sans aucune raison, comme sont la plus part des noms des familles, dont on ignore la cause, autant que la source du Nil. Quoy que nous soyons beaucoup d'enfans en nostre maison; assez de temps neantmoins i'y ay esté l'vnique esperance: car, outre que par l'espace de quelques années ie fus seul, apres neantmoins ie fus suiuy de tant de sœurs, qu'on ne pensoit pas que ie deusse iamais auoir des freres, lesquels venus on perdit bien la peur de n'auoir qu'vn heritier, mais non pas certes l'affection singuliere qu'on m'a tousiours tesmoignée. Mon education est vne euidente

preuue,

preuue, qui a esté faite auec tant de soin & tant de despence, tant en la maison, durant que les troubles rendoient les Vniuersitez inaccessibles, & les Colleges deserts, que depuis és Academies, & és Vniuersitez, où i'estois esleué auec vne suitte & vn equipage, qui passoit de beaucoup les moyens de nostre famille : mais i'estois nay d'vn Pere, qui nourry de la sorte par le sien, me vouloit tesmoigner la mesme amour, & par vne Mere, qui n'ayant rien de la femme que le sexe, est au reste toute generosité.

Auprés de cette belle ville de Neustrie, à qui la fortune, pour son opulence sẽble auoir donné le nom de sa roüe, s'estend vne grande vallée large & plate, en forme de campagne, où il semble que la nature se soit aggreée à faire vne situation de maison, la plus accomplie qui se puisse desirer. Là est assis vn Chasteau appellé Icidie, delicieux en toutes façons; car outre que la structure en est fort belle, & d'vne symmetrie plaisante à l'œil; il est tellement ouuert & disposé de toutes parts, qu'il semble auec l'air & le Soleil, admettre la ioye & la santé en mesme temps en toutes ses demeures. L'entrée faict voir d'vne prospectiue trois gran- 4.

des cours, l'vne pour le fermier & le mesnage ; outre deux belles Metairies qui l'enuironnent, comme les deux bras de ce corps ; l'autre est pour le Seigneur, la troisiesme pour les offices qui regardent le seruice & la maison du Maistre. Les sales & les chambres y sont si riantes, que tout y semble faict à plaisir; ie laisse les autres parties, qui regardent l'ornement ou la commodité pour vous en descrire l'assiette : du costé d'où le Soleil darde ses premiers rayons ; la veuë est bornée, par l'esloignement d'vne grand' demie lieuë, d'vne agreable colline, qui d'vn traict d'œil faict voir en sa pante vne agreable varieté, de vallons, de rochers, de vignes, de bois, de prez, de tertres & de pentes; au pied coule ce grand fleuue, qui baigne les hauts murs de Paris : Fleuue dont le dos tousiours chargé de fardeaux prodigieux, se voit ordinairement couuert de bateaux pleins de richesses merueilleuses. Les riuages tous semez de fleurs font voir vne grande & vaste prairie verdoyante en tout temps, & qui dure autant & plus que la portée de l'œil, lequel r'approchant son regard de la maison, void comme en vn tableau vn jardin, qui en son estēdüe, en la beauté de ses allées, de ſes paliſſades, de ſes parterres, de ſes vergers, de ſes bocages, de ſes viuiers; & en ſa diſpoſition cede à peu de ceux qui ſe font admirer aux enuirons de Rotomage, ville de laquelle il vaut mieux ne rien dire que la loüer peu, & qui ſe void du coſté du Nort, diſtante ſeulement d'vne forte lieüe, enfoncée dans la rencontre de pluſieurs vallons, & faiſant paroiſtre en ſon port vne eſpoiſſe foreſt d'arbres, & de cordages de nauires qui flottent ſur la Seine: la campagne eſt couuerte de tant de villages circonuoiſins, que ramaſſez ils feroient vne ſeconde ville. Le coſté du midy, au bout d'vn champ fertile & ſpacieux, faict voir à vn grand quart de lieüe la bourgade qui depend du Chaſteau; à l'orée d'vne vaſte foreſt, qui s'eſtendant du coſté de l'Occident, couure neuf ou dix lieües de païs, de l'ombre de ſes hauſtes fuſtes. Ce fut en ce lieu, où comme en vn autre petit Paradis, parmy des bois, des prairies, des jardinages, & des rochers: ie paſſay heureuſement le reſte de mon enfance, & vne partie de ma plus tendre jeuneſſe. Temps heureux, auquel joüiſſant de moy-meſme, & comme ſenſiblement, de l'aſſiſtance de Dieu, ie gouſtois auec vn profond repos, les felicitez que le Ciel d'vne main fauorable versoit sur cette contrée, tandis que tout le reste de la France estoit remply de feu, de carnage & de sang. Mon Pere Theocarés estant engagé dans les armes à la suitte du GRAND HENRY; ma Mere choisit sa retraitte en ce lieu qui nous appartenoit, où elle vescut comme vn Alcyon, qui faict son nid sans danger au milieu des ondes. Car, comme femme, estant fauorisée de sauue-gardes du party contraire, & ne craignant rien du costé où seruoit son mary, elle viuoit en seureté de part & d'autre, & dans vn Chasteau, où par vne bonne garde, elle ne pouuoit craindre le rauage des brigands. Là ie fus nourry comme vn autre Moyse, parmy vn tas de filles; car outre trois de mes sœurs, il y auoit encore sous la discipline de ma Mere deux de mes cousines, & la fille d'vne grande Dame, dont leurs Meres s'estoient deschargées sur la mienne pour suiure la fortune de leurs Maris: contez leurs gouuernantes & leur suitte, & celle que la condition de ma Mere l'obligeoit d'auoir, & vous en ferez vne petite armée d'Amazones. Mon Precepteur Gentilhomme qualifié, mais Cadet de Normandie, qui me tenoit aussi lieu de Gouuerneur, auec ceux qui me seruoient, nous auions vn appartement separé, sans autre communication auec ce petit monde feminin, que la table & quelque briefue conuersation apres le repas. Hors cela, mes liures, mes exercices, le promenoir & la chasse estoient mes occupations. Ce n'est pas que la simplicité de mon aage, voisin de l'enfance, & tout à faict hors de soupçon, ne me laissast toute liberté d'aller, de venir, & de demeurer parmy toutes ces filles : Mais Cyrie qui estoit vne habile femme, pour escarter ceux de ma suitte, & quelques hommes destinez à la garde du Chasteau, me renuoyoit le premier apres que i'auois repeu à sa table, & faict la reuerence que ie luy deuois, comme à ma bonne Mere. Or, croy-je que c'est cette longue nourriture auec ce sexe, qui m'en a comme auec le laict imprimé l'auersion ; car comme l'Amour prouient de la connoissance des merites, aussi la haine naist-elle de celle des imperfections ; or pour le haïr il ne faut que le connoistre ; & ce que tant de gens l'ayment, ce n'est pas qu'ils n'en reconnoissent la malice : mais c'est l'impetuosité de leur sens qui les transporte, & qui les faict hazarder à plusieurs espines, pour vne rose apparente, s'il faut appeller d'vn si beau nom vn vil plaisir, qui est commun aux hommes auec les animaux : Ou pour mieux dire ils n'ayment pas les femmes ; mais ils s'aiment eux-mesmes, & leur plaisir en elles. Mais ceux qui sont deliurez de ce furieux appetit, ou pour le moins qui le maistrisent par la raison, n'ont plus que de la haine pour tout ce sexe. Et tout ainsi que le poisson est extremement fade qui sort de la mer qui est si amere : & au contraire, comme les amandes & les pepins des fruicts les plus doux sont remplis d'amertumes ; de mesme par ie ne sçay quelle antiperistase, pour auoir vne grande auersion des femmes, la nourriture parmy elle y sert de beaucoup ; c'est treuuer le remede dans la cantharide mesme, & de sa blessure faire sa guerison. Les hommes des nations qui les frequentent le moins en sont les plus passionnez: en la Gaule, il y a d'autant plus de chasteté que la conuersation y est plus libre & plus aysée ; car c'est le naturel des esprits : de ne desirer rien tant que ce qui est defendu, la difficulté aiguisant l'appetit, que la permission & la facilité esmousse & esteint tout à faict. Ce n'est pas que ie me vueille ietter icy sur la médisance d'vn sexe, sans lequel nous ne serions pas, & auec lequel l'Apostre veut qu'on traitte auecque beaucoup de reuerence & de charité, comme auec des vaisseaux fragiles ; car l'honneur estant l'element de sa vie, sans doute il le faut honorer: mais de l'aymer auec les fureurs & les sous-missions de tant de gens qui en sont idolatres ; c'est ce que ie n'ay iamais peu comprendre:

Beaucoup de grãds esprits ont medit à l'enuy
De ce sexe qui rend vn chacun asseruy:
Mais n'en mesdisons point, c'est en vain qu'on y pense,
Le sujet en est grãd: mais certes il ne faut
Auec ingratitude, offençãt le tres-haut,
Celles qui nous ont fait, payer de mesdisance.

Imitons celuy-là, qui dedans son tableau
Ne pouuant exprimer des traits de son pinceau,
Le dueil d'vn puissant Roy luy voila le visage:
Voilõs en nous taisant ses imperfectiõs,
Au lieu de ces discours voyons ses actiõs,
Ce qu'on peut contempler n'a besoin de langage.

A la veuë du Chasteau, parmy les diuers

tertres de cette montagne, dont le pied est baigné du courant de la Seine, s'esleue vn sacré Rocher, dont l'horrible masse pendante en precipices de toutes parts s'esleue dedans les airs: les dẽts du Temps aydées de fer, & de l'artifice des hommes, ont creusé dans les entrailles de cette roche vne grande & spacieuse cauerne, à laquelle on ne peut arriuer que par plusieurs contours, tant elle est de difficile accez. Ce sainct Roc de temps immemorial est consacré à S. Roch, soit pour la conformité de la rencontre du nom, soit pour la deuotion du peuple enuers ce Sainct, reclamé ordinairement contre la pestilence. Encore que l'abbord soit difficile en ce lieu solitaire & affreux, la deuotion neantmoins, & le concours y est tel, que les aumosnes de ceux qui le visitent, sont plus que suffisantes pour entretenir les Hermites, qui ont leurs cellules iointes à la Chappelle, & attachées comme des nids d'arondelles contre ce Rocher à la bouche de l'antre, & souuent Dieu à faict de grandes graces à ceux qui se sont voüez à ce sejour de pieté. Mon Precepteur qui auoit lors quelque inclination à l'Estat Ecclesiastique se plaisoit fort à visiter ce lieu,

& la conuersation de ces bons Hermites luy deuint extremement agreable. Bien qu'il fallust passer la riuiere, toutefois la facilité des nacelles d'vn village voisin, luy en rẽdoit la frequentation plus aysée, joint que la chasse estant assez bonne autour de ce rocher : (car les animaux sauuages se retirent volontiers aux lieux moins accessibles,) partie par deuotion, partie par plaisir, il le visitoit bien souuent.

Il m'y mena quelquefois, & soit par inclination, soit par inspiration, ce genre de vie solitaire, & retiré me pleut incontinent : si bien que ie ne me souuiens point d'auoir jamais eu aucune si petite cognoissance de la misere de ce monde, & de la felicité de l'autre, que ie ne me sois entretenu du desir de quitter franchement les choses presentes, si fragiles & passageres, pour acquerir l'eternité des futures. Et certes toutes les fois qu'il me souuient des grands sentimens de Pieté que mon bon Ange me suggeroit en cet aage si tendre ; les fortes apprehensions que i'auois de la mort, des iugemens de Dieu, & des peines d'enfer ; les viues imaginations que i'auois des delices du Paradis, de la beauté de la Vertu, de la

Passion de IESVS-CHRIST, & de la bonté de Dieu, il me semble qu'à mesure que ie suis creu de corps, ie suis descreu & descheu d'esprit; de sorte que ie dy quelquefois auec Iob: Qui me donnera que ie sois comme en mes premiers ans, quand ie lauois les pieds de mes affectiõs dans le beurre de l'innocence, & que les pierres des austeritez me sembloiẽt douces comme l'huille? Qui me donnera la grace de retourner en ceste heureuse cõstitution que l'Apostre desire en nous, quand il dit: Soyez comme des enfans nouueaux-nez, raisonnables, sans fraude, desireux du laict de la simplicité du coing du beu..., & du rayon de miel qui sert de collyre pour faire que les yeux sçachent discerner le bien du mal, & choisir l'vn, & rejetter l'autre. Me voyla donc Hermite en volonté, auant que ie peusse comprendre ce que c'estoit que vie Heremitique, sinon qu'on attendoit ainsi la mort en paix, & qu'à trauers des austeritez passageres, on se frayoit vn chemin au Paradis eternel, car mon iugement n'alloit pas encore plus outre. Mais c'estoit vne debile vapeur aussi tost abbatuë par l'impuissance, qu'esleuée par le desir. La clarté de l'Aube n'est pas proprement iour, ou si c'est le poinct du iour, c'est vn iour qui n'est point ; ou s'il est, c'est vn iour naissant, vn iour en son enfance dans vn berceau de roses que l'Aurore luy prepare sur son sein. Telle estoit la veuë que ie pouuois auoir de la vie Religieuse: ie ressemblois à sainct Pierre sur le Thabor, il voyoit bien quelque chose de beau & de bon, mais il ne sçauoit ce qu'il demãdoit. O Dieu que c'est vne chose amiable de considerer la sacrée methode que la grace obserue quand elle s'épare d'vn cœur; c'est tout ainsi que la rosée d'Hermon qui descend sur la montagne de Syon, & de mesme que la pluye sur la toison, & comme les gouttes d'eau qui distillẽt du Ciel dans les nacques, où par apres, à l'ayde du rayon du Soleil, se forment les belles perles. I'abuserois de vostre patience, si ie voulois vous representer par le menu les ieunes pensées que mon cœur enfanta sur ce pieux dessein: car tantost ie priois ces bons Hermites de me receuoir en leur compagnie, tantost ie m'essayois de persuader à mon Precepteur que nous nous y retirassions, tantost à mon homme de chambre que nous allassions bastir vn Hermitage dans le fonds de la forest voisine: mais ie vous fais iuges cõme ils se moquoiẽt de ces propositios enfantines: car à peine estois-ie entré dans mon troisiesme lustre. Mes entretiens prouenans de l'abondãce de mon cœur estoiẽt si frequens de cette retraitte, que tout ce peuple de filles & de femmes m'en faisoient la guerre, comme si i'eusse esté vn Loup-garou. Cyrie quoy qu'elle s'en mocquast, à cause de la foiblesse de mon âge, n'en disoit pas pourtãt tout ce qu'elle en pensoit, sçachant que ces estincelles en ieunesse sont des feux en l'âge auancé: & elle ne desiroit aucunement de me voir Moyne. Cependant mon ardeur estoit si grande, qu'elle troubloit mon repos, ie deuins songe-creux, beuuãt, mangeant, estudiant, me promenant, dormãt, ie ne pẽsois qu'à des grottes, & à des Hermitages. Triste de n'auoir qui me peust entendre, ou seconder mes desseins. A la fin ie fis tant par mes iournées, que ie gaignay le courage d'vn ieune garçon, fils d'vn de nos fermiers, qui n'estoit gueres plus auancé en aage que moy, mais d'vn esprit moins penetrant: ie luy parlay tant de Dieu, de mort, d'enfer, de iugement, & des Diables, qu'en fin il en eut peur: & cette crainte le fit entendre à son salut, & aux moyens de s'en deliurer; ie luy parlay des Anges, du Paradis, de la Penitence & des Religieux, il gousta tout cela : quoy plus, ie le resous à estre Hermite, & d'effect nous fismes sur vn soir vne equippée, nous jettans dans la forest, où nous estiõs resolus de faire des cabanes, & y mener vne vie Angelique, car nous ne songions ny au boire, ny au manger : toute la nuict nous errasmes vagabonds, iusques à ce qu'agrauez de lassitude & de sõmeil, nous nous esleuasmes sur vn vieil arbre pour nous mettre en seureté, & hors des prises des Loups, qui sur la minuict firent leur ronde autour de nous, portans des chandelles ardantes en leurs testes, tant leurs yeux estoient estincellans, à la faueur desquels nous voyons des dents qui nous eussent faict mauuais party, si nous eussions esté en leur puissance: de là ils se mirent à faire vn sabbat de hurlemens, qui nous effraya de telle sorte, que nous ne sçauions si nous estiõs vifs ou morts; si biẽ qu'il nous sembloit, tant la peur nous tenoit, que toutes les visiõs que nous auiõs iamais leuës du bon S. Antoine estoient deuãt nos yeux: le iour reuenãt & ouurãt auec sa lumiere la prison des estoiles, toutes nos apprehẽsions s'esuanouïrẽt, & ces animaux s'escarterẽt; nous descẽdons trẽblãs, & nous mettons en chemin foibles cõme des gẽs qui n'auoiẽt pas accoustumé de se coucher sans souper,& de passer les nuicts au serain sans fermer l'œil,apres autant de retours & de replis qu'en fit Thesée au labirinthe deCrete: nous arriuõs las & mattez,& demy morts de crainte & de faim à vn village dans le creux de la forest,où parce que nous auions quelque bien , nous fusmes aussi tost reconnus que veus,& aussi tost retenus que recognus. Vtile,& nõ fascheuse recognoissance, car nous y repeusmes & reposasmes, racontans simplemẽt nostre égaremẽt dãs les bois,sans parler de nostre dessein. Cependãt imaginez-vous en quelle peine on estoit au chasteau d'Icidie, le trouble de ma mere,le bruit qu'elle fit, la rumeur de toutes ces femmes & filles,l'estõnement de mõ gouuerneur, & de mes seruiteurs,qui sans se le faire commander se mettent tous à trauers la forest & les champs,qui deçà, qui delà, redoutãs que quelque mauuaise beste ne nous eust mangez : car nous n'estions gueres plus forts que des brebis dont le Loup faisoit souuent curée à la porte de la maison. Quel moyen que ces Euryales treuuent leurs Nises dans les routes innumerables de ceste forest, on bat les villages de la cãpagne, on va iusques à la ville, & il n'est point de nouuelles de nous : car on ne se fust iamais imaginé nostre entreprise, ny le lieu où nous estions, duquel le fermier donna nouuelles, où l'on nous enuoya prendre en grand' haste. La menace du dernier supplice des enfans fit tout confesser à mon compagnon : car pour moy, i'estois resolu au martyre. Cecy (s'il est loisible de rapporter vne chose de si peu d'importance à vne compagnie si serieuse) ne vous faict-il point souuenir de l'equippée que fit en son enfance pour vn semblable sujet la B. Terese, auec son petit frere, apres luy auoir bien imprimé dãs l'ame l'eternité, l'eternité. Et ceux qui ont escrit ce traict de sa vie, ne disent-ils pas que ce fut vn presage, que, plus grande, elle seroit Hermitesse en l'Ordre du Carmel. Il ne faut tousiours mespriser les petites actiõs, quand elles sont semẽce & augure de plus signalées: ceuxqui ont tracé la vie de ce grand flambeau de l'Eglise sainct Athanase, n'oublient pas les jeux de son enfance, qui le presageoient pour Prelat; & mesme, le Baptesme qu'il auoit administré sur le riuage de la mer en se joüant auec ses compagnons, ne fut-il pas iugé bon & suffisant par l'Euesque mesme d'Alexandrie, qui estoit lors S. Alexandre. Cependant, ceste saillie fut cause qu'on prit depuis ce temps là de plus prés garde à mes actiõs : & le mesme soin que quelques parens apportent à empescher que leurs enfans ne se desbauchent, on l'auoit que ie ne deuinsse trop deuot, & cela s'appelloit humeur noire & melancholie; ie n'osois plus parler d'Hermite ny d'Hermitage, ny de Religieux à peine d'estre mocqué : mesme on s'aduisa d'vne ruse pour me mettre cette vie en dégoust, cõme aux enfans qu'on veut seurer, frottant de chicotin le bout de la mammelle de leur nourrice ; on me faict croire que ces Hermites de sainct Roch estoient inquietez par les demõs, qui leur faisoient mille maux, qu'ils leur apparoissoient en des formes horribles & hydeuses pour les espouuanter, & leur faire quitter ceste sorte de vie : Et certes il estoit bien quelque chose de ce qu'on disoit, car il y auoit vn de ces Hermites auquel i'auois entendu dire quelque chose qui en approchoit, & puis ce que j'auois leu tant de fois en la vie des Saincts, des Anachoretes, & des Peres du desert, me confirmoit en ceste creance. De plus ces loups

loups de la forest, & tant de choses, que la peur fit voir à mon imaginatiõ effrayée, auoient tellement disposé ma fantaisie susceptible de ces impressions, comme vne cire molle, que i'en croyois encore plus qu'on ne m'en disoit: si bien que depuis ce temps-là ie deuins tellement peureux, principalement la nuict; que qui m'eust faict coucher en vne châbre seul, eust trouué le vray moyen de me faire perdre l'esprit. Et ces apprehensions & terreurs nocturnes se sont tellement augmentées auec le temps que, le iugement croissant, au lieu de diminuer, elles se sont d'autant plus dilatées, que la cognoissance s'est estenduë: tout de mesme que les graueures qui se font sur les courges tendres, qui s'aggrandissent à mesure que ce fruict se grossit. Et voyla l'vnique empeschement qui m'oste le bien de me retirer dans vne cellule de Chartreux, en ayant assez de volonté, si ie n'estois point retardé par ceste impuissance. Quand il plaira à Dieu, vray Soleil sans ombre, dissiper en moy ces tenebres, & me rendre la ioye de son salutaire, en me confirmant de son esprit principal, alors ie luy en sacrifieray vne hostie de loüange. Mais reuenons de ce petit destour en nostre chemin.

6. Tãdis que nous menons cette vie douce & champestre, & que les lettres me seruent d'occupation; l'estude serieuse estant penible & fascheuse en sa continuation, si elle n'est temperée de la douceur de quelque lecture moins tendue. Les liures de Pieté mesme, essayans trop l'esprit, joint qu'on ne m'en bailloit pas tant que i'eusse voulu, pour la raison que i'ay dit : mon maistre qui auoit plus de liberté de chercher ceux qui le recreoient, outre la lecture des Poëtes, que mõ incapacité me rendoit inutiles, en auoit d'autres desquels il estoit passionné, c'estoient des Amadis, des Romãs, des Bergeries, des ramas d'Histoires estrãges, entre lesquels il me souuient que le Roland de l'Arioste mis en prose, & l'vne & l'autre Hierusalem de Tasse, faicte Françoise de la mesme façon, l'Heliodore & l'Apulée, me mirent dans le goust de ceste sorte d'amusement si conforme à mon aage. Ayda beaucoup à cela l'humeur d'vne de mes cousines, si passionnée de cette sorte de liures, qu'elle en faisoit venir de Rotomage, de toutes les façõs, par le moyẽ de mon precepteur, qui en estoit autant empressé: cela me jetta tant de differẽtes especes dans l'imaginatiue, prenant au

commencement ces choſes fabuleuſes pour veritables, que i'auois l'eſprit tout remply de ces vaines Idées, & ie me paſſionnois ſi fort apres cette friuolle occupation, que tout autre m'eſtoit deſagreable; & le repos importun qui m'en venoit deſtourner. Les combats, les amours, les enchantemẽs, les voyages, les triomphes, les jouſtes, les mariages, les t urnois, les magnanimes entrepriſes, les profeties, & tant d'autres bagateles que ces liures eſtalent, me rouloient dans l'ame, & couloient par ma bouche; j'auois la memoire ſi heureuſe à retenir tout cela, que toutes ces filles eſtoiẽt ſans ceſſe autour de moy pour m'en faire conter : & parce que ie liſois d'vne façon fort intelligible & gracieuſe, la plus grande de mes couſines, belle, ſage, & vertueuſe Damoiſelle, & d'aage beaucoup plus auancé que moy, me faiſoit mille careſſes pour m'obliger à lire deuant elle, autant qu'elle vouloit; ſouuent nous nous perdions dans le jardin en des cabinets eſcartez, mon aage & ſa vertu eſtans incapables d'aucun ſoupçon, & en des boccages ſombres nous trompions & l'ardeur du iour & le temps en des lectures, & en des entretiens qui m'ouurirent l'eſprit auant terme. Car ce que ie ne pouuois comprendre de moy-mesme en des matieres affectueuses, elle me l'apprenoit ; mais auec tant d'honneur & de modestie, qu'il n'en pouuoit rester en mon ame aucune sinistre impression : que de passions cela esmouuoit-il insensiblement en nos courages! tãtost nous estiõs tous baignez de pleurs sur des sujets funestes, tantost rauis de joye en des occurrences heureuses ; les choses tragiques nous affligeoient; les comiques nous resuscitoient : & tousiours mon imagination s'estendoit au delà de nostre lecture.

7. Toute amitié tend à la communication, & selon la diuersité des communications se faict la difference des amitiez: celle qui regarde simplement le sens, est brutale : or, par la grace de Dieu, nous estions incapables seulement d'y penser. Celle du gain, cõme entre les marchãds, engendre la creance & la confiance ; celle du jeu, cõme entre les joüeurs, a pour visée le profit, ou le passe-temps ; celle de la Pieté, comme entre les personnes spirituelles, s'appelle amitié deuotieuse ; celle des lettres, comme entre les sçauans, se nomme, amitié studieuse. La nostre, outre les deuoirs de

parenté, eſtoit de ceſte derniere façon, & conſiſtoit en vne communication des ſentimens que nous auions és occurrences mal-heureuſes ou proſperes. Ce plaiſir eſtoit bien ſimple, & bien innocent; & toutesfois, tout ainſi que le ſerpent gliſſant ſur les fleurs, ternit leur fraiſcheur, & y laiſſe touſiours quelque trace de ſon venin: de meſme, cet ancien ſerpent, homicide dés le commencement, & dont la ruze deceut nos protoplaſtes en l'eſtat d'innocence, ne pouuant jetter l'amorce de ſon poiſon dans nos courages, s'aduiſa d'infecter de ſoupçons les apparences de cette amitié, qui ne prouenoit que de la ſympathie que nous auions en cette lecture:

Car ſi la ſemblance des mœurs
En amitié les cœurs aſſemble,
Pourquoy ne s'vniroient deux cœurs,
Puiſque leur humeur ſe reſſemble?

Et ce fut ſans doute la diuine miſericorde laquelle, protectrice de l'innocence, prenant pitié de noſtre ſimpleſſe, voulut par vn heureux fortunal nous retirer du peril d'vne ſi dangereuſe mer. Car que cette frequentation n'engendrast peu à peu dans nos ames, ie ne sçay quel allechement particulier, & que nos courages ne s'engageassent insensiblement en vne affection, qui pour lors nous estoit incognuë: i'ay veu depuis par les reflexiõs que i'en ay faictes, qu'il y auoit grãde apparence; desia toute autre conuersation nous estoit importune, & cette frequentation nous tiroit à des complaisãces telles, que comme toutes mes actiõs, & mes paroles luy estoient agreables, toutes les siẽnes me plaisoient, & auprés d'elle toutes les autres filles m'estoient des estoiles deuant le Soleil. Or comme l'enuie est le vice des foibles esprits, il ne faut pas s'estonner si celles qui nous enuironnoient, en remarquant nos deportemens auec des yeux de Linx en furent touchees, & si comme des cantharides elles s'attacherẽt à la rose de cette innocẽte affection: toutesfois comme la feinte est naturelle à ce sexe ruzé, elles dissimuloient accortemẽt en se contentant d'espier, & de remarquer s'il y auroit entre nous quelque chose de reprehensible: mais ces mousches ne se peurent prendre à la glace de ce miroir. Il y eut vne ieune Suiuante dont la malice ternissant la grace que la nature auoit imprimé sur son front, passa plus auant que l'enuie : car soit que la fleur de mon extreme ieunesse luy eust baillé dãs la veuë, soit que mes contes luy aggreassent, tant y a, qu'elle en ayma le conteur, & auec des empressemens tels qu'à mon jugement elle passoit les termes de la modestie, & de la bien-seance aux caresses extraordinaires qu'elle me faisoit. Actiõs qui me desplaisoient infiniment, & qui me la faisoient éuiter, comme vn escueil, par des fuittes artificieuses & estudiées : à la fin sa mauuaistié surmontant la bonté de mon naturel, ie m'en plaignis à la gouuernante, femme seuere à merueilles, laquelle luy ayant par vne bonne reprimende ietté la honte sur le front, elle ne cessa jamais qu'elle n'eust assouuy sa vengeance, en me rendant le change de mon accusation veritable, par vne fausse qu'elle fit à mon Gouuerneur, de mes conuersations auec celle que ie respectois auec tant d'honneur ; ainsi tout ce que la belle rose peut espanoüir de plus beau est changé en venim mortel, par vne pestilente araignée. Or soit que la bonne grace de cette affettée donnast dans les yeux de mon maistre, bien ayse de l'obliger à mes despens; soit que le soin qu'il auoit de mes mœurs, autant que de meubler mon esprit de la connoissance des lettres l'obligeast à surveiller à cet auis, tant y a, que, sans m'en alleguer autre raison, (quoy qu'il eust remarqué la simplicité de ma conduitte) il me leue tous ces Romans, dont i'estois autant affligé, qu'vne fille à qui on oste ses affiquets, & ses poupées, comme vne lecture qui embarrassoit mon estude, ainsi que les toiles des araignées l'œconomie des abeilles: & en cela certes il auoit raison. Il passe plus outre, & m'interdit de frequenter plus particulierement que les autres celle à qui il ne pouuoit interdire l'vsage de ces liures, disant qu'elle detraquoit mon esprit du train des meilleures lettres. Ce fut à cette separation, qui me fut rude, que i'ay reconneu depuis, que Dieu m'auoit tenu par la main droitte, me faisant tirer mon salut de mon ennemie, & de la part de celle qui me hayssoit, auec autant d'iniustice, qu'elle m'auoit auparauant sottement aymé. Et voyla le premier bon & mauuais office que m'a presté la hayne, & la bien-veillance de ce sexe. Peut-estre, direz-vous, que cette rencontre est bien legere? ouy certes, si vous regardez l'action: mais si vous y considerez la grace, vous y verrez les mesmes esclats que faict dedans vn diamant le rayon Solaire.

En voicy d'vne autre sorte. Auprés 8
d'vne place importante, où mon Pere Theocarés commanda depuis pour le seruice du Roy, estoit vne grande & magnifique maison des plus signalées de la Prouince, appellée Poleritre, & qui n'estoit distante du Chasteau d'Icidie que de trois petites lieuës; là demeuroit vne Dame d'eminente qualité, dont le mary auoit treuué vn honorable Tombeau dedans les armes, seruant le GRAND HENRY, auquel il auoit l'honneur d'appartenir, à cause de la Royale maison d'Albret, dont il estoit descendu. Cette vertueuse & majestueuse Dame auoit quatre enfans, deux de chaque sexe, qui promettoient des merueilles en leur aage plus auancé. Elle auoit vn train de Princesse, & faisoit vne despence conforme aux grands biens qu'elle possedoit: Sa magnificence estoit merueilleuse; & outre la beauté de cer-

te demeure où elle estoit retirée, qui estoit tout à faict pompeuse & agreable, le logement superbe, les meubles precieux, les jardinages beaux, les parcs & les promenoirs à perte de veuë, & tout cela sur les riuages de la Seine, rendoient ce Palais remarquable par toute la contrée. C'estoit vne Escole de Vertu, vne Academie d'honneur, & comme le Temple de la Gloire. Là les plus signalez Gentils-hommes du voysinage tenoient à grande faueur de mettre leurs filles auprés de cette grande Dame, qui, comme vne autre Vesta, ou vne autre Diane, tenoit toutes ces Nymphes en vne discipline fort estroitte, & neantmoins pleine de ciuilité & de courtoisie. Elle estoit l'azyle des pauures, le miroir des riches, le refuge de toutes, tant elle estoit liberale & facile à receuoir celles qui se vouloient ranger sous sa conduite. Si bien qu'autour de ses deux filles, & d'elle, il y auoit vn grand nombre de Damoiselles, tant de suiuantes que de seruantes, qui composoient vn petit monde feminin. Ses deux fils estoient de mesme esleuez auec beaucoup de splendeur, & instruicts en tous les exercices requis en des Cheualiers de si haut lignage, Gouuerneur, Escuyer, Maistres pour les lettres, & les Mathematiques, l'escrime & la danse, grand equipage, rien n'y manquoit ; car les richesses de cette maison estoient si grandes, que ces despenses ne sembloient estre rien, à comparaison de celles qu'il eust fallu faire, si le temps & leur aage les eust appellez à la Cour. Or tout ainsi que les abeilles volent aux fleurs, de mesme la jeune Noblesse accouroit à cette maison, où ils ne manquoient point de treuuer bonne compagnie ; & là se faisoient diuers desseins de mariages, qui reüssissoient quelquefois auec beaucoup de contentement, & tousiours auec honneur. Et le voysinage du Chasteau d'Icidie, & l'estroitte amitié que portoit cette Dame (que nous appellerõs Poligrane) à ma mere ; & de plus la proximité de cette place, où mon Pere fut mis par le Roy pour y commander ; proximité telle, que cette maison en estoit à la veuë, & presque à la portée du canon, faisoient que nous allions souuent visiter cette Dame, & nos filles meslées auec les siennes faisoient ce champ de bataille de la Sulamite du Cantique, ou, si vous le voulez ainsi, vn double chœur de Vestales & de

Dryades : mais ces entreueües deuindrent bien plus frequentes, & presquo journalieres, lors que Cyrie quittant le Chasteau d'Icidie, se vint retirer auprés de Theocarés en cette place de guerre. Le respect de la grandeur de Polygrane, & sa qualité de veufue, rendoient sa maison, qui n'estoit bonne que pour les coups de main, & pour se defendre des voleurs, tellement venerable à ceux du party contraire au seruice du Roy, que iamais aucun de ceux de Rotomage ne pensa seulement d'y attenter. Et elle sage & prudente, se portant comme neutre; quoy qu'en effect, ses enfans & ses biens fussent destinez pour le Roy, se conseruoit de cette façon, comme vn roseau qui se maintient en cedant. Iusques-là que, moyennant des sauf-conduits, & des passe-ports, plusieurs Seigneurs de partis contraires se rẽcontroient chez elle sans s'offencer; ains s'honorans, cõme s'ils eussent esté en plaine paix : hors de là aux espées. Theocarés par son moyen (car c'estoit vne femme de grand esprit) mesnagea les courages de beaucoup de personnes notables qu'il r'amena au seruice de son Prince, & mesmes le plus grand de la Prouince de Neustrie, qui commandoit lors à Rotomage, & qui depuis, orné d'vne des belles charges de la Couronne, mourut en combatant pour le seruice du Roy auprés de Dourlans. Car ce Seigneur, pris par les yeux pour les graces de Mandalis, fille aisnée de Polygrane, prestoit volontiers ses oreilles à la Mere, pour auoir le bien de parler à la fille qui tenoit son cœur prisonnier ; & tient-on que le mariage estoit arresté, & qu'il alloit se conclurre, quand l'impiteuse mort rauagea les esperances de cette honneste Amour. Ainsi les femmes seruent quelquefois à de grandes & bonnes choses, non pas souuent neantmoins, & trop souuent à des mauuaises. La frequentation de tant d'honnestes compagnies, dont l'abord estoit grand en cette maison; où, comme en l'arche du deluge, les plus farouches courages deuenoient doux & traittables ; ie commençay à desniaiser mon enfance: La vraye pierre esguisoire pour affiler les esprits, c'est la pratique du monde, principalement des filles ; car comme leurs ames sont plus fines, & plustost susceptibles du bien ou du mal, que celles des masles : de là vient que les loix les mettent en puberté de meilleure heure : Aussi ont-elles des subtilitez qui s'apprennent mal-aysément autre part qu'en leur commerce ; i'en parle comme sçauant. I'estois assez jeune pour ne comprendre pas beaucoup de malice: mais i'estois desia assez capable de la remarquer, & l'accortise quelquefois consiste à bien faire l'enfant. Elles ont entre elles des cabales, & des intelligences impenetrables aux hommes les plus auisez; puissantes sont elles, non pas certes à dompter, mais à cacher leurs passions; i'oyois quelquefois de leurs conseils d'estat, ne faisant pas semblant que mon intelligence s'accordast auec mon oreille, & on ne se deffioit point de moy. Et comme les choses contagieuses se communiquent aysément, celle des mauuais liures (qui est vne des poisons qui apporte le plus de corruption dans leurs esprits, par ce qu'elles y lisent des choses qu'elles n'apprendroient iamais autrement) passa aysément entre elles, s'entre-prestans ceux qu'elles auoient, s'enseignans ceux qu'elles sçauoient, & qui pis est, s'entretenans la dessus à enseigne desployée, & à pleines voiles, auec tant de suffisance, que la nature surmontoit en leurs levres l'art des plus grands Orateurs. Ayant repensé depuis à ce que i'entendois alors ; i'ay bien veu que c'est en vain qu'on va cherchant dans les Poëtes, & dans les Orateurs des Fleurs de bien dire, pour leur declarer des passions, & leur persuader ce qu'on desire ; car elles en sçauent plus que tous ces beaux diseurs, qui leur seruent de Comedie & de risée quand ils sont retirez ; & tel pense auoir faict des merueilles, fort satisfaict de sa propre estime, dont elles ont remarqué auec des yeux aquilins, iusques aux moindres sottises. Allez, Amans transis, & cherchez des artifices pour vous parer comme des femmes : feignez, pleurez, priez, souspirez, adorez, iurez, prenez à tesmoing le Ciel & la terre, que vous estes grossiers ; si auec ces impertinences vous pensez en imposer à des esprits si déliez. Les roses & les lys de vos paroles plus choisies, & de vos plus delicates conceptions, leur sont des ronces & des espines ; & dans le clinquant & la broderie, elles sçauent fort bien reconnoistre les veaux d'or. Et bien qu'elles eussent toutes l'honneur deuant les yeux, comme vn obiect adorable de toutes les ames bien nées : si est-ce qu'elles sçauoient si bien accorder leurs passions auec luy; qu'elles iustifioient par là toutes leurs actions, comme prouenantes de personnes honnorablement passionnées. Et ce qui subtilise ainsi leurs esprits, ce sont les traicts, les rencontres & les exemples de ces Histoires agreables, qui, vrayes ou fausses, sont tenuës par elles comme des patrons à imiter, tant sont fortes ces impressions affectueuses dans leurs esprits. La tendresse de mes années me donnoit des entrées & des accez dans leur appartement, qui estoit mesme inaccessible aux moindres pages, tant les Gouuernantes, qui sçauoient l'humeur aspre & seuere de Polygrane, estoient exactes & rigoureuses. Là, comme fils de Cyrie, l'vne des meilleures amies de Madame, & d'vn Gouuerneur qu'on vouloit obliger en tout ce qui le regardoit; i'estois admis par vn priuilege, dont estoient priuez les enfans mesme de la maison, plus grands que moy, & plus capables de malice. Me voyla de retour dans les Romans; i'estois le Lecteur ordinaire: au demeurant ie leur en contois de toutes les façons, ce qui plaisoit extremement à toutes, principallement à Mandalis, qui estoit aussi passionnée de ces entretiens que ma

grande

grande cousine. Comme si la fortune se fust accordée auec mes desirs, le Precepteur de ces jeunes Seigneurs ayant pris party dans les armes, les quitta : si bien que les hommes de sçauoir estans difficiles à treuuer en temps de trouble, ma Mere fut priée par Polygrane d'auoir agreable, que mon Precepteur tinst sa place, ne luy estant pas plus penible d'en enseigner trois qu'vn ; de mesme qu'vn flambeau, qui ne se consume pas dauantage pour plusieurs que pour peu ; demander & obtenir, c'est tout vn : me voyla demeurant en ce lieu, non seulement aussi bien traitté ; mais plus caressé que les enfans de la maison mesme : car Polygrane prenoit vn si grand plaisir à me faire causer, que pour m'y conuier & m'en donner la liberté, il n'y a sortes de mignardises, de faueurs & de friandises, dont on ne me gratifiast ; chose qui appriuoise bien tost vn jeune esprit, qui vole tousiours, comme vne mousche, au sucre & à la douceur. Ie me souuiens que i'appelois Cyrie ma bonne Mere : mais quand Polygrane m'eust appasté, comme l'on faict les Colombes auec le miel, ie la nommois ma meilleure Mere. Mais i'estois les delices de Mandalis, innocentes delices neantmoins ; car representez-vous vne Damoiselle de sa qualité, de son aage, & dans la recherche de ce Grand, dont ie vous ay parlé, & mon extréme jeunesse ; si bien qu'elle ne pouuoit prendre autour de moy autre complaisance que celle qui est si naturelle & si simple : & s'il faut ainsi dire si saincte, puis qu'elle a esté commune à nostre Seigneur, & aux plus saincts personnages autour des jeunes enfans. Les Romans y seruoient beaucoup, & si elle auoit du contentement à m'ouïr lire, i'en auois vn double & de lire, (car pour cela i'eusse vendu mon habit) & de la contenter : car qui prend plaisir d'estre aymé, prend de la peine à se faire aymer. Quand ces Damoisel-selles estoient assises autour de moy attachées à ma langue, vous les eussiez prises pour des auettes, qui succent vn bornal de miel. Cepẽdant ie remarquois leurs remarques, & les diuerses passions qui les agitoient, selon la varieté de la lecture. Combien de gens eussent enuié ma fortune, & brassé des desseins, dont l'innocence de mes ans me rendoit incapable : Ce fut en cette academie,

Que ie receus en cent façons
Tant de differentes leçons,
Et par exemple & par parole,
Qu'il ne pouuoit en les oyant
Que ie ne fusse clair-voyant
Au sortir d'vne telle escole.

Depuis ce temps-là, quand il m'est arriué de descouurir quelqu'vne de leurs ruses, & qu'elles m'ont reproché la reuelation de leurs mysteres ; i'ay respondu en ces mots assez communs, mais qui partent d'vne veine non commune:

Pourquoy donc est-ce maintenant
Que vous m'en allez reprenant,
M'en ayant la science apprise?
Iniuste vrayment est celuy
Qui treuue mauuais en autruy
Ce qu'en soy-mesme il auctorise.

Que si on me repartoit, qu'il ne falloit iamais parler des sacrifices de la bonne Deesse ; à la verité ie ne pense point que ie sçache auoir rien découuert qui fust manifestement mauuais ; car le mal m'eust faict crier au meurtre : mais ie parle seulement des subtilitez d'vn sexe, duquel peu d'hommes se donnent de garde, & qui vit neantmoins (comme de raison) en perpetuelle deffiance du nostre. Me voila donc remis dans l'element des Romans : mais de telle façon, que la puissance de mon Precepteur n'estoit plus bastante pour m'en distraire : non que ie manquasse d'obeïssance à ses commandemens ; mais estant prié par Mandalis, & par tant de Damoiselles, de me laisser lire deuant elles, & Polygrane mesme prenant quelquefois (quoy que rarement) ce passe-temps, il ne pouuoit contredire à celà. Et ce qui me charmoit encore dauantage en cette lecture ; c'est qu'il sembloit que ces liures ne faisoient que representer ce qui se passoit en quelque sens en cette maison de Poleritre: Car ce que nous lisions de ces isles estranges, de ces Palais enchantez, de ces Chasteaux d'Apolidon, de ces cheualiers errans, de leurs affections, de leurs combats, de leurs recherches, de leurs jalousies, de leurs trophées, de leurs cōquestes, & tout l'attirail de ces bagatelles, qui emplissent ces vaines pages, se passoit en quelque sens deuant nos yeux, selon que le sens rapportoit à la foiblesse de nostre iugement, voyant tous les iours tant d'allans & de venans, tant de differentes nouuelles, tant de Cheualiers, braues & pompeux, tant de parties de bague, & de bals, tant de recits de faicts d'armes, que la guerre meine auec soy, tant de recherches de Mariage, tant de desseins pris, rompus, & repris, le rapport de tant de gens tuez, blecez, ou faicts prisonniers en diuerses entreprises, sieges & rencontres; car à la table & aux conuersations on ne parloit que de cela; si bien qu'il me sembloit que nous lisions comme nous viuions, ou que nous viuions comme nous lisions. Si quelque Hermite venoit à la trauerse dans ces lectures: aussi tost elles se mettoient à me persecuter; car elles auoient sceu mon equipée; & moy ie rentrois dans le train de mes solitaires imaginations, recõnoissant assez qu'il estoit mal-aysé de se sauuer parmy tant de femmes: le Paradis des Turcs, qui y en mettent si grand nombre, n'estant pas à mon gré. Et pour vous faire voir que ce n'estoit point en vain que ces imaginations possedoient mon esprit; il me seroit aysé de vous le monstrer par diuerses estranges rencontres qui arriuerent de ce temps-là: car outre que la guerre est la Mere des auantures hazardeuses & extraordinaires: les affections (quoy que legitimes, & selon les reigles de l'honneur: car cette Diane n'eut iamais de Calypse à sa suitte) qui se pratiquoient en ce lieu-là, n'en faisoient pas naistre de moins émerueillables : laissant donc celles des combats à ceux qui ont escrit les Histoires de ce temps-là, qui estoit le commencement du regne du GRAND HENRY; ie ne penseray point faire chose desagreable, ny qui me destourne beaucoup du fil de ma narration, de vous raconter deux euenemens merueilleux, qui arriuerent l'vn & l'autre à ma veuë.

9. Entre les Damoiselles qui viuoient sous la conduitte de la sage Polygrane; il y en auoit vne belle & riche, & des meilleures maisons du païs, que nous appellerons Cecile : elle fut recherchée en mariage par deux braues Gentilshommes, mais de contraires partis; (car tel estoit le desastre des guerres ciuiles) prenons la liberté de les appeller, pour les distinguer plus facilement; l'vn Pyside, qui estoit seruiteur du Roy; l'autre Timolas, qui tenoit le party des Princes liguez, & combatant sous les enseignes du genereux Pyrople, pour lors, & depuis sa paix encor Gouuerneur de Rotomage, & Lieutenant de Roy au païs de Neustrie. Apres vne longue

poursuitte ; le Pere de Cecile qui estoit du party du Roy, destina sa fille au Realiste Pyside : bien que Timolas, & pour les biens, & pour la noblesse, & pour tout plein d'autres qualitez, eust eu l'auantage sur l'autre, si son party ne l'eust desfauorisé : les nopces concluës auec Pyside ; le iour de cette feste fut pris, & l'assemblée s'en deuoit faire à Poleritre, où toute la noblesse voisine fut conuiée, & plusieurs Cheualiers qui estoient dans le Preside de Theocarés. Quoy que les guerres ciuiles soient furieuses, si ne le sont-elles pas tant, qu'elles n'ayent de temps en temps des interualles clairs, durant lesquels, les parens, les amis, les alliez ; quoy que partagez d'esprits, reconnoissent entr'-eux les liaisons du sang, qui ne peuuent, quoy que l'on fasse, se desmentir. Il y eut vne espece de petite trefue, donnée de part & d'autre pour ce iour-là, en la maison de Polygrane seulement, où l'accez estoit libre aux Cheualiers, de l'vn & l'autre des partis, pour assister aux festins, aux bals, & aux courses de bague, qui se deuoient faire pour honorer ce mariage : la belle Cecile ayant esté mariée le matin en la Chappelle, en presence de toute cette assemblée auec le braue Piside, aprés le banquet & les dances, sur le declin du iour, comme les coureurs estoient dans les liçes pour conquerir par leurs droittes & iustes courses, la bague qui deuoit estre donnée par la nouuelle espouse, à celuy qui l'emporteroit. Tout à coup, parmy ces Dames & ces Gentils-hommes, arriua vne grande rumeur, l'espoux estant disparu ; bien qu'il deust estre des premiers sur les rangs, puis qu'il estoit le principal de la feste. C'estoit le genereux Timolas, qui par vn Gẽtil-homme de ses amis, venu exprés à l'assemblée, luy auoit enuoyé vn billet pour le conuier de le venir treuuer au champ, qu'il luy monstreroit à la veuë du Chasteau, auec le pistolet & l'espée, pour faire au moins cette action genereuse, en faueur de celle qu'il emportoit à son preiudice. Piside receut ce cartel auec vne franchise, veritablement digne d'vn Cheualier plein de courage; car il se desroba subtilement, & sur la foy de ce Gentil-homme, quoy que de party contraire, sans en auertir aucun de ses amis : car au lieu d'vn combat singulier, il eust fallu donner vne bataille: il alla où l'autre le conduisit, lequel pour l'accueillir sans auantage, fit retirer bien loin vne troupe de ses amis qui l'accompagnoient, & celuy-là mesme qui auoit amené Piside, se jettant à quartier, ces deux Gentil-hommes commencerent vn combat aussi genereux qu'il estoit esgal, tous deux bien montez, & auec armes pareilles, mais le sort ne fut pas pareil: car comme si la fortune eust voulu tremper & temperer auec de l'eau le vin de la felicité de Piside, qui paroissoit braue comme vn espoux qui se met le iour de ses nopces en son haut appareil, tout couuert de clinquants & de pierreries, les armes furent plus heureuses pour le rebuté Timolas: car à la premiere passade, le pistolet de Piside manqua, qui fut vn presage de son mal-heur, & celuy de Timolas fit vn effect estrange: car bleçant le genet de Piside dans la bouche, il en brisa tellement le mors, que la bride tombant, & le cheual desesperé de ce coup, fut rendu tout à faict hors du maneige & d'escole, & Piside par consequẽt hors de combat: le cheual tout esgaré l'emporte à trauers le chant, & Timolas, sans perdre son ad-

uantage luy vole en croupe : & apres luy
auoir crié plusieurs fois qu'il tournast,
mais en vain: l'autre ne pouuant, la bride
luy estant inutile, il luy alloit cacher l'espée dans les reins, si Piside sautant des ar-
çons ne se fut mis en pieds ; mais de telle
façon , que ses esperons s'estãs empestrez
dãs vne belle & riche escharpe qu'il portoit, il cheut à terre, sans se pouuoir si prõptement releuer, que Timolas descendu
de cheual ne fust à luy l'espée dãs la gorge, & le faisant son prisonnier de guerre,
luy promettant qu'il n'auroit aucun mal,
s'il se rendoit franchement à sa foy. Ce
que fit Piside, qui fut aussi tost emmené
au fort de saincte Catherine, couchant
cette nuict-là autrement qu'il ne pensoit : imaginez-vous en quel trouble fut
l'assemblée pour son absence : mais plus
grand , quand son cheual tout plein de
sang, car vn carreau d'acier luy auoit fra-
cassé toute la bouche, reuint au chasteau
comme s'il eust annoncé les tristes nouuelles de la mort de son maistre. On sceut
aussi-tost par le rapport de quelques pay-
sans , comme le tout s'estoit passé, sauf
qu'ils ne pouuoient sçauoir si Piside estoit
blecé ou non. Le lendemain on sceut au
vray où il estoit , & comme l'on enuoya

offrir sa rançon : le gentil courage de Timolas ne voulut autre rançon qu'vn mot d'escrit de la belle Cecile, par lequel elle luy redemandast son prisonnier ; le Pere qui ne pensoit pas r'auoir son gendre à si bon marché, luy commanda de faire cette lettre, où deuenuë, de suppliée, suppliante, Timolas, sous vn passe port pour faire la courtoisie entiere, r'amena luymesme à celle qui fut sa Maistresse, son espoux auec tous ses paremens, sans qu'il luy fust faict tort d'vne seule pierrerie, & ainsi le lendemain de la feste fut plus agreable que le iour. Car on ne sçauroit exprimer l'estime que la courtoisie de Timolas luy acquit par dessus sa valeur, & combien Piside mesme se loüoit de son honnesteté, & de son bon traittement, protestant de luy deuoir plus que la vie, & que jamais par aucun seruice il ne pourroit reconnoistre vne telle obligation. Timolas d'autre costé s'arrachoit sa propre gloire, attribuant son auantage au sort des armes, plustost qu'à son courage ; à sa fortune, plus qu'à sa valeur ; ressemblant à ceux qui se font raser le poil, afin qu'il en reuienne plus espais ; & à ceux qui se retirét en arriere pour faire vn plus grand sault: & d'effect, quoy que Piside eust esté vaincu, si est-ce qu'il auoit tesmoigné vn grand cœur, & vne merueilleuse franchise de s'estre escarté de tous ses amis, pour s'aller jetter, comme à corps perdu, entre les bras de ses ennemis, que la colere, eust peut estre transportés à venger sur luy la mort de Timolas, s'il fust tõbé en cette rencontre. Mais la fortune ordinairement ennemie de la Vertu, pour ce coup luy rẽdit hommage, ne permettant pas que celuy là fust seulement blecé, qui s'estoit exposé si libremẽt à vne mort qui sembloit ineuitable. Mais aussi qui n'estimera hautement vne autre grande victoire que remporta sur soy-mesme Timolas, renonçant aux iustes pretentions de son amour, non pas en faueur d'vn amy, mais d'vn ennemy en toutes façons, & comme riual & comme suiuant vn party contraire. Aussi la vertueuse Cecile confessa-t'elle (quoy que les Dames se disent mal-aysément obligées aux hommes) qu'elle auoit plus d'obligation en ce dernier seruice à Timolas, que pour aucun autre qu'il luy eust auparauant offert ou rendu : parce qu'aux autres, il sembloit qu'il trauaillast pour l'acquerir, & pour son propre interest : mais en cettuy-cy il l'auoit seruie en la personne de Piside contre son propre contentement,& veritablement pour elle mesme, & en quelque façon, se condamnãt à en estre priuée pour la satisfaire. Que de differentes opinions coururẽt sur cette action, qui certes en toutes les façõs, & de tous les costez estoit fort genereuse, & qui merite bien autant & plus d'estre admirée, que tant de vaines & fabuleuses auantures que proposent les Romans, qui sont pour la pluspart impossibles,& qui ne peuuent en aucune maniere satisfaire vn esprit raisonnable. Depuis Piside essaya par tous moyens d'obliger Timolas, & quand la paix fut faicte, & que Pyrople eust reconneu le GRAND HENRY pour son Roy ; on ne vid jamais de plus grands amis que ces deux Gentils-hommes.

Voicy l'autre euenement que vous ne treuuerez pas, ie m'en asseure, moins esmerueillable. Il y auoit à la suitte de Polygrane des Damoiselles de toutes les façons; sa maison estoit vn parterre, orné de toutes fleurs, il y en auoit de riches, de pauures, de belles, de laides, de ieunes, de vieilles, en somme de toutes les peintures. Entre les autres, Hermelande, fille vnique d'vn Gentil-homme, qui n'auoit 10.

qu'vn fils, & qui estoit veuf: cettuy-cy estoit riche, & suiuant auec son fils les armes du Roy, il mit sa fille en depost, sous les aisles de cette Dame, sçachant qu'elle y seroit esleuée, non seulement en seureté: mais en toute vertu. Il y en auoit vne autre nommée Narsette, bien genti-fille, mais pauure: non toutesfois iusques là qu'elle seruist; mais elle estoit à la suitte de Mandalis, & de sa sœur, dōt elle estoit fort cherie, à cause de son agreable esprit & de sa belle humeur: celle-cy n'auoit pas tant de beauté, mais l'autre qui estoit Hermelande, estoit richement laide: neantmoins vn Gentil-homme de la basse Neustrie, qui auoit vne compagnie pour le seruice du Roy, & que vous connoistrez sous le nom d'Arcade, regardant plustost les Soleils du coffre de cette fille, que ceux de ses yeux, fit dessein de la rechercher en mariage: car il ne falloit pas aborder auec d'autres pensées à .... parce que cette maison, comme vne mer vomissoit toutes les ordures, & toutes les pratiques illicites; estant vn temple de Vertu, où l'on n'entroit que par la porte de celuy de l'honneur. Et ce qu'il recherchoit les richesses plustost que la beauté, estoit vne marque du deffault de ses moyens, non de ſon jugement ; il accoſte le frere de cette fille, qui venoit quelquefois à .:.:.:.:. voir ſa ſœur. Mais à cauſe de l'extreme diſproportion de ſes facultez à celles d'Hermelande, à la premiere ouuerture qu'il luy en fit, il ſe void rebuté, ny pour cela veut-il deſiſter de ſon entrepriſe : mais reſolu d'emporter par la force, ce qu'il ne pouuoit eſperer par la ſoumiſſion & la courtoiſie, il s'auiſe de changer de party, pour ſe rendre plus aſſeuré, apres auoir enleué Hermelande : & d'effect, ayant communiqué ſon deſſein à vn Capitaine du party contraire, qui tenoit vn Preſide, non trop eſloigné de .:. il dreſſe ſa partie en ſorte, que venant viſiter Polygrane, comme amy, & comme ſeruiteur du Roy, il prend reſolution de faire ſon coup ſur le ſoir, prenant le temps des promenades du frais (car c'eſtoit l'Eſté) qu'on auoit accouſtumé de prendre ſur les riuages de la Seine. Ayant donc pris congé de la compagnie, comme pour ſe retirer, & remarqué de quelle façon ſa Maiſtreſſe eſtoit veſtuë, il ſe mit en embuſcade auec ſes complices derriere vn taillis. Cependant il arriua par bõne fortune qu'Hermelãde, importunee de la chaleur s'estant desuestuë pour se mettre en peignoir, parut d'autre façon, parmy ces damoiselles, & que la pauure Narsette, portant en sa teste des nœuds de mesme couleur, & vne robbe approchante de la façon de celle d'Hermelāde, se mit à la suitte de Mandalis selon sa coustume, auprés de laquelle il me souuiēdra tousiours que j'estois quand nous receusmes la frayeur que vous allez entendre ; Nous vismes fondre sur nous, comme des autours sur vne volée de pigeons, cinq ou six Cheualiers, qui masquez & déguisez commencerent à crier, tuë, tue. Ie vous laisse à penser ce que nous deuinsmes: nous voyla escartez, qui deça, qui delà, & bien que les deux fils de Polygrane & moy eussiōs des espées, nous estiōs si ieunes qu'elles nous seruoient plustost d'ornemēt, que de defence : Leur Gouuerneur, mon Precepteur, & vn Escuyer firent bien quelque semblant de se vouloir defendre, mais deux ou trois pistolets qui tonnerent à leurs oreilles, seulement pour les estōner, leur firent voir que la partie n'estoit pas égale: l'vn de ces rauisseurs crie, que celuy qui se mettra en deuoir d'empescher l'enleuement d'Hermelande, mordra aussi tost la terre. Arcade dans cette con-

fusion

fusion; & dans ce desordre iettãt les yeux
plustost sur l'habit, que sur le visage de
Narsette (car elles estoient toutes mas-
quees) se saisit d'elle: & l'ayant iettée sur
vn cheual, l'emmeine sans faire autre dõ-
mage à personne. Il meine la pauurette
durant la nuict à trauers des chemins ombrageux, à cette place contraire au seruice du Roy, où il estoit attendu, & par le
Gouuerneur & par vn Prestre qu'il auoit
gaigné: & là aussi tost qu'il fut descendu,
sans autrement bien discerner Narsette
d'Hermelande, il espouse cette fille si es-
perduë, qu'elle ne sçauoit ce qu'elle disoit
ny faisoit: & aussi tost pour clorre ce beau
marché, cõsomme la mesme nuict ce mariage auec elle. Le lendemain s'estant re-
leuée femme, elle declara qu'elle n'est
point Hermelande, mais Narsette. Arcade estonné, comme vn autre Iacob, qui
auoit receu Lia à ses costez. Cependant la
fortune se rencontra au train de la raison:
car Narsette, qui estoit incomparablemẽt
plus agreable que Hermelande, supplea
par sa bonne grace au defaut de ses biens:
le cœur d'Arcade en fut gaigné: & croyãt
que le ciel, où se font les mariages, le vouloit ainsi, il r[illegible]a celuy qu'il auoit contracté inc[illegible]crément: aussi bien sça-

uoit-il que Polygrane le poursuiuoit à outrance, mesme dans le party où il s'estoit rangé (faisant pour des biens banqueroute à sa fidelité) s'il ne reparoit par cette satisfaction legitime l'affront qu'il auoit faict à sa maison, en violant auec tãt d'audace la franchise de son azyle. Le Pere de Narsettẽ fut bien ayse de sa fille bien pourueuë, & à si bon compte: car il n'en eut que le corps: & depuis cette nouuelle femme seruit encor à le rappeller à son deuoir, & au seruice du Roy son maistre, qu'il auoit assez legerement quitté. Or iugez si cet accident, quoy que tres-veritable ne tient pas du Roman; & si i'auois tort, voyant tant de choses semblables, de me figurer que nostre vie mesme estoit vn Roman, & quelque image de l'ancienne Cheualerie errante. Car laissãt à part les exercices iournaliers du mariage, de l'escrime, de voltiger, de courre la bague, de chasser, de luitter, de nager, de sauter, du balon, de la paume, du mail, nous faisions outre cela des images de petites guerres, assaillans, ou deffendans de petits forts, faicts auec des gazons, à la veuë de Polygrane, & de toute sa Cour, où souuent se donnoiẽt des coups autres que par ieu. Et ce qui couronnoit toute l'œuure, c'estoient les frequentes, mais honneftes Comedies que nous recitions ces Seigneurs & moy auec nos sœurs & d'autres ieunes Damoifelles, & de ieunes Pages, aucunes de la façon de mon Precepteur, où nous reprefentions des paffions auec tant de naïfueté qu'on les eut prifes pour veritables. Mais tandis que ie vous amufe apres ces paralleles, ie ne m'auife pas de fortir de ce Palais enchanté, ce qui arriva de la forte.

Mar.dalis par fucceffion de temps me prit en affectiõ, mais par forme de faueur & de gentilleffe, m'appellant fon Cheualier. Et certes, biẽ que ie n'euffe ny l'aage, ny le iugemẽt de ietter les yeux en lieu fi haut, fi eftois-ie bien ayfe de me voir fauorifé de celle, fous les loix de laquelle ployoit le plus grand de la Prouince. Son frere aifné, qu'on appelloit le Comte de Cocople, en deuint jaloux, quoy que le Barõ de Poleritre fon cadet fe mocquaft de l'iniuftice de fa jaloufie: or peut-eftre eftoit-ce pour faire le mal-contẽt, à caufe qu'il n'auoit pas tãt d'accés que moy chés ces Damoifelles, mais c'eftoit principalemẽt par vn dépit fecret qu'il couuoit cõtre moy, de ce que i'auois defcouuert quelque fecrette intelligence qu'il auoit auec vne de ces Damoifelles, dõt il eftoit paffionné. Vn iour innocemment i'en auertis Mandalis, qui fit en sorte que la Gouuernante rendant les auenues plus difficiles au Comte, il se douta, que comme enfant i'eusse causé, & peut estre donné sujet de penser, & plus, & pis qu'il n'y auoit. Or soit que la fille fust de coniuration auec luy, ou qu'elle voulust, ou luy recriminer contre Mandalis, sa passion le porta si auãt, que de dire des paroles contre moy, qui rejallissoient sur sa propre sœur, & de là sur luy-mesme: le bruict en fut grãd, & vn iour qu'il me vouloit traitter en enfant, & auec quelques termes insolens m'appeller vn petit Adonis, vn mignon, & puis vn Cheualier Hermite, à ce mot ie mis la main à l'espee, & l'obligeay à tirer la siẽne: & sans la presence de nos maistres qui nous saisirent, nous allions commencer vne escrime autrement qu'auec des fleurets. Polygrane ayãt sceu ce bruict, & prenant mon party auec Mãdalis, qui estoit la plus offencée, le Comte fut aigrement repris, & autant blasmé, que mõ courage loüé, d'auoir en vn aage si tendre ressenty si promptement vne iniure. On nous fit embrasser cõme si nous eussions esté gens capables de démesler vne si grande querelle: mais de peur d'vne rencheute, pire que ce premier mal, il nous fallut ſeparer. Retiré chez mõ pere, qui eſtoit en ceſte place voiſine de Polecitre; bien que deuãt les ſeruiteurs de Polygrane & du Comte on blaſmaſt ma promptitude, comme vne inſolence: neantmoins en particulier ie voyois qu'on m'enfloit le cœur en loüant cette action, & m'excitant à repouſſer de cette façon les iniures qu'õ me voudroit faire: hé qui ne deuiendroit vn Achille, nourry de ces maximes, qui ſont autant de moelle de lyon. Et certes il ne ſe faut pas eſtonner ſi nos Gentils-hommes ſont furieux aprés les duels, puiſqu'on ne les berce en leur enfance, que de ſe venger des outrages en cette façon. Et voyez l'humeur du monde! d'vne action de pieté ie fus mocqué, comme d'vne folie: & d'vne boutade eſtourdie, i'eſtois eſtimé & priſé comme d'vn acte de valeur. Arriua le temps auquel le grand HENRY apres auoir reconnu l'Egliſe, fut par la France reconnu pour Roy: deſia les grandes portes de Paris auparauant fermees par la rebellion, l'auoient admis au throſne de ſes anceſtres, & toutes les villes à l'enuy couroiẽt luy rendre hommage, le ſeul air d'vne creance contraire à la Catholique, empeſchant l'attraction de cet aymãt. Alors les nuages qui auoient excité tāt de tempestes sur cette Monarchie, & qui auoiēt battu les Lys, de tant de diuers orages, commencerent à se dissiper : la paix aux aisles d'or reuint vo[illegible] nostre terre, ramenant vn Printemps de fleurs aprés vn Hyuer de frimats. Ce grand Roy enterrant les discordes ciuiles qui deschiroient cet Estat

Fit lors reuenir l'opulence,
Bannissant toute violence,
Estant de ses peuples l'appuy
Et l'exemplaire des bons Princes;
Lors ses subiects & ses prouinces
Ne respiroient plus que pour luy.
Sa gloire florissante & viue
Rangea la palleur de l'Oliue
Au dessus de ses Lauriers vers:
La renommee fauorable,
Portant son nom incomparable
Aux quatre coings de l'vniuers.
Il mit la France en si bons termes
Par ses Loix, & sages, & fermes,
Que la Paix remit le bon-heur;
Et les sciences negligees,
A ce grand Monarque obligees,
Reprindrent leur premier honneur.

Que si de toutes parts les [illegible]euoltez accouroiēt, pour reconnoistre le Sceptre &

l'Empire de ce vaillant Dauid changé en Salomon paisible : combien plus proprement y deuoient arriuer ceux qui ayant tousiours couru sa fortune, & combatu sous ses enseignes, voyoiẽt en sa conuersion l'accomplissement de leurs souhaits, pouuans dire auec ce Poëte de ce tẽps là:

Nos vœux sont exaucez, la France est satisfaicte,
Nous iouyssons de l'heur que l'oracle prophete
Auoit par tant de fois promis à nos desirs.
Les bouillons insensez de nos mutineries
Se verront accoisez, & toutes nos furies
Seront auec le temps changees en plaisirs.

Mon pere Theocarés ayant prouueu à la seureté de sa place, ne fut pas des derniers qui vint baiser les mains victorieuses de son grand Maistre, reuenant auec toute sa famille visiter ses foyers paternels, & rentrer en possession des biens dont l'insolence de la rebellion nous auoit priuez, parce que nous auions suiuy Cesar & sa fortune. Estant de retour à Paris (pour venir à ce qui me concerne, laissant-là l'histoire du temps) i'y fus mis comme Hercules au carrefour : car on consulta quelle vacation l'on me feroit embrasser, des armes ou des lettres estant l'aisné, & fils d'vn pere guerrier, il sembloit que l'espée fut mon partage: & d'effect le grand HENRY m'ayant admis pour Page de sa châbre, sous la charge du miroir de la Cour, cet admirable Roger Hipparque de France, & premier Gentil-homme de la chambre du Roy, que ne deuois-je me promettre de tels Maistres, si mõ sort m'eust mis au seruice de l'vn sous le commandement de l'autre, mon Pere ayant dans les armes serуy l'vn sous la cõduitte du second: & parce qu'on reconnut mon inclination, & parce que l'ouuerture de la Paix, qui promettoit vne lõgue duree, faisoit connoistre que ce seroit pendre inutilement vne espee à mon costé, & la prendre quãd chacun la laissoit, les armes & les armées estans congediees: Et puis, dict Theocarés, je l'ayme trop pour le jetter en vn mestier que l'experience m'a faict congnoistre si miserable; qu'il le laisse à ses cadets, & qu'il prẽne la meilleure & la plus seure part. Sur cette determination me voyla hors de la Cour; & au lieu d'estre en vne Academie d'exercice, je suis jetté dãs l'Vniuersité de Paris, & rangé auec mon Precepteur, & vn homme de chambre, sous la discipline d'vn des plus fameux Principaux de nostre temps. Les estudes particulieres que i'auois faites en la maison paternelle, m'auancerent en sorte, que i'eus en peu de temps passé l'apprentissage des lettres, qu'on appelle humaines. Or durant ce temps-là, mon cœur qui ne se peut non plus passer d'aymer, que mon corps de respirer, me fit contracter diuerses amitiez, selon la difference des communications, & de la cõplaisance des humeurs, ausquels ie me rendois affectionné.

Vn jeune Gentil-homme du Perche, 12.
que i'appeleray Beronce, fit le premier amitié auec moy, qui dura tant que la vertu en fut le ciment & le fondement: car quãd i'eus recõnu ses mauuais deportemens; ie me departis aussi tost de sa frequentation. Il joüoit du Luth en perfection, & sçauoit fort bien la Musique; chose que tout le monde ayme : mais que ie cheris auec rauissement. Si bien qu'outre la douceur de ses mœurs, & la sympathie de nos humeurs; ce m'estoit vn grand attraict, pour me porter à son ordinaire visite. Mais il logeoit en vn lieu où estoit vne mauuaise & dangereuse femme. (Permettez que ie haste le pas en cét endroict, pour la puanteur qui

doit sortir d'vn acte honteux & infame) cette malheureuse, funeste flambeau de la jeunesse, qui estoit logée en sa maison, les changeoit presque tous comme vne Circe en des bestes, par la licence des plaisirs que sõ impureté tiroit de leur simplesse; vous m'entendez suffisãment. Or cette vilaine, non contente de la multitude de ceux qu'elle possedoit, susceptible d'autant de formes que la matiere premiere, ayant treuué dans la fraischeur de mon visage ie ne sçay quoy d'agreable à ses yeux, se mit à me poursuiure auec tant d'attraicts, dont elle auoit de coustume d'enlaçer les cœurs de ces inconsiderez jouuenceaux, que sans l'innocence de mon aage, pleinement ignorante des plaisirs illicites, ie croy que i'estois pour succomber à ses mauuais desseins; si ne pouuois-je euiter mille sottises, que cette eshontée commettoit autour de moy: si bien qu'autant qu'elle auoit d'ardeur & d'amour pour moy, autant auois-je de hayne & de glace pour elle; car ie la fuyois comme la mort: & quand elle m'embrassoit, il me sembloit qu'elle m'estrangloit; & ses baisers m'estoient des supplices insupportables. Mon ame estoit en de grandes & mortelles angoisses; car autant que i'auois de saincte amitié pour Beronce, autant auois-je d'auersion de cette Eumenide; l'vn m'appeloit à sa conuersation par la douceur de son harmonie; l'autre m'en escartoit par la trop manifeste declaration de son mauuais desir. Mes visites se rendent moins frequentes : & cette mal-heureuse craignant de me perdre auparauant que de m'auoir tout à faict perdu, ne perd aucune occasion de me poursuiure, & de me persecuter, telle est l'effronterie de celles qui ont essuyé la honte ; à la fin vne fois cette execrable, s'estant enfermée auec moy, me vouloit rendre executeur de ses abominables desirs, m'ayant desia faict quitter la robe, mais non pas la honte: & sans vne speciale assistance de Dieu, ie ne sçay comme ses amorces ne m'eussent porté en sa des-honnesteté. Ie crie, ie me debats, ny pour cela cette Harpye cesse de me cajoller, ayant pris son temps en sorte que ie ne pouuois estre entendu ny secouru de personne: à la fin mon bon Ange me suggera vne ruse, ie feins d'estre plus doux ; & d'incliner à luy complaire, pourueu que ie fusse asseuré de n'estre apperceu d'aucun: (car de parler de Dieu à cette Thaïs, qui n'en auoit point, il eust esté inutile:) elle protestant que nous estions seuls, ie feignis d'entendre quelqu'vn à la porte, laquelle ayant ouuerte pour me desabuser, elle mesme demeura abusée: car ie me détachay de ses mains, si promptement & si brusquement, que i'eus plustost volé le degré, qu'elle mon honneur & mon integrité, luy laissant ma robe pour gages de son impudence & de ma modestie. De là, plein de colere & de despit contre cette miserable; ie m'en vay plaindre à Beronce de cét attentat, lequel au lieu de me consoler en amy & de la blasmer, estant luy-mesme enlaçé dans ses pieges, & peut-estre complice de sa meschanceté, se mocqua de ma simplicité, & de mon enfance, comme si i'eusse esté indigne d'vne si bonne rencontre: Par luy ie reconquis ma robe, & retirant en mesme temps mon cœur d'vne si dangereuse amitié, ie cessay de le voir, euitant par ce moyen les sollicitations de cette impudente, & impudique Zoé.

13. Et ie me souuiens, qu'estant de retour en mon estude en cette émotion d'esprit, ie m'allay prosterner sur ma face aux pieds d'vn Oratoire, que i'y auois dressé, & qui estoit fort gentil pour remercier

Dieu, qui m'auoit deliuré d'vn si euident & irreparable naufrage. Et puis me releuant auec vne ferueur extraordinaire, sans autrement consulter ny penser à ce que ie faisois : ie pris entre mes mains vne petite image de nostre Dame, tenant son cher fils en ses bras, faitte d'alabastre : & luy baisant les pieds, comme recognoissant cette Estoile de mer pour protectrice de mon integrité ; ie fis entre ses mains, en l'excez de mon ame, vœu à nostre Seigneur, de perpetuelle continence, la suppliant de prendre en main ma defence contre tous les dangers qui pourroiẽt menacer mon integrité. Aprés cela, ie senty en moy-mesme vne douceur ineffable, qui n'a peu depuis ce temps & ce moment heureux, tomber en mon imagination. O ! que pleust à Dieu que ie peusse ressusciter en moy les mesmes graces qui me furent communiquées en ce cher instãt, duquel il me souuiendra toute ma vie. Il est vray que depuis au Tribunal de la Penitence, communiquant cette promesse à de grands hommes, & en doctrine & pieté : i'ay treuué leurs opinions differentes ; car aucuns iugeans de cette action, & par l'imbecilité de mon âge, & par son impetuosité inconsiderée l'estimoient nulle, & cette promesse non obligatoire : d'autres au contraire, me disoient que ce vœu estoit formel & valide, duquel ie ne me pouuois retracter de moy-mesme, sans acquerir ma damnation ; puis qu'il auoit esté produict d'vne franche & libre volonté, non d'vn mouuemẽt forcé ou contrainct : mais que sa promptitude & la foiblesse de mon iugement, pour la tendresse de mes années, le rendroit facilement dispensable par le sainct Siege, sous le bon plaisir duquel se font tous les vœux des Chrestiens. Mais à Dieu ne plaise, que ie me range iamais au party de cette dispense ; car puis que les dons de Dieu sont sans repentance, cette inspiration qui me le fit prononcer, estant vn don du Ciel, prouenant du Pere des lumiere, & vne œuure de sa grace, non de moy : cette mesme grace qui l'a commencé en moy, le pourra bien parfaire ; & Dieu, couronner & accomplir en moy sa donation. Et c'est à quoy ie suis resolu, & de n'admettre iamais en mon cœur d'autre Amour, ny d'autre Espoux que celuy qui l'a cacheté de son sçeau, me preuenant de cette benediction de douceur, & mettant sur ma teste cette couronne de pierre precieuse. O mon IESVS, qui m'auez sauué de la gueule des Lyons, & de la corne des Licornes, continuez-moy vostre chere assistance iusques à la fin de mes iours : afin que ma fidelité chante à iamais aux portes de la fille de Syon vos eternelles misericordes. *Amen.* Dieu soit beny. *Amen.*

FIN DV PREMIER LIVRE.

ALEXIS

PARTIE SIXIESME.

LIVRE SECOND.

SOMMAIRE.

1. *Amitié studieuse auec Amat.* 2. *Amitié deuotieuse auec Carondas.* 3. *Alexis desire estre Chartreux, & en est empesché.* 4. *Pense de se faire Pelerin, & en est diuerty.* 5. *Il va aux Vniuersitez.* 6. *Pures & Angeliques affections auec Saincte.*

Ette amitié de Beronce estant rompuë, & le lacq de cette femme infame estant euité, & nous deliurez par l'aide & le secours de celuy, qui a faict le Ciel & la terre, prit la place de nos affections vn Gentil-homme d'Auuergne, de fort noble

noble maiſon, dont la jeuneſſe vertueuſe & attrempée promettoit de grands fruicts en ſon arriere-ſaiſon : c'eſtoit vn eſprit excellent (& cette contrée en produict de beaux :) touſiours le premier de ſa claſſe ; il auoit la langue Grecque en autant de facilité que la Latine, & faiſoit tres-bien des Vers : ce fut luy qui me donna cette paſſion pour la Poëſie que i'ay touſiours euë depuis ; ſon nom eſtoit Amat : & tout ainſi que noſtre communication eſtoit toute de l'eſtude; auſſi noſtre amitié ſelõ la trempe de noſtre communication eſtoit-elle ſtudieuſe : nous nous excitions l'vn l'autre, comme les contendans d'vnè meſme lice ; mais ſans enuie & ſans jalouſie: car i'aymois autant le laurier pour ſa teſte que pour la mienne, & la contention des rangs en la claſſe n'eſtoit iamais entre nous: il me ſouuient que quelquefois ie me ſuis offert à des chaſtimens qu'il auoit meritez, à cauſe de ſon opiniaſtreté (vice qu'on dit eſtre du païs) renouuelant en quelque façon les amitiez d'Oreſte & de Pilade, de Niſe & d'Euryale, & touſiours nos Regens luy pardonnoient par la conſideration de ma ſoumiſſion, applaudiſſans par des loüanges extraordinaires à la beauté de nostre amitié toute fondée en cette Vertu, qu'on appelle Studiosité. Sa frequentation me fut fort vtile, & ie profitay beaucoup par son association, tant il est vray que l'emulation aiguise les esprits. La mort de son Pere l'ayant r'appelé à contre-temps à sa patrie, ie perdis beaucoup par son esloignement ; car ie deuins plus languissant à l'estude, ne plus ne moins qu'vn palmier, qui perd ses fleurs & ses fruicts, osté de la presence de son compagnon. Or l'amitié, comme le remarquent les Philosophes & les Theologiens, n'est pas seulement vne vertu: mais comme la pepiniere des autres, puis qu'elle excite à toute honneste operation : Car quelle perfection refuse-t'on d'acquerir pour se rendre digne d'estre aymé ? d'où vient que S. Paul attribuë le détraquement des Gentils au deffaut d'amitié : & voulant faire aux Galates vne grande reproche, il les appelle gens sans amitié. Ouy ; car cette faculté concupiscible de nostre ame, qui nous porte à aymer, ne pouuant estre vuide, & oisiue; tout le secret de la vie consiste à la tenir remplir de bonnes affections ; car estant de sa nature indifferente, elle prend comme vn poulpe la couleur des lieux, où elle s'attache ; si l'on ayme les choses abominables, l'on est abominable, dit vn Prophete : mais honneste, si on ayme les honnestes : d'où vient qu'on se fait sainct auec les saincts, & peruers auec les peruers ; ne plus ne moins qu'vn miroir, dont la glace est belle ou laide, selon les obiects qui luy sont presentez. Vous verrez cela au progrés des miennes. Succeda en la place d'Amat (lequel i'aymeray & honoreray autant que durera le courant de ma vie) vn jeune Abbé deuot à merueilles, qu'on appeloit Carondas; cestuy-cy me seruit d'vn charbon ardant, pour r'allumer mes premiers desirs de la vie Religieuse : car bien que par ses parens, des plus riches de Paris, & qui tirét leur denomination du Roy des metaux, il fust, dis-je, chargé auant terme d'vne riche Abbaye, voisine de Paris : si est-ce qu'il visoit plustost à se faire simple Religieux, que moy Abbé ny Euesque. Son ambition estoit dans l'aneantissement, dequoy ses parens estoient en vne apprehension qui n'estoit pas petite. Ie dois à ce pieux esprit l'apprentissage de beaucoup d'exercices de deuotion; car il est le premier qui m'a bien appris à faire l'examen de ma conscience, selon les commandemens de Dieu, de l'Eglise, & des pechez capitaux; c'est luy qui m'apprit à m'accuser clairemēt & distinctement en la Confession, sans donner le tourment à vn Confesseur de tirer mes fautes de mon souuenir, par vn penible interrogatoire: c'est luy qui m'apprit la façon de bien dire le Chappelet, & en meditant les mysteres; au lieu qu'auparauant ie ne le disois qu'à la lettre, & sans esprit, laissant la mouëlle pour l'escorce: il m'inuita de reciter l'Office de nostre Dame, à laquelle il estoit merueilleusement deuot, & à S. Bernard: & ie croy, s'il eust perseueré en sa vacation, comme ie diray tantost, qu'il eust faict de son Abbaye vne maison de Fueillans, & qu'il se fust rangé en cette saincte Congregation. Il m'enseigna comme il falloit faire l'examen du matin & du soir, pour viure en bon Chrestien. Il me fit quitter ces Romans, que ie lisois encor quelquefois à la desrobée, pour m'employer aux heures de relasche de nos occupations ordinaires à lire des liures de Pieté, comme Grenade, les Meditations & les Confessions de S. Augustin: Confessions qui me plaisoient fort, pour ce que ce sont des enseignemens entre-meslez d'Histoires. Les vies des Hermites d'Orient me plaisoiẽt fort aussi ; car pour celles des Saincts, c'est la Bible des simples, & le liure de tout le monde. Mais pour dire la verité, le meilleur de tous mes liures estoit sa conuersation ; car, que ne me disoit-il du mespris du mõde, de la mort, de l'Enfer, du Paradis, du Iugement, des douceurs de la vie solitaire, & de tant d'autres matieres communes ; qui sont les principes, & comme les elemens de la vraye Pieté : quelquefois mon cœur en estoit tout embrasé, & ie n'eusse rien treuué de difficile à pratiquer pour le seruice de Dieu, s'il m'eust prié de le suiure. Or bien que mon Precepteur eust charge de prẽdre garde, que ie ne deuinsse trop pieux, de peur que quelque humeur melancolique ne me portast dans vn cloistre (tel estoit le soin de mes parens : mais soin de chair, & de sang, & que l'esprit de Dieu ne reuele pas:) si est-ce qu'il ne pouuoit empescher que ie ne frequentasse le bon Abbé ; car nous estions de mesme âge, de mesme classe, de mesme humeur, & nous nous comportions si modestemẽt, que l'ongle le plus aceré n'eust sçeu pincer sur le cristal de nostre conuersation, cependant elle luy estoit suspecte, non pas en mal, mais en bien ; où vous voyez quelle est la discipline de ces lieux, où les Disciples ont les mœurs mieux reiglées que les Maistres : ce que ie dy pour la gloire de Dieu, qui operoit tout cela en nous. Son Maistre d'autre-part le surueilloit, afin qu'il ne se portast pas en quelque Religion bien reformée, ce que ses parens appeloient extremité, estans plus ayses de le voir gras Commẽdataire que maigre Moyne, faisans comme Saül qui conseruoit Agag, que Samuel deschira en tant de pieces. Nonobstant tous ces Argus ; si est-ce qu'ils ne peurent euiter qu'vne fois nous ne fissions vne desbauche selon nostre humeur : car comme ils nous auoient méné promener & prendre l'air autour des Chartreux ; ainsi que nos Pedagogues s'amusoient à joüer à la paulme, nous nous desrobasmes de leur veuë, & allasmes à Vespres en ce deuot Monastere de Vauuert, où Carondas auoit diuerses connoissances à quelques Religieux.

3. A la verité, ie puis dire de cette rencontre fort sincerement ce mot du Poëte:

Ie pery les voyant, & ie fus tout à eux:

Car dés la premiere veuë de ces Religieux, rangez dans leurs chaires, par vn bel ordre, & d'vne contenance modeste, graue & recueillie, tout ainsi que des statuës de marbre blanc dans leurs niches; mon ame se cola & s'escoula bien plus tost auec les leurs, qu'elle n'auoit iamais faict auec les Hermites de S. Roch. Mais cette impression fut encore legere au prix de la conuersation que nous eusmes auec deux, que nous visitasmes au sortir du Chœur : car quād i'entray dans leurs cellules, si nettes, si polies, si bien parées, & que i'y vis tant de cabinets, d'oratoires, d'estudes, d'ouuroirs, de petites galeries, & de jardins; i'estois tellement rauy, que ie pensois auec S. Paul estre transporté au troisiesme Ciel : ces saincts personnages qui auoient, comme l'Espouse du Cantique, le miel & le laict sous la langue; c'est à dire dans le cœur l'Amour de ce IESVS, dont les paroles sont meilleures que le miel, & dont les mammelles sont plus douces que le vin, & les vestemens plus odorans que les parfums d'Arabie; ces bons Religieux nous parlerent auec tant de zele & de charité des choses celestes, selon la proportion de nos esprits, que i'en estois tout hors de moy-mesme : si bien que voyant en l'vne de ces cellules vn de leurs capuces estendu sur vne perche ; ie le iettay sur mon dos, & suppliay le Pere, me mettant à genoüil, de me receuoir, & ne permettre point que ie retournasse au monde, puis que ie n'auois iamais demandé à Dieu, que cette vnique chose, qui estoit de demeurer en vne maison, qui luy fut consacrée, tous les iours de ma vie. Cet homme de Dieu fut touché de cette action ; & bien qu'elle fust enfantine & mal-assaisõnée, quoy que dépourueuë de raisõ, elle ne l'estoit pas de Pieté, puis que l'excez de la ferueur l'auoit produitte ; il me represента doucement ma trop grande ieunesse, qui me rendoit encor incapable d'estre admis en vn Ordre si austere, qu'il estoit bon d'y penser plus serieusement, que ce qui estoit differé n'estoit pas perdu, que ie deuois caresser la grace de cette inspiratiõ, la cõseruer & la biẽ mesnager, puis que c'estoit vn acheminement à mon salut eternel, qu'il m'y ayderoit en ce qui luy seroit possible : mais qu'il n'estoit que simple religieux, & non pas Superieur, qu'à ceux-là seuls appartenoit d'admettre ceux qui demãdoiẽt leur habit, habit qui ne se dõnoit qu'à ceux qui auoient perseueré longuement en leur demande, & dont on auoit meurement espreuué les esprits, pour sçauoir si leurs vocations estoient de Dieu. Ie me jette à ses pieds; ie luy serre les genoux; le conjure de ne me laisser point retourner au monde: ie pleure, ie me tourmente estant bien capable de desirer vn si grand bien, non de gouster toutes ces raisons, qui retardoient l'effect de mon desir; ce bon Pere eut pitié de ma peine, & en pleura de joye ensemble, & de douleur, admirãt les efforts & les impetuositez de la grace, comme il m'a dit plusieurs fois depuis, en vn aage si tẽdre. Et tout ainsi que les terres incultes, qui produisent beaucoup de chardons, font connoistre qu'elles pousseroient bien quelque chose de meilleur, si elles estoiẽt bien cultiuees & ensemencees: de mesme l'enfance, ou mesme l'indiscretion, produict des actions en certains courages, qui rendent tesmoignage, que s'ils estoient bien dressez, ils feroient quelque chose de bon. Le zele de Moyse, tuant l'Egyptien, fut vn presage de celuy qui le fit si librement courir à la mort, pour appaiser l'ire de Dieu: & celuy de Saul, qui depuis fut appellé Paul, pour les traditions de ses Peres, fit voir celuy qui l'animeroit pour IESVS CHRIST; & le trāsport de sainct Pierre au Thabor, pour la defence de son Maistre au jardin, monstrerent des eschantillons de l'ardeur qu'il eut depuis pour l'auancement du Royaume de Dieu. Aussi ne vous produis-ie pas cette ferueur enfantine, pour vne action heroïque: car ie cognoy assez combien elle est mal-assaisonnée, mais seulement afin de vous manifester tout à la bonne foy les mouuemens de l'esprit de Dieu en mon ame; car ie tiēs que c'en estoit-là vn traict: & afin que vous remarquiez à ma confusion, combien i'ay esté mauuais œconome de tāt de graces, puis qu'estant maintenant en aage de reduire cette grande affection en effect, ie n'en ay pas le courage, n'estant empesché que par ma miserable pusillanimité. Mais tout ainsi que les bons lapidaires ne laissent pas de iuger bien des rubis, quoy qu'ils soient en capuchon, & des diamans encore rudes, & sortans de la roche, sçachans que taillez, polis & mis en œuure, ils seront de tel prix: de mesme parlant des personnes qui sçauent separer le precieux du vil, & la grace de l'enfance, pour leur represēter la gloire deuë à celle-là, ie ne feins point de leur declarer la foiblesse de celle-cy : parce qu'il leur sera facile d'imiter ceux qui sçauent distinguer sur le bort du Tage l'or du grauier, emportant l'vn, & laissant l'autre sur le riuage. En fin quoy que ie disse, & que ie fisse, vous iugez bien qu'il nous fallut separer de ce bō Religieux, qui ploroit de tendresse en nous donnant mille benedictions, sans que ie puisse obtenir l'entherinement de ma requeste : il tasche maintenant de me consoler par de belles promesses, m'exhortant à fortifier mon cœur, à mesure que mon corps croistroit : en soustenant l'impetuosité de nos desirs, & en attendant le salutaire de Dieu nous nous en retournasmes, mon compagnō & moy, comme des auettes, chargez de bouequets & de fleurs que ces bōs Peres nous donnerent : & le dernier que nous visitasmes, qui fut celuy auquel ie pris plus de confiance, & qui s'appelloit Don Simplice, y adjousta des images de la S. vierge, & de S. Bruno (ie m'en souuiendray tousiours) que ie garday soigneusement pour marque de sa bonté. Nous nous en reuenōs à nos Maistres, leur presentant de nos fleurs & de nos bouquets, lesquels au lieu de nous accueillir auec vn bō visage, ayāt sceu d'où no⁹ veniōs, nous tancerent aigrement, comme si nous eussions faict quelque mauuaise action, prẽnãs leur pretexte de ce que nous y auions esté seuls, & sans leur en demander congé : nous nous excusasmes le mieux que nous peusmes ; mais en sorte que ie tesmoignay assez clairement au mien l'extreme desir que i'auois qu'il m'y remenast vne autrefois à la Messe ou à Vespres, & puis voir Don Simplice, & Don Felix, car c'est ainsi que l'autre se nommoit : luy qui estoit vn fin Normand, s'apperceut bien à cette alteratiõ qu'il y auoit vn peu de fieure en mon esprit ; & voulant la mieux reconnoistre par ma joye (car les enfans ne sçauent pas dissimuler) me promit que cela feroit : alors ie me iettay à son col, le caressant extraordinairement, & le remerciant de cette promesse, de l'execution de laquelle il estoit autant esloigné, que le Nord du Midy. Et ne voyla pas pour m'acheuer de peindre, que Carondas, auec autant d'innocence, qu'il auoit peu de malice, & moins encore de mauuaise volonté pour moy, s'en va luy raconter, comme i'auois demandé à estre Chartreux, & que mesme ie m'estois mis dans la teste vn de leurs capuces : le Pere Simplice ayant eu de la peine à me l'oster.

Il disoit cela pour rire, mais mon Neustrien ne le prit pas en riant, ains se retournant deuers moy, auec vn œil estincelãt, & d'vn front irrité: ce sont la de vos traicts (me dit-il;) vous courez au froc, comme la paille à l'ambre: n'estes-vous point rentré dãs l'humeur des Hermitages. Si ie le sçauois, ie vous apprendrois bien à faire de ces visites, sans mon sceu, & sans mon adueu? Estes-vous encor si enfant, que vous ne cognoissiez pas que ces Moynes ne taschent que d'attirer des enfans de bonne maison dans leurs Cloistres, auec leurs images, leurs fleurs, & leurs douces paroles? que diroient Monsieur & Madame, s'ils sçauoiẽt cette equipee, & comment me laueroient-ils la teste pour vostre indiscretion? Alors le pauure Carõdas reconnut bien qu'il en auoit trop dict, & en me regardant piteusemẽt, comme s'il m'eust demandé pardon, auec les yeux, des yeux aussi ie luy remis son offence; il ne fut guere mieux traitté de son Pedagogue: car il auoit biẽ charge de le maintenir en l'humeur d'estre Abbé, puisque c'estoit l'intention de ses parens, non pas en celle de se faire Moyne. Et c'est ainsi qu'on esleue la jeunesse, non selon ses inclinations, ou le traict de la vocation du ciel, mais pour l'interest des maisons; comme si c'estoient des sauuageons éteſtez, sur lesquels on ente tel greffe qu'on veut. Estans de retour, nous voyla & l'vn & l'autre plongez en des angoisses inconsolables: car outre que nous n'osions seulement parler des Chartreux, tant on exerçoit sur nos esprits vne cruelle gesne, nous ne pouuions esperer d'y aller seulement faire nos deuotions, & jouyr de la consolation de leur office. D'aller aux Capucins, c'estoit à l'autre bout de la ville, ou aux Fueillans, Carondas y ayāt tesmoigné quelque inclination il n'en osoit parler: voila comme nous viuions, & nos iours se couloient en langueur de cette façon: l'on ne nous parloit que de voir des jardins, de dancer, de joüer à la paume aux iours destinez au relasche des estudes; mais d'aller en des Monasteres, c'estoient des lieux interdits & contagieux pour nous: & cependant nous ne voulions que ce qui nous estoit plus estroittement defendu, toutes sortes de jeux nous estoient à contre-cœur: on ne nous accusoit que d'estre trop serieux; mon gouuerneur me disoit que cet Abbé me faisoit deuenir bigot, & qu'on ne me nourrissoit pas pour faire de moy, comme de luy, vn homme d'Eglise: nous en vinsmes iusques à telle extréme, que nous n'osions plus nous confesser & nous cõmunier qu'en cachette. Mon maistre se faschoit contre celuy de Carondas, disant que c'estoit son escolier qui me mettoit toutes ces Moyneries dans la teste: & l'autre au contraire repliquoit, que c'estoit moy qui portoit le sien à ces extremitez: nous estions deux sacs de farine, & on nous prenoit pour des sacs de charbõ, si nous eussions esté fripons, réueillez, bõs joüeurs de paume & de balõ (beaux exercices pour vn Abbé) nous eussions esté de gẽtils garçons: mais parce que nous estiõs retirez, solitaires, pensifs, on nous appelloit par mocquerie les Hermites, les hyboux, & les garoux. Ce que nous endurions, non tant par patiẽce, que par necessité: car, comme il ne faut pas escrire contre ceux qui peuuẽt prescrire: aussi n'estce pas faict prudemment de se mutiner contre ceux qui nous peuuẽt mastiner. Il n'y a point de profit à regimber cõtre l'esperon: trop heureux, si nous eussions peu posseder nos ames en paix durãt ces contraintes & ces souffrances. Mais l'impatiẽce de nostre aage qui no⁹ sẽbloit iuste, parce que no⁹ la mesuriõs à l'aune de nos saincts desirs, nous fit faire vne seconde equipee. Nous nous animons si bien l'vn l'autre, par nos entretiens, à nous conseruer à Dieu, qu'en fin, ie tiray Carondas de son dessein d'estre Fueillantin, à celuy d'estre Chartreux ; nous ne parlions plus d'autre chose, que des moyens d'arriuer à cette heureuse vie : nostre pasture estoit de ses loüanges : car on n'est iamais rassasié d'estimer ce qu'on desire, & ce qu'on ayme : nous y voyla determinez ; auec l'huile de ces entretiẽs, nous nourrissons la lampe de nostre resolution : nous ne parlons que de solitude, de cellules, de desert, de sainct Bruno, de l'espouuentable parole de ce Chanoine, qui se dit condamné par le iuste iugement de Dieu, & dont la terreur donna occasion à S. Bruno, & à ses compagnons, de songer à leur retraitte : l'habit, la vie, le chant, tout nous plaist en ce bel Ordre, son antiquité mesme & sa longue perseuerance en son institut, sans aucun relaschement, nous estonne & nous console. Mais non content de tout cela, le desir pere des inuentions nous suggera encor vn moyen d'aller voir nos bons Peres Don Felix & Don Simplice : nous y fusmes donc par subtilité, à l'insceu de nos maistres, & sans nos seruiteurs, mesmes couuerts de mãteaux empruntez.

empruntez. De vous dire la consolation que nous receusmes de la veuë de ces Anges de Dieu, ausquels nous fismes nos plaintes,&tesmoignasmes nostre ferueur & nostre perseuerance, au dessein d'embrasser la Croix de nostre Seigneur dans leur institut, & combien nous en fusmes confirmez ; il ne se peut,sans estre animé du mesme esprit dont l'impetuosité nous poussoit lors au desert de la Penitence. Nous ne nous vantons pas de cette visite comme de l'autre, bien que nous en fussions bien autant & plus edifiez : car ces bons Peres nous asseurerent, que si nous perseuerions,jusques à l'aage competant de prẽdre leur habit,en cette resolution, nostre reception estoit toute asseurée. (Cependant,comme il n'est rien de si caché qui ne vienne en euidence,ny de si secret qui ne se reuele ; nos Maistres en eurent aduis,& apres auoir esté faire vn vacarme aux Chartreux, à ces bons Peres, comme s'ils eussent esté des seducteurs & des pipeurs ; eux qui ne sortent jamais, & qui ne peuuent refuser, sans vne extréme inciuilité, la porte de leurs cellules,à ceux qui les vont voir ; ils les chargent de reproches, de menaces & d'outrages : mais tous ces propos furent autãt de coups de canon dans la terre, ils furent faicts comme des hommes qui n'auoient point d'oreilles, & moins de lãgues, pour repliquer ou recriminer: ils auoüent frãchement la verité, auec vne douceur capable de rompre toute colere, cõme l'eau esteint le feu, disent qu'ils sont veus tous les iours de plusieurs personnes de toutes qualitez, ausquelles ils s'essayent de donner consolation, selõ qu'il plaist à Dieu de leur inspirer: qu'ils ont recõnu en nous vne grande inclinatiõ à estre Religieux: qu'ils nous auoiẽt confirmez en ce bon propos, pensans y estre obligez; de peur d'estoufer IESVS-CHRIST, qui se formoit en nos cœurs: joint que la loy Chrestienne dict, qu'il est bon à l'hõme d'estre ainsi, & que les conseils Euangeliques sont de plus grande perfection que les preceptes; que ce n'est pas vn peché, sinon cõtre le monde, de retirer du siecle, ceux qui veulent renoncer à eux mesmes pour embrasser la Croix de IESVS-CHRIST: qu'ils seroient traitres à leur robe, & preuaricateurs en la cause de Dieu, s'ils ne taschoiẽt de cooperer à vn si grand bien, & s'ils n'aydoient, comme des sages femmes à enfanter cet esprit de salut: que ceux qui s'y opposent resistent au S. Esprit, & le contristent, imitans les enfans d'Edon, qui escrasoient les petits Israëlites cõtre la pierre: qu'empescher vn homme de se rendre Religieux, estoit vn grand crime, & faire cõme Ieroboã, qui esleua des veaux d'or en Bethel, pour destourner le peuple d'aller sacrifier au Temple; que pour eux ils auoient depuis vn long tẽps renoncé à la chair, & au sang, & qu'ils ne pensoient pas estre seducteurs en representant la perfection de la vie Religieuse, & les innombrables perils qui sont dans le monde. Mais vous autres (cõtinua Dom Simplice) parlãt à nos maistres, qui au lieu d'estre leurs precepteurs estes leurs peremptеurs (qu'il me soit permis de dire ce mot, pour representer l'allusion du Latin tiré de S. Bernard, que ce bõ Religieux leur dit en ceste lãgue) c'est à dire leurs meurtriers, ô que ce n'est pas sãs raison que l'Apostre a dit qu'il y a beaucoup de Pedagogues, & peu de Peres, de quel front cõparoistrez-vous vn iour deuãt le tribunal de ce Dieu qui vous redemãdera le sang de ces ames innocẽtes que vous nourrissez pour les immoler à Moloch, & à la vanité du mõde? qu'est-ce que seducteur, sinõ celuy qui retire d'vne bõne voye pour precipiter celuy qu'il faict fouruoyer dans vne mauuaise? & est-ce vne mauuaise voye que le sentier des conſeils de IESVS CHRIST, que le port de ſa Croix que la vie Religieuſe? eſtes-vous Chreſtiés, faiſans ces propoſitions? Ignorez-vous que l'amitié du monde eſt ennemie de Dieu: & que qui voudra cõſeruer & cherir ſon ame en cette vie, la perdra en l'autre? Ne ſçauez-vous pas que ces traicts lancez contre le Sauueur, qui eſt vne pierre viue, & vn roc impenetrable, ſe retournẽt contre ceux qui les pouſſent? Le meſpris des conſeils ne va t'il pas au meſpris du cõſeiller? hé! qui a conſeillé la vie que nous menõs dans les Cloiſtres, ſinon l'Ange du grand Conſeil, le Dieu admirable, le Prince de Paix, le tres-haut, le tres-puiſſant, le tres-fort? Pẽſez à vous, Meſſieurs; penſez à vous, & ne vous enueloppez pas dans la malediction de Balaam & de Choré: ne vous corrompez pas en ce que vous connoiſſez, & ne blaſmez, ny ne blaſphemez pas ce que vous ignorez: vn temps viendra auquel Dieu iugera entre vous & nous, les iuſtices, & les iniuſtices; entre les boucs & les brebis, pour rẽdre à vn chacun ſelon ſon œuure: Si nous ſommes ſeducteurs, nous ſommes de la bãde de ceux dont parle Dauid, qui enchantent ſagement & à ſalut: mais vous, portans ces ieunes ames au monde, & à leur ruine, reſſemblez aux Lamies, qui monstrẽt à leurs petits des mammelles qui les empoisonnent : vous voulez qu'ils ayment ce que le Sauueur cõmande de hayr: car il est escrit, n'aymez-point le monde, ny rien qui soit au monde. Cela dit, il s'enfonça dans sa cellule, laissant Messieurs nos Maistres bien estõnez d'vne telle ferueur. Et pleust à Dieu qu'ils eussent eu les oreilles requises, pour entendre de semblables discours, & en tirer le profit conuenable, ils ne fussent pas venus à nous, comme des lyons sur des agneaux, prests à nous deuorer : car comme si nous eussions commis le crime le plus atroce & le moins pardõnable qu'on eust peu imaginer, apres nous auoir estourdis de menaces, ils nous alloiẽt immoler à leur colere, plustost qu'à vn chastiment iuste & bien reglé, par le dernier supplice des pages, & des escoliers, si pour les appaiser, nous ne leur eusions promis d'estre plus mauuais à l'auenir, que nous n'auions esté par le passé, & de ne penser à toutes ces Moyneries : car c'est ainsi de leur grace, que ces bons Pedagogues appelloient la saincte vie des Religieux. Or à sotte, & fole promesse, point de tenuë: joint que la contrainte, la juste crainte, & son iniustice nous exemptoit d'obligatiõ:

car qui iure de faire mal, ou de ne pas faire vn tel bien, que celuy qui nous estoit inspiré du Ciel, n'est point tenu de maintenir ceste sotte parole. C'est ce que nous auisasmes en nostre petit conseil d'estat, apres que nous fusmes sauuez de ce dangereux naufrage. De nous deffendre absolument de nous frequenter, il estoit impossible à nos Precepteurs : car nous estás de mesme classe, & sous vn Regent qui honnoroit & estimoit autant nostre saincte amitié, & nostre pieuse resolution, qui luy auoit esté communiquée, cóme nos maistres de chambre l'auoient à contre-cœur. Au demeurant, que ne firent-ils pour nous separer, & pour desvnir ceste bonne intelligence qui estoit parmy nous ? tant l'esprit du monde est amy de la diuision, & contraire à ceste charité de CHRIST, qui est vn lien de perfection, & qui vnit les courages qui conspirét au bien ! que de malicieux stratagemes furent inuentez pour trauerser nostre simplicité: des-ja les frequētations de la chambre nous estoient interdites, parce que nos Maistres disoient (& Dieu sçait la verité) que nous estions des desbauchez, & ils appeloient desbauche de vouloir estre Chartreux, aussi estoit-ce selon leur sens; car c'estoit se destourner du chemin que nos parés vouloient que nous tinssions dedans le monde: mais en la classe nous nous entretenions d'autant plus serieusement & fortemẽt que nous auions moins de temps. Nous nous escriuiõs nos pensées, qui toutes aboutissoiẽt à la pieté & au mespris du monde, & qui plus est nous prinsmes la liberté de visiter de la plume, puisque nous ne pouuions autrement, nos bons Peres; qui rentrans, cõme des Catons, auec nous en enfance, ne desdaignoient point de receuoir nos imaginations foiblettes, & dauantage de nous respõdre selõ nostre foiblesse, monstrans qu'ils imitoient cet Apostre qui se disoit redeuable à tous, en se rendãt tout à tous pour les gaigner tous à IESVS CHR. La pitié qu'ils auoiẽt de cõsiderer la contrainte de nos ames, & cõme nous estiõs traitez pour l'amour de IESVS, les portoit à ceste cõdescendãce, n'osãs pas mépriser les petits, parce que le Sauueur le deffend en l'Euãgile, sous peine d'anatheme. Mais les Maistres furent plus fins que les disciples: car ceux-cy n'auoiẽt que la simplicité des colombes, & ceux-là la prudence des serpens, & ceste prudence de la chair que sainct Paul appelle mort, & prudence du siecle, en laquelle abondent, dict l'Euangile, les enfans du monde maling : les lettres que nous nous escriuions l'vn à l'autre sont surprises, desquelles on conjecture celles que nous enuoyons aux Peres. Nos Precepteurs vont derechef leur faire de nouueaux vacarmes, & par ce moyen les retirent facilement de leurs mains, leurs faisans croire mille mensonges; lesquelles pour disiper, il fallut produire les lettres. Il me souuient du sens de quelques vnes des miennes, qui disent à peu prés ainsi:

I.

PVis qu'il ne nous reste riẽ de libre que la plume pour voler à vous, mon tres-cher Pere en Iesus-Christ, en vous traçant ces lignes, ie fay ce que ie puis. Helas! quãd sera-ce que Dieu rompãt ces miserables liens, qui par contrainte m'attachẽt au monde, me donnera sujet de luy chanter vn Cantique nouueau, & de luy sacrifier vne hostie de louange? Quand pourray-ie luy rendre mes vœux à la veuë de son peuple dãs les paruis de vostre maison, qui est vne saincte & mystique Hierusalem? Au moins, puisque ie n'y puis aller que sur l'aisle de ma plume, que n'ay ie des aisles de Colombe, pour pouuoir atteindre au repos que ie souhaitte auec tant de passion, & apres lequel ie souspire auec tant d'ardeur? Que ne puis-je me nicher dans les troux de la pierre, & dans la cauerne de la masure, la saincte Religion, où l'Espoux de mon ame m'appelle auec tant de tendresse & d'Amour? Ah! qui m'attachera des aisles d'Aigle, afin que ie m'élance en luy, sans deffaillir, & sans manquer iamais à la fidelité que ie luy ay iurée. Si iamais ie suis à autre qu'à luy, que ie ne sois plus à moy-mesme, & que la terre deffaille sous mes pieds, quand ie cesseray de luy estre loyal. Depuis que le zephir de sa sacrée inspiration a respandu ses haleneés sur mon ame, les fleurs de mes desirs se sont espanouies: mais quand sera-ce que ces fleurs produiront des fruicts d'honneur & d'honnesteté; & quand ces fruicts meuriront-ils sous les rayons de sa grace? Ce sera, mon tres-cher Pere, lors que le temps me rendant Maistre de mes volontez, me donnera le moyen de sous-mettre ces miennes volontez à la volonté de celuy, auquel c'est regner que seruir, & dont la volonté regne au Ciel parmy ses Esleus, & en terre parmy les bons, & ceux qui l'ayment. Priez Dieu, mon tres-honoré Pere en nostre Seigneur, qu'il me donne la grace de perseuerer en ce sainct desir, iusques à ce que le temps de ma visitation estant arriué, il me donne celle de l'accomplir pour mon salut, & pour sa gloire.

II.

ON dit que le temps vole; pour moy, mon Reuerend Pere, ie tiens qu'il marche à pas de plomb : ô ! si ie pouuois attacher à ses talons les aisles de mes desirs, iamais le Mercure des Poëtes n'alla si viste que ie le ferois aller. Plusieurs se faschent contre leur vieillesse, & moy ie me plains de ma trop grande ieunesse : ô ! que n'ay-ie quelques-vnes de leurs années, ils en seroient autant deschargez, & moy d'autant plus voysin du but où i'aspire, que ie m'en voy esloigné ; diray-ie par le deffault, ou par le malefice des ans. Seray-ie tousiours, comme le ieune Daniel, homme de desirs ? ô Seigneur, deuant vous est tout mon desir, & mes gemissemens ne vous sont pas cachez : quand exaucerez-vous, ô grand Dieu, les desirs de mon ame : helas ! ne me frustrez pas de la iouissance des desseins de ma bonne volonté, puis que vous m'auez preuenu de tant de benedictions de douceur, que i'en seray à iamais vostre eternel reliquataire. Ie suis tout vostre, Seigneur : donnez-moy de l'entendement, & me conduisez en vos voyes ; car ie les ayme, & ie les veux de tout mon cœur : destournez mes yeux des vanitez du siecle, & me viuifiez en vos sentiers. Mais à qui parlay-ie; certes c'est à Dieu: mais en la presence de son seruiteur, de son Prestre sacré, de son Ange sainct : ô Dieu ! ie vous confesseray mes miseres de tout mon cœur, & ie les reciteray en la presence de vos Anges. Pour tel vous tiens-ie, mon tres-cher Pere, & comme tel ie vous supplie de me seruir d'vn autre Raphael, pour me sauuer des monstres du monde, qui me veulent deuorer ; (car le monde est vne terre maudite, qui deuore ses habitans) des malices spirituelles, des esprits immondes ; & pour me faire arriuer en Rages, qui est la saincte Religion. Vous y pouuez beaucoup, vous y pouuez tout : vn mot de vostre recommendation enuers Dom Prieur, fera que sans mespriser mon adolescence, il aura plustost égard à ma ferueur, qu'au manquement des ans ; c'est chose, dont il me semble qu'il me peut dispenser, selon Dieu, & selon le droict : car si és crimes, la malice supplée à l'aage pour le regard des chastimens ; pourquoy en ce qui regarde les couronnes Religieuses, & la gloire d'estre enrollé sous l'estendard de la Croix, vne bonne, forte & determinée volonté : ne deuancera-t'elle point les années, vne vigueur & fermeté extraordinaire surmontant l'imbecillité ordinaire d'vn aage tendre & floüet ? Au demeurant, ne craignez point : car i'ay de bonnes espaules, & des forces de reste, pour supporter toutes les austeritez de vostre Ordre, y en eust-il deux fois autant ; ie les ay toutes essayées, quant aux ieusnes, aux couches dures, aux haires, aux cilices, aux ceintures de Penitence, aux disciplines, au silence, à la solitude; ie puis tout en celuy qui me fortifie: auec Dieu ie trauerseray les murailles de toutes difficultez, les geans ne me sont que des nains, pourueu que i'entre en la terre promise. Et puis ie lisois l'autre iour dans le Psalmiste, que ceux qui esperent en Dieu, prennent vne force extraordinaire, & ne tombent jamais en deffaut. Si plein de ce courage, ie me consacre au ioug de la Croix, ie ne doute point que le Sauueur ne m'ayde tellement à le porter, qu'il me semblera doux; & ce fardeau me paroistra si leger, qu'il me seruira, comme les aisles aux oyseaux, plustost de sousleuement que de faix; car nous seruons vn Maistre qui nous crie: *Venez à moy, vous tous qui estes trauaillez, & surchargez; & ie vous soulageray, en vous fortifiant en vos trauaux, & en vos peines.*

III.

Mon Dieu, mon tres-cher Pere, que le temps est long à qui attend, & que l'esperance differée afflige vne ame sainctement impatiente de voir reüssir vn desir iuste, qui rende sa vocation certaine, & son salut asseuré. Ie pensois qu'il n'y eust que les passions illicites, desreiglées, desordonnées, qui affligeassent l'esprit, selon que dit cet ancien, que l'esprit desordonné est bourreau de soy-mesme: mais ie n'experimente que trop, que les iustes affections donnent au cœur des afflictions d'autant plus sensibles qu'elles semblent bien fondées, & establies sur vne puissante raison. Le desir de se consacrer à Dieu, comme vne hostie viue, immaculée, plaisante & agreable à sa diuine Maiesté, par vn seruice raisonnable, est sans doute le plus iuste de tous les desirs; c'est cette vnique requeste, qui trauailloit d'vne douce inquietude l'esprit du Psalmiste, iusqu'à ce qu'elle fust exaucée & entherinée de Dieu, sçauoir de demeurer en vne maison sacrée tous les iours de sa vie. C'est ce iuste desir qui a deserté les villes, & peuplé jadis l's deserts. C'est ce desir qui fit cheminet la fille de Iephté, par les montaignes & les vallées auec ses compagnes, cherchant auec larmes & gemissemens la face du Bien-aymé. Helas! quand ce desir est retardé, n'est-ce pas vne peine semblable en quelque façon, à celle de ces pauures ames, qui gemissent en l'Eglise souffrante, & qui sentent la main de Dieu appesantie sur elles? *Voyla*, mon cher Pere, l'estat de la mienne, qui vous crie ces paroles du Miroir de Patience: *Ayez pitié de moy, ayez pitié de moy, au moins vous, mes amis; car ie suis en vne grande angoisse: la vehe-*

mence de mon esprit, agité de l'impetuosité de ses desirs, me faict souffrir les mesmes douleurs d'vne femme qui ne peut enfanter, & qui ne peut mourir : quand sera-ce que vostre assistance secourable me seruira de la main d'vne sage femme, pour m'ayder à produire l'esprit de salut. Vous faites tous les iours beaucoup de bonnes œuures : mais vous n'en sçauriez faire comme de plus misericordieuse, aussi de plus meritoire que celle-là.

IIII.

HElas ! mon tres-aymé Pere en nostre Seigneur, i'auois tousiours creu que tout aage estoit propre pour se donner à Dieu, & que la trop grande verdeur de la ieunesse ne luy estoit pas moins agreable que la lie & les rides de la vieillesse. D'où vient donc qu'on ne veut pas receuoir ny admettre aux exercices de Penitēce, ceux qui ne sōt que trop capables d'offencer ? pourquoy desnie-t'on la peine volontaire à ceux qui ont peché volontairement ? pourquoy refuse t'on l'abry du port, à ceux qui sont battus des orages & des tempestes du monde peruers & malin ? S'il est vray que Dieu reçoit à toute heure le pecheur à repentance : d'où vient qu'on prend garde à son aage quand il se veut repentir ? Si les azyles de la Palestine n'estoient iamais fermez aux esclaues fuyans les dures persecutions, & les mauuais traitemens de leurs Maistres impitoyables : d'où vient que les refuges des sainctes Religions sont clos pour ceux qui veulent secoüer le joug tyrannique du monde, pour iouïr de la liberté des enfans de Dieu? n'a t'on point de peur que nostre sang soit vn iour redemandé de la main de ceux, qui au lieu de la nous tendre charitablement pour nous sauuer du naufrage, serrent les entrailles de leur misericorde à nos infortunes, mesprisans nostre desbris, & nous laissant tremper dans les amertumes de nos angoisses? Pardonnez-moy ce transport, mon tres-honoré Pere ; car mon incomparable & extreme douleur ne peut former de petites plaintes. Pleust à Dieu que vous voulussiez les entendre de la bonne oreille, ou que vous eussiez des yeux pleins de compassiõ, pour voir l'insupportable langueur, où ie suis reduict par tant de delais, qui me donnent mille morts en differant l'estat de ma vie. Ouy ; car ie ne m'estimeray viure, que quãd ie pourray dire à Dieu: receuez-moy, Seigneur, selon vostre parole, afin que ie viue ; & ne me confondez pas en l'attente que i'ay en vostre bonté. Vous sçauez, mon Reuerend Pere, quand [illegible] set se chante, & que c'est lors que, par la Profession Religieuse, on est prest de se donner à Dieu par les saincts vœux irreuocablement. Mon-

IESVS, le Dieu de mon cœur, & la part de mon heritage pour iamais : faites que dans les paruis d'vne maison, qui vous soit consacrée, ie puisse vn iour chanter ce motet de triomphe & d'allegresse, en me iettant entre vos bras, & me donnant tout à vous, comme vous vous estes donné tout à moy : afin que ie puisse, en suitte de cette grace faite au temps acceptable & de salut, chanter en l'Eternité vos infinies Misericordes. Cependant, mon Reuerend Pere, ie vous supplie de ne vous lasser pas de mes ordinaires importunitez, qui ne cesseront point en temps, ou hors de temps, iusques à ce que i'aye obtenu la Misericorde de Dieu, & de l'Ordre ; car ie suis tellement resolu à ne desister point de cette prise, & à luitter sans cesse, iusques à ce que i'aye conquis cette benediction, qu'il n'est rien que ie n'employe, & que ie ne souffre pour acquerir ce bien là. Car c'est vne grace par delà toute grace, auec laquelle ie pourray dire: Qui me separera de la Charité de Christ : sera-ce la mort, la faim, la nudité, la persecution, le glaiue, les Anges, les hommes, le passé, le present, l'auenir ? non, certes : rien ne sera iamais capable de me desioindre de la Charité de Dieu, qui est en IESVS-CHRIST, auquel soit honneur & gloire, és siecles des siecles.

Ainsi soit-il.

Voyla

Voyla les informations par escrit, & nostre procés tout faict ; il ne reste plus qu'à prononcer l'arrest, & nous conduire au supplice, quand ces tesmoins nous furent produits, & que nous reconnusmes nostre escriture: que pouuions-nous dire, sinon nous preparer, par vne bonne confession, à ce qu'il plairoit aux Superieurs ordonner de nostre peau ? nous ne niasmes rien, & les coups de verge que nous attendions indubitablement, nous estoient beaucoup moindres que la honte (tant l'honneur a de force sur vn esprit bien nay) : & cette honte mesme nous parut n'estre rien, quand nous iettasmes les yeux sur IESVS foüetté & crucifié ; nous voila preparez aux foüets : & pour ce que l'extremité du peril donne de l'animosité ; i'eus le courage de dire à mon Precepteur, qui me commandoit de me destacher, de luy dire : vous serez en cela tres-volontiers obey, puis que ie sçay qu'autant de coups de vostre main seront autant de fleurs pour la couronne, que i'en attens au Ciel : frappez hardiment, ie n'ay pas peur que vous m'escorchiez, vous serez plustost las de me tourmenter, que moy de souffrir ; car c'est vn contentement d'endurer pour l'Amour de

IESVS-CHRIST : i'ayme mieux souffrir cette peine que la meriter : chastiez la vertu tant que vous voudrez, vous ne tirerez iamais de ma bouche cette lasche parole: Ie ne veux plus estre Religieux; car ie le veux estre, & mourir en cette resolution, & pour cette resolution. Et bien, dit mõ Correcteur, nous verrõs qui l'emportera, de mon bras, ou de vostre teste. Hé! que pensez-vous faire auec ces verges de soye, luy repliquay-je, que ie n'exerce to⁹ les iours sur moy, moins pitoyablement auec vne chaisne de fer : Et qu'ainsi ne soit, faites-moy pis, si vous pouuez; disant cela, ie fay voler les boutons de mon pourpoint, & le iettant là auec ma chemise, ie luy fis voir des espaules, qui luy firent plus d'horreur qu'à moy; car ie ne les voyois pas: & puis apres cela, vne autre part de mon corps, qui chez Aristote est iointe aux Analytiques, d'autant plus deschirée & sanglante, qu'on la pouuoit battre auec moins de danger. Dieu, que deuint-il! le visage luy changea de cent couleurs, les verges luy tomberent des mains, & mon valet de chambre, spectateur de cette chemise de Cesar, & qui me deuoit tenir, criant misericorde, pensa s'esuanouïr : Frappez donc, disoy-je à mon Maistre tremblant: voyla encor tant d'autres endroicts en mon corps, qui ne sont pas deschirez & IESVS-CHRIST, l'a esté depuis la plante des pieds iusques au sommet de la teste: il estoit bien si esperdu, qu'il ne sçauoit que dire, sinon que i'estois vn enragé: Et bien, luy dy-je, ie suppléeray à vostre defaut, & prenant ma discipline de fer, qui estoit dans ma pochette, ie commençay vne salüe en chantant le *Miserere*, qui l'effraya si fort, qu'il pensoit que ie m'allasse tüer: il se iette sur moy, me l'arrache des mains, commande à mon homme de chambre de me vestir, & puis aussitost: Non non, dit-il, mettez-le au lict; car il a plus besoin de repos, & d'estre pansé que de chastiment. On me met dans mon lict, quoy que ie fusse bien sain, n'ayant que la peau interessée, & assez bonne à faire vn crible. Mon Precepteur, qui craignoit que le desespoir ne m'accueillist, se mit à filer doux, à m'amadoüer, à me representer mon indiscretion en l'vsage de ces disciplines: que c'est à ces extremitez que me portoit la bigotterie de ces Moynes, (quoy qu'ils ne m'en eussent iamais parlé, & que ce fust Carondas qui m'eust donné cette chaisnette qu'il auoit euë d'vn Feuillantin) que c'estoit estre homicide de soy-mesme, & acquerir l'enfer au lieu du Paradis. Au demeurant, que si ie continuois en cette volonté de me ietter dans vn Cloistre, ie precipiterois, auant terme dans le tombeau, les iours de mes Parens; commettant, sous pretexte de Pieté, vn parricide execrable: moy qui sçauois par cœur ces Epistres de S. Hierosme, qui font marcher, à l'estendart de la Croix, sur le ventre de Pere & de Mere, me mocquant en moy-mesme de ces foibles raisons, reuelées par la chair & le sang, n'y respondois que par le silence: silence qui estoit vn mespris de ma part, & que mon remonstrant prenoit pour marque de sa victoire, & du consentement que ie donnois à ses persuasions. De là il se mit sur les ieusnes immoderez (car il s'estoit apperceu que ie me retranchois de beaucoup de choses pour le viure, dont mes compagnons, qui n'estoient pas trop desgoustez, estoient bien frians) & sur les austeritez & macerations indiscretes, comme si l'on vouloit prendre le Ciel à force de bras, me monstrant assez pertinemment, que ce mot de l'Euangile: les violens rauissent les Cieux, ne se deuoit pas entendre absolument de ces mortifications sensibles : & certes en cela, il n'estoit pas tout à faict despourueu de raison : toutefois sa personne me rendit ses obligations, non seulement suspectes, mais inutiles, comme le bon conseil d'vn mauuais homme aux Spartains ; car ie voyois ce Medecin qui me desconseilloit des remedes, qui luy eussent esté autant & plus profitables qu'à son malade : il alloit ainsi adoucissant sa colere, &, cõme il pensoit, mes desplaisirs. Le Maistre de Carondas ne treuua pas son escolier en meilleur equipage ; car il ne s'estoit pas plus espargné que moy : cela luy fit, & peur & horreur, & luy demandant qui l'auoit ainsi accommodé : il luy monstra son bras, & vne chaisnette auec la vie des Saincts ; voyla, dit-il, qui a faict le massacre? De vostre bras, & de vostre discipline, ie le croy, repliqua le Pedagogue : mais ce liure, qu'y a-t'il contribué: le cõseil, reprit Carondas ; car, lisez-y, comme se traittent ceux qui ont plus de soin du salut de leurs ames, que de la santé, ou de l'ayse de leurs corps. Alors, ce Maistre aussi bon Philosophe, que pauure Theologien, se mit à luy representer qu'il se trompoit, estimant que toutes les actions des Saincts fussent imitables ; puis que la plus-part estoient seulement admirables. Ils sont admirables, dit l'Escolier, quand ils ressuscitent les morts : mais imitables quand ils mortifient les viuans, & quand ils chastient leur chair, la reduisans sous la seruitude de l'esprit. Et quoy, dit l'autre, luy commandant de se reuestir, les voudriez-vous imiter en toutes leurs austeritez ? Ouy, si ie pouuois, repliqua l'innocent criminel, & si Dieu m'en faisoit la grace : car pourquoy ne feroy-je les mesmes choses, pour auoir le mesme Paradis ? qu'ay-je faict à Dieu, pour l'auoir de luy à meilleur compte ? Cela seroit bon du temps du martyre, reprit le Pedagogue. Et bien, dit le Disciple, si le martyre de necessité ne se presente pas, nous auons en main le martyre volontaire, qui consiste en l'obseruance de la Chasteté : Chasteté, qui comme vn Lys naist parmy les espines, & qui ne se conserue que dans le vinaigre des chastimens du corps. Le Maistre defaut de raisons en vint à ces exclamations : ô jeunesse indiscrete, que tu commets de maux en pensant bien faire ! que ton aueuglement te precipite en de grandes absurditez & aueuglemens, plaisant & pareil à celuy de certe folle Harpasté, chez Seneque, qui ne voyant goutte, pensoit estre fort clair-voyante ; car à escouter les folies de ces bigots, vous diriez qu'ils ont raison. Mais quelle brutalité que se tourmenter soy-mesme : si encore, c'est assez d'appeller cette sottise brutalité, puis que l'Euangile dict, que personne ne haït sa chair par vn instinct, qui faict que les bestes mesmes procurent, tant qu'elles peuuent, leur conseruation : & laissa là dessus Carondas, luy disant qu'il auoit plus besoin d'hellebore pour luy purger le cerueau, que de foüet pour corriger ses desbauches : & disoit-il vray en cettuy-cy, & faux en celuy-là. En cecy toutesfois pardonnable, d'estre patron de la chair, parce que son inclination le portoit à estudier en Medecine ; ce qui le faisoit plustost penser à conseruer l'harmonie du corps humain, qu'à la destruire : Et certes, les Aphorismes d'Hippocrate, & les maximes de l'Euangile sont en grande difference pour ce regard. Cette sanglante descouuerte leur donna suject de foüiller dans nos estudes, & dans nos coffres, où ils treuuerent vn attirail de harnois, propres à apprendre au corps vn merueilleux manege ; aux sçauans ie parle de la loy, & ie discours à des artisans experimentez au maniment de semblables outils. Ce feu ne fut pas sans fumée : & quoy que nos Maistres, de peur d'en estre reprimendez, celassent tout cecy à nos parens ; nos valets causerent à nos meres, qui s'en teurent : comme des femmes, & comme sensibles sur les playes de leurs enfans : elles en firent du retentissement, qui vint aux oreilles de nos Peres, qui bien esmerueillez que leurs enfãs fissent de leurs propres mains vne si dure guerre à leur peau, pensoient eux-mesmes receuoir les coups, par ce qu'ils estoient imprimez sur ceux qui estoient les os de leurs os, & la chair de leur chair : Pour remedier à cette humeur noire (car ainsi appelloient-ils cette œuure de Pieté, la comparans presque à la melancolie des filles Milesiennes, qui se desfaisoient elles-mesmes) il fut treuué bon de nous haranguer, & de nous remonstrer en particulier nostre sottise. On m'enuoyoit assez souuent vn carrosse les iours de Dimanches ou des Festes, pour aller manger à la maison ; on l'enuoya vne fois entre les autres, sans que ie fusse auerty de rien. Ma Mere Cyrie, s'estant treuuée vn peu mal, auoit tenu le lict : mon Pere Theocarés, assis aupres d'elle, d'vne contenãce graue & triste, ayant receu ma reuerence, & ma mere m'ayant baisé en pleurant, ie ne sçauois ce que vouloit dire tout ce mystere, mes sœurs & mes cousines faisoient vn certain murmure tel que des filles qui taisent tout ce qu'elles ignorẽt, cela ne me presageoit riẽ de bon : de plus on leur commande de se retirer, & estant demeuré seul auec mon Precepteur deuant mes parẽs, imaginez-vous si le cœur me battoit moins qu'à vn criminel qui est sur la seellette, & qui a ses Iuges en teste armez d'indignation & de puissantes informations contre luy. Mon Pere, apres m'auoir d'vn ton aspre & poignant representé les griefues fautes que ie vous ay dites, les appelans des desobeïssances, des rebellions, des fripponneries, des folies, & me depeignant des couleurs d'vn cheual eschappé, d'vn prodigue desbauché, & d'vn esprit incorrigible, disant que sous pretexte de deuotion, ie me donnois des libertez d'aller où il me plaisoit, sans congé, pratiquant des desseins contraires à ses intentions, comme si i'eusse esté capable de disposer de moy-mesme : en fin se démettãt de ceste rigueur dont il auoit armé le front de son discours pour jetter de la terreur en mon ame : apres le fer & le feu, il appliqua les onctiõs, faisant succeder l'huyle au vinaigre, & le sucre au sel, me representant que s'il estoit vray que i'eusse vn vray desir de me consacrer à Dieu, il ne pouuoit pas me souhaiter vne meilleure fortune que de me voir au seruice d'vn tel Maistre : qu'il ne me seroit pas vray Pere, s'il ne souhaitoit mon salut & ma consolation : que l'obligation que ie luy auois estoit fort petite, à comparaison de celle que i'auois à Dieu, qui m'auoit donné l'ame, & par luy seulemẽt vn corps perissable & mortel : qu'aussi ne voudroit-il pas disputer de ma conqueste auec vn tel Seigneur, auquel c'estoit regner que seruir, puisque toutes choses luy seruent & luy obeïssent, & puisque i'estois nay d'vn seruiteur & d'vne seruante de Dieu, duquel nous estions tous esclaues. Mais qu'il n'estoit pas bien certain que sa volonté m'appellast au seruice de ses Autels, toutes choses luy donnant de l'incertitude : la foiblesse de mon aage incapable de iuger des austeritez de la vie Religieuse, despourueuë de l'experience des choses du monde, rude en sa conduite, & qui tenoit encores plustost de l'enfant, que d'aucune autre qualité : que mon procedé mesme luy estoit suspect, parce qu'il ne s'estoit pas conduit par la voye royale de l'obeïssance à ceux que la Loy de Dieu nous commande d'honnorer : que ces intelligences secretres & tenebreuses n'estoient pas filles de la lumiere : que ceste vocation n'estoit pas bonne, puis qu'elle fuyoit la cõnoissance de ceux qui deuoient reigler mes actions, & qu'il m'auoit donnez pour auoir l'œil & presider à ma cõduite. Qu'apres auoir si tendrement esleué mon enfance, tant despẽsé pour faire instruire ma ieunesse, l'abãdonner, sous couleur de deuotiõ, estoit plustost vne impieté punissable, que vne pieté veritable: que c'estoit luy mettre, & à ma mere, le couteau dans le sein, & auancer, par vne cruauté que le Ciel vengeroit, le terme de leurs iours. Que ie considerasse l'estat de sa maison : que i'estois suiuy de quatre sœurs, dont l'vne estoit au Ciel, & les trois autres en la terre, mes deux freres encore presque au berceau: que i'estois toute leur attẽte, & leur appuy : qu'ils m'auoient fait quitter les armes, comme vne condition peu auantageuse, pour me faire estudier, & me jetter dans les charges qui manient les affaires de Iustice, afin que ie fusse le soustien de leur maison, & que i'en prisse en main la deffence & la conduite, en sorte que Dieu les appelant, ie peusse seruir de Pere à leurs autres enfãs, &, comme aisné, estre l'abry de mes sœurs & de mes freres. Que Dieu me commandant de les seruir, & ne leur pouuãt rendre de plus signalé seruice que celuy-là, ils le desiroient de moy : & en suitte, que ie quittasse ces ieunes pensées mal digerées & mal cuittes que ie meditois sur le delaissement du monde: que c'estoit vne erreur de croire qu'on n'y peust faire son salut : que nos ancestres y auoient vescu honnorablemẽt & sainctement: que luymesme, comme ses peres, esperoit y faire son salut, par la misericorde de Dieu: que le Paradis n'estoit pas pour les seuls Religieux : que de tous costez, & par toutes conditions, on se pouuoit frayer le chemin au Ciel : qu'il ne m'empeschoit pas, au contraire, qu'il m'exhortoit de seruir Dieu en perfection, aymant mieux me voir perir deuant ses yeux, que mener vn mauuais train : que pour cela il m'auoit donné vn Gouuerneur, autãt pour prendre garde à mes mœurs, que pour m'auancer en l'estude, sçachant que la science, sans la conscience, est vn dangereux outil, & iustement vn glaiue entre les mains d'vn furieux. Qu'il ne pensoit pas m'auoir donné aucun exemple de mal faire, & que si ie voulois jetter les yeux sur les deportemens de ma mere, & sur la nourriture qu'elle auoit faite de ses filles, i'y trouuerois autant à admirer, qu'à imiter : qu'elle auoit la crainte de Dieu, & son amour deuant les yeux, & en singuliere recommandation de voir ses enfans accomplis en pieté, & en toute sorte de vertu. Que c'estoit vne pure presomptiõ de croire que sa maison fust indigne de ma presence, & que nul au monde fust capable de me tenir compagnie : qu'il n'estoit pas difficile d'estre bon, en frequentant les gens de bien, sans abandonner ainsi le commerce des hommes : autrement, que par ceste maxime les deserts deuiendroient des citez, & les villes seroient depeuplées. Que ces fausses maximes estoient tolerables, en l'imbecilité & en l'ignorance de ma ieunesse : mais que l'indocilité à croire ceux qui estoiẽt plus sages & plus experimentez que moy, & que Dieu & la nature m'auoient donnez pour superieurs, n'estoit pas tolerable. Que s'il estoit bien asseuré que Dieu me voulust à son seruice, en quelque Ordre Religieux, il n'estoit pas si mauuais Chrestien que de vouloir contrarier à ceste volonté superieure: mais plustost qu'il me sacrifieroit de ses propres mains, comme vn Isaac, à celuy qui pour ses pechez auoit bien immolé son fils vnique, s'estimant tres-heureux d'auoir mis au mõde des creatures deuoüées au seruice d'vn tel Maistre: qu'il connoissoit mieux que moy la sainteté d'vne telle vacation, & le respect qu'il deuoit aux Religieux; mais qu'il auoit aussi trop de cõnoissance de mon incapacité, pour me iuger digne de leur compagnie. Qu'à la verité ce me seroit plus d'honneur d'y estre admis, que d'estre auãcé en la Cour du plus grand Prince de la terre, n'estant point de si noble Palais, qui puisse estre comparé aux maisons où Dieu, comme au Ciel, est continuellement seruy. Que, comme Pere, il ne me pourroit pas desirer vn plus bel heritage, ny vn plus royal exercice, que d'estre dans le Clergé, c'est à dire dans la part du Seigneur, puisque le Sacerdoce estoit anciennement affecté aux aisnez. Que ce luy seroit vn soulas merueilleux de me voir couché sur l'estat & sur les gages des domestiques du Roy des Roys, possedãt son oreille, & le priant continuellement pour sa conseruation, & celle de sa famille, de laquelle en ceste façon ie serois le ferme pilier, estant vne colomne au Temple de Dieu. Mais qu'il falloit bien sonder si l'esprit qui me mouuoit à cela, estoit de Dieu, & si ce n'estoit point vn demon tenebreux, trauesty en Ange de lumiere : car souuent l'ennemy de nostre salut se change en ces meteores ardans qui conduisent en des precipices: & comme l'Aigle il nous esleue le cœur à de grãs desseins, pour apres nous escraser d'vne plus lourde cheute. Loth, qui fut si sage en vne meschante ville, se soüilla au desert : tel pense quitter le mõde, de peur de se perdre, qui s'y fust sauué : & tel se jette dans vn cloistre pour y œuurer son salut, qui y rencontre sa ruine:tout ce qui reluit n'est pas or, & tousiours les plus specieuses vacations ne sont pas les plus asseurées. Que si ceste pensée me venoit de Dieu, la perseuerance luy seruiroit de pierre de touche pour faire voir son fiãc alloy, sinon que le tẽps reduiroit ce faux-billon en fumée. Qu'au moins i'auisasse à ne rien precipiter, afin de ne faire point de dessein auorté, attendant vn plus iuste terme. Qu'il me coniuroit de cela

par tout le pouuoir que Dieu luy auoit donné sur moy, par tant de bien-faicts dont il m'auoit preuenu, par tant de douleurs que ma mere auoit souffertes pour me mettre au monde, par tout ce qu'il y auoit de plus sainct en la terre & au Ciel, si ie ne voulois estre cause de la mort de ma mere & de la sienne, & faire prendre coup à la ruine de sa famille. Il accompagna son discours de tant de grace & de douceur, & ma mere de tant de larmes, que ce que n'eut pas fait la rigueur, la pitié & la suauité l'emporta: car au lieu que i'estois resolu d'opposer le courage à la force, & les repliques aux menaces, les armes me tomberent des mains, & les paroles, que i'auois pensé de leur dire, moururent en ma bouche; tant les halenées du Zephir sont plus efficaces pour tirer les fleurs du sein de la terre, que les tourbillons de la bize. Au lieu que ie me deliberois de repousser la violéce par vne souffrance obstinée (car que peut craindre vn enfant à qui l'on craint de bailler le foüet, pour la raison que ie vous ay dite) & de monstrer que i'estois resolu d'obeïr plustost à Dieu m'appelát, qu'aux hommes me retenans: ceste benignité, comme vne eau froide, esteignit l'ardeur
de

de mon courage, de telle façon que me mettãt à genoüil, ie me rangeay à demander pardon de ce que ie tenois pour vertu, comme si en verité i'eusse commis quelque grand crime : ie me recognus desobeïssant, refractaire, libertin, indiscret, inconsideré : ie me repenty d'auoir escrit les lettres que mon Pere auoit en ses mains, qui furent condamnées au feu, comme coulpables (iugez de quelle coulpe, si ce n'est d'auoir voulu quitter le monde:) auec protestation d'estre plus soumis à l'auenir, de ne rien vouloir que par leur volonté, de ne rien faire que par leur conseil, de ne plus escrire ny pratiquer d'intelligẽces pour estre Religieux, sans leur en communiquer; de ne m'eschapper plus de dessous l'aisle de mon Precepteur : & en vn mot, ie renonçay à tout ce qui leur pourroit desplaire : moyennant ces capitulations, ie fus remis en grace : ie sorty de ce danger bagues sauues : mon Pere m'embrassa, moüillant mon visage de quelque larme : mais ma mere l'en pensa noyer, qui m'allegua des raisons entrecoupées de souspirs, qui tesmoignoient combien elle m'aymoit : elle me promit merueilles, pourueu que ie demeurasse en ceste deliberation, m'enquerant soigneusemẽt si c'estoit quelque secret desplaisir qui me portast à ces fantaisies monastiques; que si ie voulois laisser l'estude, & suiure la Cour, cela seroit plustost faict, que ie ne l'aurois dict : (car ç'auoit esté son desir & son auis, son courage la portant à cela,) que si i'auois desir de quoy que ce fust, ie le manifestasse, & qu'il me seroit accordé : si ie voulois des habits, des bagues, des tableaux, de l'argẽt, me promener, joüer, auoir plus de liberté, voir quelques compagnies: en fin que ie demandasse ce qu'il me seroit accordé. Dieu sçait si ma peau fut visitée, & si ce peu de caracteres, dont il restoit fort peu de traces sur mon parchemin, furent trouuees horribles : on me fit defence de m'estriller de la sorte, en me faisant honte de cette action de Pieté, comme si elle eust esté ignominieuse. Sõme apres auoir esté repris d'auoir biẽ faict, ie suis absous; on tuë le veau gras; on me festine, les filles sont r'apelees pour auoir part à la joye de ce prodigue reuenu à resipiscence, aprés auoir tellement dissipé la substance de son sang en disciplines: aprés le repas il fallut dancer, rire, gouster : on me prẽd la mesure pour me faire de beaux habits, on me dõna des bagues & des affiquets, pour mon cabinet, qui n'estoient pas propres à faire vn oratoire: i'emporte des eaux de senteur & des poudres, des confitures en quãtité, & tout cela sur le champ ne m'estoit point desagreable. Voyla comme le monde caresse ses enfans, & ceux qui le veulent suiure, estant d'autre costé tellemẽt iniuste aux enfans de lumiere; mais ils se doiuent cõsoler en cette parole du grand Maistre: ne vous estonnez pas si le monde vous hait, car il m'a hay le premier. Moy qui suis la lumiere du monde, & qui suis venu illuminer tous les hõmes venans au monde, & tous ceux qui estoient assis dãs les tenebres, & en l'ombre de la mort. Estãt de retour, & enfoncé dãs mon Oratoire, comme ie vins à repenser à ce que i'auois faict: que de cõfusions entrerent en mon courage, que de remors rauagerẽt le repos de mon esprit, que ie voulois de mal à cette lascheté, qui m'auoit faict faire de si legeres promesses:

Mais aussi tost que ie fis repasser
Deuant les yeux de mon triste penser
La violence exercée en mon ame,
Le souuenir de ces cruels efforts,
Accompagné de mes fascheux remords,
Tout à l'instant me seruit de dictame.

Car iugeãt bien que i'estois plus obligé à suiure les inspirations diuines, que les suggestions mondaines : i'aymay mieux, à l'imitation d'Hercule, suiure la voye espineuse, qui mene à la vertu & au Ciel, que la florissante, qui conduit au vice & aux abysmes. Rejettant donc ces œuures tenebreuses, & me retractant de ces promesses, que le monde auoit extorquées de ma bouche par surprise, ie me reuestis derechef des armes de lumiere, pour cheminer en la splendeur du iour qui m'esclairoit : à cela ne seruit pas peu ce qui auint à mon compagnon, car ayant esté mandé pour receuoir de ses parens vne semblable reprimende, sa mere, qui estoit d'vne humeur altiere & tempestatiue, le pẽsant intimider, le menaça de le mettre à la porte, comme s'il eust esté quelque valet : ce que le genereux garçon prenant au pied leué, & se souuenant de ce que S. Frãçois auoit dit à son Pere, qui le vouloit desheriter : Ie suis, luy repartit-il, sorty tout nud de vos flãcs, tout nud ie retourneray en terre, ie pourray bien encore sortir tout nud de vostre maison, & viure pauure à la suitte de celuy qui a quitté les richesses du Paradis, pour venir icy bas mener vne vie pleine de miseres & de pauureté parmy les hommes: & en cet estat, ie pourray dire: Mon Pere & ma mere m'ont delaissé, mais le Seigneur m'a receu. Ceste mere irritée de ceste replique, & sçachant que son aage l'empescheroit d'estre receu en aucune Religiõ, voulant essayer sa constance, & voir s'il auroit autant de resolution en effect, qu'il en tesmoignoit par sa contenance & par son discours: Et viue Dieu, dit-elle, petit galand, nous verrons qui vous receura quand nous vous aurons abandonné? il est bon que vous mangiez de cet abandonnement de vos parens, afin que cela vous apprenne ce que vous leur deuez. Disant cela, elle le prend par les espaules, & le met à la porte de sa maison. Luy secoüant la poudre de ses pieds, & remerciant Dieu de la liberté qu'il luy donnoit, s'en va droit à la porte des Chartreux, suppliant qu'on luy donnast le couuert pour ceste nuict là, & vn peu de pain, desireux d'endurer ces opprobres pour l'amour de nostre Seigneur. Dom Prieur en est aduerty, qui connoissant son Pere pour vn des riches Financiers de Paris, & de la France, & sçachant sa qualité d'Abbé, le mit en vne chambre, pour sçauoir de luy ce qui l'amenoit là: il luy conta le tout : & comme ce bon Pere loüoit son zele, quoy qu'il fust despourueu de science, & projettast de faire sa paix auec ses parens ; voicy deuant le soir arriuer son Precepteur qui l'auoit suiuy de loin, par le commandement de sa mere, laquelle n'auoit faict cette boutade que par essay; & ayant remarqué le lieu où il s'estoit retiré, il vint pour l'y reprendre. Alors Carondas plein de courage luy dict, qu'il ne le reconnoissoit plus pour superieur, ny mesme son pere, ny sa mere, puis qu'ils l'auoient méconnu pour fils, & chassé si hõteusement de leur maison, & pourtant qu'il s'en retournast, parce qu'il ne le tireroit point de l'azyle où il s'estoit refugié, aymant mieux estre abject en la maison de Dieu, que grand és tabernacles des pecheurs. Dom Prieur fit appeler Dom Felix, & Dom Simplice, pour estre spectateurs du combat que liuroit au monde le champion de IESVS-CHRIST, lesquels admirerent sa constance. Le Pedagogue auoit beau alleguer le commandement de son pere, & de sa mere, il se disoit emancipé & exempt desormais de leur auctorité; il les renonce; proteste qu'il prend le Sauueur pour Pere, & la Croix en la congregation des Chartreux pour Mere: le Precepteur se rit, mais l'autre n'entẽdoit pas ſa riſee. Vous euſſiez dict que c'eſtoit vn petit Moyſe, preferant l'opprobre pour CHRIST, aux delices & aux honneurs de la fille de Pharao. Il veut l'enleuer de force, mais les Peres empeſchent cette violẽce: & puis cet enfant ſe defendit brauemẽt, ny plus, ny moins qu'vne poule, non ſeulement repouſſe, mais attaque le Milan pour la conſeruation de ſes pouſſins: le Maiſtre y perd ſon latin; car de menacer du foüet vn eſcolier, qui pour ce regard, comme vous ſçauez, auoit plus de beſoin de bride, que d'eſperõ; il eſtoit inutile: il y demeura dõc pour cette nuict, le Pere Prieur promettant de le remettre à ſon Pere, & de faire ſa paix. Ce bõ enfant dépeſtré de ce faſcheux maiſtre, & ſe voyant dãs cette faincte maiſon, diſoit en ſoy meſme: ô mõ ame, entre en ton repos: car le Seigneur t'a faict ce grãd bien de te retirer du monde, pren icy ta tranquille demeure au ſiecle des ſiecles, habite deſormais en ce lieu de ton election. Il eſtoit ſi rauy d'ayſe, pẽſant deſia eſtre Chartreux, qu'il ne peut de toute la nuict fermer la paupiere: il fut aux Matines à minuict, où il fut conſolé de tant de tranſports qu'il penſoit deſia eſtre dans le Ciel au milieu des Anges. Son Pere vint le lendemain le tirer de ceſte cité de resuge, le prenant auec tant de douceur, & blasmant si fort la promptitude de sa mere, qu'il s'insinua dans son esprit: non pas qu'il se fust iamais rendu à ses prieres, si Dom Prieur ne luy eust fait voir que son aage s'opposoit à sa receptiõ : ce fut donc sur l'esperance que ce bon-heur ne luy estoit que differé, qu'il quitta ce qu'aussi bien ne pouuoit-il retenir. Son Pere le remena au College, deffendãt à son Precepteur de l'en traiter plus rudement, voyant bien que les remedes doux & benings sont tousiours plus efficaces que les violens & aspres. Si donc c'est traiter doucement, que ne menacer plus du foüet ceux qui, non plus que les Spartains la mort, ne redoutoient pas ce dernier supplice, leurs propres mains leur estans moins fauorables que celles d'autruy : certes, nous pouuions nous vanter de l'estre; mais ce nous estoit vn traitement bien plus rude d'estre continuellement espiez & veillez en toutes nos actions, de n'oser nous voir & nous frequenter qu'en la classe, de ne pouuoir parler à nostre aise des choses de pieté, ny manifester nos souhaits à personne, ny nous entr'escrire, ny à aucun : à la verité ce nous estoient là de sensibles douleurs,

& des gesnes bien cruelles. Nos maistres faisoient bien tout leur possible pour nous diuertir, défaisoient peu à peu nos Oratoires, vouloient auoir des veuës en nos estudes, y faisoient des visites frequentes, pour nous empescher de prier Dieu si longuement que nous eussions voulu, nous empruntoient, sans nous les rendre, nos liures de deuotion, retirans le bois de nostre feu, & nous ostans ces armes des mains, dont nous chatoüillions nostre poux de la façon que nous auons dit : imaginez-vous comme nous estions disciplinez, puis qu'on nous ostoit la discipline. Representez-vous, Messieurs, combien sont miserables ces parens qui mettent leurs enfans, sous vne telle pedagogie, les immolans aux Demons des aises & des plaisirs, & à l'idole Moloch, & les retirans du seruice de Dieu? Et cõbien ceux-là sont mieux conseillez, qui les mettẽt en des lieux, où l'on pense autant à les promouuoir à la Pieté qu'à la science, & à les faire entrer dans les puissances du Seigneur, qu'à les meubler de litterature. O que nous eussions esté heureux, si nous eussions esté esleuez sous l'instruction de ces sçauans & Religieux Peres de la Compagnie de IESVS, qui ont leué l'estendard de la Doctrine & de la Pieté, par tout où le Soleil monstre sa teste. Mais le mal-heur voulut que nostre Institution fut au temps, auquel la Fráce miserable reietta ces Prophetes de son enceinte, qui luy estoient enuoyez de Dieu, pour le bien & l'education de sa jeunesse; & au mesme temps ils estoiét accueillis par les Indiens, les Infideles & les Anthropophages, comme des Apostres, & comme des Anges du Seigneur. Car si nous eussions milité sous leur conduitte Scholastique & pieuse, ils eussent dressé nos pas aux vrays sentiers de la moderation, temperans nos ferueurs par leurs salutaires conseils: & pour faire arriuer nos inspirations & nos vocations à bonne fin; ils eussent imité les bonnes Matrones Egyptiennes, qui n'exerçoient pas enuers les enfans des femmes Israëlites la cruauté qui leur estoit suggerée par Pharaon. Ils eussent au contraire presté leurs mains & leur ayde à nos bons desseins, disposans toutes choses auec la sainteté, qui est si propre à l'Esprit de Dieu, qui anime leur Societé. O! si ces petits Alexandres fussent venus au temps de ces Aristotes, qu'ils eussent enfanté de bons effects! Mais Dieu ne leur a pas faict cette misericorde pour des raisons qu'il a reseruées à sa seule connoissance.

Comme nous estions ainsi contraints, 4.
nous fismes vn monopole, qui pensa produire vn plus grand éclat : car tout ainsi que la poudre à canon, plus elle est batuë en chargeant vne artillerie, plus fait-elle de bruict quand elle sort de la bouche de la piece par la violence du feu : Ainsi voulions-nous procurer nostre liberté, qui n'estoit que pour nous rendre heureux esclaues de IESVS-CHRIST, par vne longue equipée. Nous auions leu les vies de plusieurs Saincts, qui en leur plus tendre jeunesse s'estoient escartez de leurs parens, pour viure inconnus & pauures en des lieux solitaires & estrãgers, nous resolusmes de les imiter ; & principalement nous sentismes-nous embrasez de ce dessein, aprés la lecture de la vie du glorieux S. Alexis, qui laissa, comme vous sçauez, la maison de son Pere, & son Espouse Sabine, pour se rendre Pelerin, & pour suiure la voye de celuy qui luy disoit, comme au Patriarche Abraham : Sors de ton païs, & de ton parentage, & va en la terre que ie te montreray. Carondas outré du traict,

que sa Mere luy auoit joüé ; & ne pouuant bien digerer cét affront, d'auoir esté chassé de la maison paternelle, auec vne espece d'ignominie, mouroit de desir de se confiner en quelque desert, iusques à ce que l'âge luy permist de se mettre en vn cloistre ; il luy vient en fantaisie de faire le Pelerinage de Lorette, & de se ietter en quelque grotte d'Italie, comme vn autre S. Benoist, m'excitant à le suiure auec des coniurations qui n'estoient pas petites, eu esgard à l'ascendant que son esprit auoit sur le mien : car que n'eusse-je faict pour vn amy que ie cherissois d'vne charité non feinte, & me proposant vne chose si conforme à mes anciennes & nouuelles inclinations. Mais la difficulté de l'execution, la longueur de l'entreprise, la hardiesse du dessein, l'inexperience du monde, les extremes fatigues, les non moindres perils ; & sur tout la crainte d'estre descouuers, & honteusement r'amenez, me rendoit reserué : si bien que si

Le desir me rendoit de feu,
La crainte me faisoit de glace.

Neantmoins vn faux zele, & vne forte confiance en Dieu, & en la bonne Dame de Lorette, de qui nous nous portions pour pelerins & deuots, me fit franchir toutes sortes de considérations, m'estant auis, qu'ayant le Tout-puissant auec moy ie cheminerois sur les aisles des vents, & ie tenterois l'impossible. Nous nous auisasmes, pour aller auec plus d'appuy & de seureté, de prendre des associez, & de faire vne brigade, comme s'il eust esté question d'aller à S. Michel. Vous voulez bien que ie vous represente les choses, comme elles passoient alors en nos esprits; car, aussi bien que l'Apostre, quand nous estions petits, nous parlions comme petits, nous pensions comme petits : nous deuenons plus grands, nos pensées se sont fortifiées & aggrandies ; cette association éuenta nostre mine, encloüa nostre canon, & rendit nostre dessein sans effect; en cela certes, plus heureux que sages, veu qu'il est à croire, que cette entreprise nous eut perdus, si nous ne l'eussions perduë: car imaginez-vous, si ces petits Iosephs eusse esté bien esperdus de se voir sans appuy, sans connoissance, sans argent, desnuez de toutes commoditez en des riues estrangeres, parmy vn langage que nous n'entendions pas : Il est vray que Dieu a soin des siens, qu'il donne la pasture aux petits des corbeaux delaissez de leurs peres, qu'il faict treuuer de l'eau & du pain aux Elies & aux Agars dans les deserts, qu'il y pleut la Manne pour Israël : mais c'est le tenter, que luy demander des miracles sans necessité ; il est libre pour les operer, & ne les operer pas; c'est vn esprit de liberté, qui souffle où bon luy semble; les esperer, c'est confiance ; les desirer, c'est presomption ; les attendre, c'est temerité. Il y en eut vn de la troupe qui se repentit, & qui causa; nous voyla découuerts : le delateur, qui fut l'accusateur de ses freres, eut sa grace ; les autres furent estrillez : Carondas & moy n'eusmes que le foüet de la langue de nos Maistres; car nous estions cheuaux, qui n'auoient que faire d'autre estrille que de la leur, & qui se gouuernoient, non de la gaule ou de l'esperon, mais de la voix & de l'air de ceux qui nous conduisoient: ceci donna vn grand trouble à nos parens ; car nous allions tous les iours en empirant, selon leur auis, ou plustost en empierrant; c'est à dire deuenans des rochers de constance en nostre resolution, & nous donner à Dieu comme des pierres viues, pour l'edification des murailles de Ierusalem. A la fin Theocarés, qui estoit prudent, s'auisa d'vn conseil, qui luy reüssit selon son desir. Essayōs, dit il, à ma Mere (& donna-t'il le mesme auis aux parens de Carondas) si la licence, & quelque image de liberté n'arrestera point plûtost ces jeunes esprits, que les contraintes, dont nous les auons gesnez iusques à present. Cela me faict souuenir du conseil que l'Imperatrice Liuia donna à Auguste, qui ne pouuant, par des tourmens & des supplices exemplaires, espuiser la source des conspirations qui se brassoient tous les iours contre luy, les dissipa en fin par la clemence, dont il fit ressentir les premiers effects à Cinna suffisamment conuaincu, & qui luy-mesme se condamnoit à la mort, auquel neantmoins il donna la vie par la persuasion de sa femme : Car à la verité, rien n'émousse tant le desir d'vne chose, que la facilité & la permission ; les portes ouuertes sont negligées par les larrons; les coffres forts & bien serrez, sont ceux, pour l'ouuerture desquels ils employent leurs efforts & leurs industries : donnez le large à vn torrent, il sera tantost à sec. Il arriue que cette liberté rendit nostre passion plus lasche ; nos maistres nous offroient la permission d'aller où il nous plairoit ;

ils nous preuenoient, en nous inuitant d'aller par tous les Monasteres, qui nous seroiēt les plus agreables. Il est vray qu'au commencement, nous n'allions aux offices des Conuents, ny ne parlions aux Religieux qu'en leurs presences; ce qui nous importunoit : peu à peu nous leur parlions en particulier. En fin sortis de l'apprentissage des lettres humaines, nous abordons aux riuages de la Philosophie, durant le cours de laquelle les Escoliers iouïssent plus de liberté qu'on ne leur en donne auparauant; si bien que nous voyla presque maistres de nous-mesmes pour ce regard; & cette maistrise nous rendit moins eschaufez en nos pretensions, & nous fit deuenir tiedes. Il est vray que nos Conducteurs auoient soin d'empescher sous-main nos receptions, & de procurer que par delais & par remises, on morfondist nostre affection, ce qui auint; car l'ennuy de tant attendre nous saisit, & ie ne sçay quelle langueur spirituelle nous engourdit; en sorte que nous n'estions plus si ardans : vne specieuse tentation destourna insensiblement Carondas; car ayant repris son premier desir d'estre Feuillantin, & non Chartreux : il ne fut à la fin, comme vous entendrez,

ny l'vn

ny l'vn ny l'autre. De moy ie fus attaqué, comme l'Elephant d'Antiochus par Eleazar, du costé le plus foible qui fust en mon ame, qui estoit cette imbecillité des terreurs nocturnes & Paniques. Or tout ainsi que ceux qui sont échaufez à la chasse ou au combat, ne songent point aux precipices par où ils brossent, ny aux dangers où ils se jettent : faisans en cette ardeur des choses, que de sang froid ils n'entreprendroient iamais : de mesme, tandis que mon desir estoit irrité par la difficulté & par les oppositions, prenant de l'audace pour les surmonter, ie ne pensois pas à cette petite Remore, capable d'arrester tout à coup les voyles enflées de mes pretensions : mais quand ie vins à considerer attentiuement cét esloignement des chambres des Chartreux ; ces murailles, ces jardins, cette separation de cellules; moy qui, sans transir tout à faict, n'eusse peu coucher seul dās vne chābre: ô Dieu ! disoy-je, donnez-moy ce que vous me commanderez, & puis commandez-moy ce qu'il vous plaira. Mon maistre, l'vn des plus accorts de son païs, ou qui sçeut par Dom Simplice, auquel i'auois communiqué cette infirmité, ou qui s'en apperceut, n'oublia pas de me prendre par ce deffaut des armes, & de l'aggrandir demesurément, me racontant mille choses que le vulgaire croit, & dont les enfans s'entretiēnent de la vie solitaire, & retirée des Chartreux. Il me les depeignoit, à dessein, plus affligez de visions, de tentations, & d'apparitiōs de Demons, & de trespassez que ne fut iamais S. Anthoine, ny aucun habitant des deserts d'Oriēt : il me faisoit croire qu'ils auoient de certaines clochettes pour s'auertir l'vn l'autre, quand quelqu'vn se battoit auec le malin, leur estāt deffēdu de se secourir, sinon par prieres. Que la nuict allans à Matines, ils voyoient dans le grand cloistre, qui est leur cimetiere, les ames des trespassez en diuerses manieres ; tantost blanches de lumiere, tantost auec des flambeaux ardans, tantost toutes rouges des flammes de Purgatoire, & que tout cela leur estoit aussi familier que le manger & le boire. Voyez s'il estoit malicieux, & si i'estois simple, croyāt toutes ces bourdes, comme autant de veritez, & d'oracles; tout cela me faisoit fremir d'vne telle horreur, qu'il n'y auoit poil en ma teste qui ne s'en herissast : & i'en deuins timide, iusques à tel poinct, que ie n'osois plus mesme durant le iour me tenir seul en vne chambre : car il me disoit que ces visions les attaquoient aussi bien le iour que la nuict ; à l'Eglise, au cloistre, en la cellule ; comme si par tout elles eussent esté attachées à leur col, & ombres inseparables de leurs corps ; & il me confirmoit cela par les peintures mesmes de leur petit cloistre, qui à la verité sont toutes pleines de ces apparitions & visions : & tout cela fit vne telle impression sur mon imaginatiue, que ie deuins le plus peureux enfant de la terre ; infirmité qui me dure encore, mais plus la nuict que le iour, & qui depuis ce temps-là m'a seruy de perpetuel obstacle, pour la reception de ce sainct habit. Car pour vous dire le vray, elle est bien telle, que quelque effort & contention d'esprit, & quelque disposition de conscience que i'aye apporté pour la vaincre, il n'a iamais esté en mon pouuoir ; n'esperant cette grace que de Dieu, par l'intercession de sa saincte & douce Mere, laquelle terrible comme vne armée rangée en bataille, me peut impetrer de l'asseurance contre toutes sortes d'ennemis, visibles & inuisibles. Mõ Maistre qui s'apperceut que sa poudre faisoit feu, & que son artifice auoit son effect desiré, se resiouïssoit de m'auoir conquis au monde, & retiré de la poursuitte du cloistre. Ce pendant s'escoula le temps que i'employa, en l'apprentissage de la Philosophie, dont ie terminay le cours sur la sixiesme ou septiesme Lune aprés mon troisiesme lustre.

5. Alors il fallut faire essor dans vne plus haute science, & sans consulter autrement mon desir, mes parens, qui creurent que mes imaginations monastiques estoient dissipées, & qui desseignoient de me ietter dans l'exercice de la Iustice, m'enuoyerent à Orleans pour meubler mon esprit de la science des loix. Et ceux de Carondas, qui vouloient ioindre à sa qualité d'Abbé celle de Conseiller Clerc au Parlement de Paris, l'enuoyerent à Bourges, au lieu de le jetter dans la Sorbonne, pour en faire vn bon Theologien; voyla comme le monde veut des Ecclesiastiques à sa mode. Et ce fut en cette Vniuersité, en laquelle, oubliant & les Feuillantins, & les Chartreux, & la qualité mesme d'Abbé, il se mit aprés vne vie aussi peu reglée, que dans le College elle auoit esté exemplaire, se portant de l'vne à l'autre extremité, selon la coustume de la jeunesse. Mais pour ne ressembler à ces Lamies clair-voyantes chez au-

truy, & aueugles chez-elles, contentons-nous de produire nos propres miseres, & de monstrer la poutre qui bouche nostro œil,sãs nous amuser à la paille de celuy de nostre prochain. Ie suis donc mis chez vn Docteur Regent de cette Vniuersité, appellée Radulphe, homme noble d'extraction, de la famille des Clibans, mais de mœurs tout à faict illustre ; car la probité & la doctrine disputoient en luy la preeminence, auec vne eminence signalée; il estoit, & sçauãt & poly; sçauãt en la science de sa profession, en laquelle son pere auoit excellé, & laissé au public de beaux monumens de sa suffisance, & poly en la varieté de sa litterature : car quelle partie de Mathematique ignoroit-il? l'Histoire estoit en sa memoire ; l'eloquence Latine & Françoise en sa langue, & en sa plume, qualitez de difficile association ; la Poësie en laquelle il excelloit, & la Musique estoient ses delices, joignãt si parfaitemẽt l'vne à l'autre, que sa voix & son pouce animoient ses Vers, dont il composoit les airs. Il auoit vne grãde connoissance de la lãgue Grecque; & ce qui courõnoit tout cela, vne deuotion singuliere, des mœurs douces & ciuiles, vne conuersation courtoise, vn entretien rauissant, vne humeur charmante. Le public a plusieurs traittez de Pieté, sortis de sa plume, où, dans l'elegance d'vn stile net & florissant, reluisent des pensées si sainctes, que, s'il passe Tertulian en sincerité de foy, il l'auoisine en qualité & en doctrine. En ses jeunes ans, comme luy-mesme m'a confessé, il eut quelques desirs d'embrasser la vie Religieuse : mais les coniurations de son Pere, & de douces & legitimes affections le portent dãs les loix de l'Hymen, dans lequel il viuoit auec sa compagnie, non seulement dans la concorde cõiugale : mais dans vne correspondance de pieté, qui auoit bien de la ressemblance auec ce qui se lit d'Isaac & de Rebecca, de Tobie & de Sara, & de tant d'autres personnes qui ont pratiqué vne insigne deuotiõ dedans le mariage. Ie fus si heureux, que d'estre esleué aux loix humaines, ciuiles, & canoniques, sous vn personnage si ciuil, si reglé, & si grand obseruateur des diuines. L'admiration de tant de vertus, qui faisoient vn excellent cõcours en ce Docteur, me donna vne grãde docilité pour me laisser aller à sa conduite, & pour receuoir ses preceptes. Et luy qui estoit fort bon, voyãt en moy vne matiere simple, & disposée à ses volontez, prit plaisir à y grauer les formes, qui luy sembloient les meilleures & les plus conuenables à l'esprit d'vn Gentil-homme. Il reconneut que i'auois des lettrés humaines ce qu'vn Escolier de mon âge en pouuoit auoir; que ma Poësie promettoit quelque lustre, si elle estoit polie par l'vsage; que i'aymois la Musique, ayãt la voix d'assez heureuse rencontre. Entre autres, ma Philosophie luy pleust, de plus mõ humeur, d'auantage la recommendation des principaux de la ville, ausquels i'auois l'honneur d'appartenir, ma Mere en estant comme originaire. Sur tout l'affection que ie luy témoignois; car il n'y a rien qui oblige tant à aymer, que d'aymer; la bienveillance, estant le seul prix de l'amitié: me voyla en bonne main, & en bonne escole. I'estois naturellement retiré, & assez studieux; il me rendit encore plus attentif aux lettres; & pour desbroüiller mõ esprit de ce chaos de cas, d'especes, de loix, & d'antinomies; il prenoit la peine, par la seule courtoisie que luy suggeroit son gentil courage, de me monstrer plusieurs secrets de Mathematiques, principalemẽt de la Cosmographie, & de l'Astrologie; il me prouoquoit à faire des Vers François (laissãt les Latins au college) par quelques pieces des siens qu'il me communiquoit; d'autrefois il m'excitoit à l'eloquence, m'en faisant voir quelques ouurages, que depuis il a donné au iour, soit de Pieté, comme des Meditations, & sainctes pensées; soit de moralité, comme de la consolation aux afflictions, & de la Philosophie Chrestienne, où il enfiloit auec vne elegance singuliere, d'vne tissure égale, & douce, mille fleurs de l'antiquité, tant Latine que Grecque, sans affecter le fast & l'ostentation inseparable des allegations. Ie me souuiens qu'il me disoit qu'en la lecture des autheurs, & en la cõposition il falloit faire comme la nourrice, non comme la poule; la nourrice donne en laict à l'enfant, le suc & la substance de ce qu'elle a digeré; la poule se contente de gratter, & de donner à ses poussins le grain de la sorte qu'elle l'a treuué: de mesme, qu'il faut rendre nostres les pensées, & les beaux traicts des anciens, donnant vne forme qui nous appartient à vne matiere qui vient d'eux; car ceux qui sans ageancement auancent les passages, tout cruds & comme ils les ont recueillis, tesmoignent leur memoire & leur diligence, non leur iugement & leur attention; ils ammoncelent des pierres sans chaux, & sans liaison, dressans des bastimẽs de peu de durée, & qui monstrent les ouuertures de toutes parts: pareils aux marchands qui ne font que trãsporter des marchandises de lieu à autre, rapportans ce que disent les autres; eux-mesmes ne disans rien, & se parans de plumes empruntees. Ie ne suis pas icy pour vous dire les beaux & bons preceptes, qui me furent dõnez en plusieurs occurrences par cet habile homme, auquel ie suis redeuable autant qu'à maistre que i'aye eu, & auquel vrayement, selon que dict Aristote, ie ne pourray jamais rendre la pareille. Il auoit mesme soin, tant il estoit charitable, de cultiuer en moy ce peu de pieté qu'il y rencontra: & quand il me parloit des choses de Dieu, c'estoit auec vn si grand sentiment, qu'il estoit aisé à voir qu'il estoit bien auancé en la vie spirituelle. Ie l'accompagnois ordinairement quand il alloit aux Capucins, ausquels il auoit vne particuliere deuotion: & en allant & venant sur le riuage de Loyre, il me disoit des choses qui me rauissoient, & qui m'edifioient autant que Predicateur que ie peusse entendre. Imaginez-vous si i'eusse esté son disciple, combien ie pouuois profiter sous la main d'vn si bon maistre. Mais pour ne frustrer point Dieu de la gloire qui est deuë à la grace qu'il me fit de me mettre en si bon lieu, i'oseray dire que i'auançay en mes estudes autãtque mes parens le pouuoiẽt desirer, & au contentement de Radulfe mesme, qui me congratuloit quelquefois en mes diligẽces, sçachant cette maxime;

Que la vertu s'accroist quãd elle est estimee,
La gloire luy estant vn pressant esperon.

Certes, quand de l'argile bien molle tombe entre les mains d'vn habile potier, il en faict tout ce qu'il veut, quelles leçõs n'apprend à vn cheual genereux vn bon Caualerice. Mais en fin, ce traistre petit Archer qui est tousiours en embuscade cõtre la ieunesse, & qui, voltigeant cõme vn petit démon, se sert des occasiõs, comme de flesches, pour entamer les cœurs des inconsiderez, & qui dans le sang boüillant de cet aage, excite ces ardeurs, qu'on dict prouenir de son brandon, ne voulut pas que ie le brauasse, ny qu'il fust dict que i'eusse passé le destroict de ce temps auec vn esprit si porté à sa bien-vueillance, sans m'auoir reduict en seruitude, & attaché à quelque rocher digne de mon naufrage. Il est vray, qu'en ce desastre qui vint alterer la paix de mes Muses, & le calme profond que Minerue me causoit : i'ay à me loüer, de ce que la pointe qui m'entama, fut toute d'or, & d'or tresbõ, d'or d'ophir, tres-loyal, tres-fin & tres-pur : la cicatrice de cette belle playe ne pouuant apporter aucune flestrissure à l'Amant, ny à l'object aymé : aussi n'auroy-ie pas la hardiesse de rapporter ces affections deuant vne compagnie, si sage & si pieuse ; si elles estoient d'autre qualité que receuables. Vostre modestie & vostre cõdition vous rendent trop redoutables au vice pour luy permettre l'insolence de vous aborder ; le nom seul de la des-honnesteté profaneroit vos oreilles. Ce n'est pas aussi que ie vueille iustifier mes flammes par vostre pureté, ny les desguiser, pour les faire paroistre plustost selon vostre goust qu'en leur estre veritable : Mais pourquoy cacheray-ie à des hommes Angeliques, ce qui a paru deuant les Anges, sans aucun dechet d'integrité, comme vous entendrez ? Il estoit mal-aysé que ie fusse appelé en tant de bonnes compagnies, sans estre atteint de quelque passion ; qui va au trauers des armes, reçoit tousiours quelque bleçeure : voir tant de jardins, & ne s'arrester à aucune fleur, c'eust esté monstrer vne humeur agreste, & autant inciuile que peu sociable. Ie me rendis donc à vn object de tant de vertu & de merite, que ce me fut vne victoire d'estre si glorieusement vaincu:

Tel que d'vn effort difficile
Vn fleuue au trauers de la mer,
Sans que son goust deuienne amer,
Passe d'Elide en la Sicile:
Ses flots par moyens inconnus,
En leur douceur entretenus,
Aucun meslange ne reçoiuent,
Et dans Syracuse arriuant,
Sont treuuez de ceux qui les boiuent
Aussi peu salez que deuant.
Ainsi dans ces traicts fantastiques,
Dont les esprits sont agitez
Durant ces ieunes libertez,
Où se trament tant de pratiques:
Ie ne fus iamais diuerty
Pour suiure vn vicieux party:
Mais blasmant l'impure licence
Des moins honnorables humeurs,
I'ay tousiours aymé l'innocence,
Et pris plaisir aux bonnes mœurs.

La grace & la vertu d'vne fille d'honneste qualité, mais d'vn merite qui alloit iusques aux estoilles, me donna dans les yeux, & de là se fit voir dans mon cœur.

Son nom mesme estoit venerable, & la representoit toute, & en son naturel: elle s'appelloit Sainćte, & elle estoit de la bande de ces Vierges dont parle l'Apostre, qui sont saincťes de corps & d'esprit: de vous dire ses beautez, il n'est, ny de mon humeur de les raconter, ny de la vostre de les entendre: c'est assez de dire que l'Amour est fils de la bonté & de la beauté: la beauté estant vne bonté de corps, & la bonté la vraye beauté de l'ame. Elle estoit accomplie en ces deux choses qui composoient tout son estre: & cela, non seulemēt pour l'estime de ma bien-vueillance: (car il n'est point de laides affećtions,) mais par la commune opinion de ceux qui estoient iustes & seueres iuges de sa valeur. Ie me souuiens qu'en ce tēps là j'allois remaschant vne fueille de laurier où estoient escrits ces beaux vers:

En voyant cette Sainte, telle
Qu'on n'y sçauroit rien desirer,
Ie ne me pouuois figurer
Que ce fust chose naturelle.
I'ignorois que ce pouuoit estre
Qui coloroit ainsi son teint,
Où l'Aurore mesme n'atteint
Quand elle commence de naistre.
Mais Platon dans vn docte escrit

M'ayant faict voir qu'vn bel esprit
Est la cause d'vn beau visage:
Ce ne m'est plus de nouueauté,
Puis qu'elle est parfaictement sage,
Qu'elle soit parfaicte en beauté.

Si est-ce que ie puis dire sans desguiser la verité, que ie ne fus jamais tant passionné pour les qualitez de son corps, qui la rendoient assez signalee, comme pour celles de son esprit, qui la releuoient excessiuement par dessus toutes ses compagnes. Aussi ne veux-ie pas tant me iustifier, ny faire le spirituel, que ie ne vous auouë, que tant de graces dont la nature auoit embelly son front, comme le ciel son ame, firent par mes sens vne puissante impression sur mon cœur: ce fut vne eau forte qui le graua imperceptiblement: mais de tant d'agreables & cheres idees, que ie penserois faire vn sacrilege, si ie passois par dessus l'esponge de l'oubly. Si la voye de iustice est comparee à l'aube, qui par des progrés insensiblement sensibles, s'auance iusques au plein Midy: ie puis (sans cõtrefaire le iuste, mais rapportant le tout à la grace de Dieu, & à la vertu de cette Sainte) asseurer que cette dilection arriua peu à peu, tout naïfuement, & sans artifice, à vn tel faiste de perfection qu'il ne se pouuoit plus rien adjouster à sa grandeur qu'vne eternelle duree. Car comme si nous eussions pris naissance sous mesmes cōstellations, si mesmes influences eussent conduit nos inclinations & nos destinees : il sembloit que nos pensees, nos vœux, & nos desirs fussent de ces jumeaux, dont la ressemblance & les deportemens sont si semblables, qu'on a de la peine à les distinguer par quelque difference. Nous nous aymasmes long temps Platoniquement, & en idee, faute de hardiesse, pour manifester l'vn à l'autre nos imaginations. Nostre repos, nostre manger, nos exercices, mesme nostre santé en fut visiblement alteree. Ceux qui estoient ordinairement autour de moy, remarquent, à veuë d'œil, que ie suis attaqué de quelque passion inconnue, qu'ils ne peuuent imaginer : & bien que i'essayasse de desguiser mon mal, cachant vne veritable douleur sous vne joye plus artificieuse, que naturelle, si est-ce que les chãgemens de ma face me trahissent, & font voir aux moins clair-voyãs que i'ay quelque chose en la teste qui me tourmente; les fleurs de mon visage s'en ternissent: & parce qu'on se fust figuré toute autre chose, plustost que l'origine de cette secrette langueur; on donne à la contention de l'estude, ce qui prouient d'vne contrainte de discretion. Ie passe ainsi le temps, & ie me consume d'vn feu caché, quoy que l'occasion de l'euaporer par la parole, s'en presente tous les iours: & moy, ie parle bien assez souuent à ma Sainte, mais non pas de ma passion, ny, tant ie la reuere, de chose qui en approche: si bien que ie peris auprés de mon remede, & ie demeure muet, au milieu de mille differens entretiens, Tantale veritable. N'admirez-vous point en cet effect l'accez de cette fieure, qui brusle de desir, & glace de respect: qui peut & ne veut, qui oste la volonté dans le pouuoir, qui n'ose en la facilité, & qui faict cherir le mal, plus que la medecine. Ce n'est plus moy, & mon esprit, qui ne se paissoit que de la suauité des lettres, ne respirāt qu'vn honorable desir de gloire, & tout à faict ignorant de ces passions molles & affectueuses, alors enyuré de cette douce poison, & occuppé de cette agreable idee, ne peut admettre aucune autre pensee, que celle qui la luy represente, ou qui l'en entretient. L'exercice des lettres me deuient espineux, sinon celuy de la Poësie; parce qu'il flatte mon imagination, & me sert de pinceau, pour exprimer les mouuemens de mon ame, animant ces productions par la Musique qui me sert à exhaler mes sentimens, & dont le chant enchante doucement le soucy qui me rõge. Rien ne peut diuertir ma fantaisie; la frequentation, au lieu de me guerir, sert d'huille à mon feu, me plaisant si fort en ce rengregement de mon mal, que ie n'auois riẽ en plus grãde horreur que l'absence, bien que c'en fust le souuerain remede. Tant de compagnies où ie m'estois autres-fois aggreé me desplaisent, non sans leur donner sujet de s'enquerir d'où me procedoit cette mauuaise humeur; ie m'en desrobe pour entretenir tout seul mes pensees, marque asseurce de la playe d'amour, dont la solitude est l'élement, comme la conuersation le dictame. Le Soleil mesme m'estoit desplaisant, parce qu'il dissipoit mes imaginations; & la nuict me sembloit d'autant plus fauorable, qu'elle fournissoit plus de nourriture à ma peine: & parce que ses ombres me plaisoient, les seules estoilles m'estoient importunes.

Tout autre clarté me nuisant,
Priué de mon astre luisant.

Tout cela, Messieurs, veut dire que i'ayme, non seulement sans l'oser dire, mais mesme sans oser le penser. Car pour vous faire voir l'extremité du tourment que me causa mon peu de courage, nostre mes-intelligence, & la confusion de mes pēsees, representez-vous que la roüe d'Ixion, le vautour de Promethee, la pierre de Sisiphe sont des fables qui se trouuoiēt veritables dans mon sein. Car pressé d'vn costé par mes sens, qui me representoient les graces de cette creature ; & par mon esprit, qui me faisoit voir ses vertus & ses merites en la plus glorieuse forme qu'on puisse les representer: & d'autre part touché (à cause du vœu que ie vous ay dict) d'vn extreme remords de conscience, estimant, que cherir cette Saincte, estoit vne trahison & vne infidelité manifeste enuers le Createur ; sa recherche ne me pouuant estre legitime, qu'aprés vne dispense que ie ne desirois pas demander: on ne sçauroit exprimer la gesne que me dōnoit cette suspension, ny dépeindre comme il faut les pointes que me causoit cette diuision, ce contraste de la chair & de l'esprit: ce debat d'Esau & de Iacob, dans les flancs de ma volonté: & cette contradiction que ie ressentois dans la cité de mon interieur. Car ie ne voulois rien en la supréme partie de mon ame (& Dieu le sçait) que de iuste: mais la rebellion de l'inferieure estoit si furieuse, que ie m'estonne que mon cœur n'en esclattoit, estant separé en deux parts si differentes. Combien de fois armay-ie ma raison, pour soustenir la violence de cet assaut, & combien de fois fut-elle desarmee? combien de fois priay-ie Dieu, à l'imitation du grand Apostre, qu'il m'ostast cet aiguillon, qui trauersoit la pureté de mes intentions, sans pouuoir obtenir l'entherinement de ma requeste. I'inuocquois les Anges & les Saincts; i'opposois les digues de mes plus fermes resolutions à ce torrent; j'appellois la mort au secours, l'eslisant plustost que la rupture de ma determination: & tousiours, nonobstant tout cela, cette flatteuse idole reuenoit en ma fantaisie, pour troubler ma paix, & alterer la tranquillité de mon ame. Que i'estois marry, de ne pouuoir trouuer en cette Saincte, quelque sorte d'imperfection, sur laquelle ie peusse prẽdre sujet de desdain, & en composer ce remede que l'on donne à ceux qui ayment trop, de ruminer les deffaults de ce qu'ils ayment. Que si ie me resoluois de têter quelque absence pour la mettre en oubly, selon l'auis que donnent les Sages; i'estois bien ayse de n'estre pas à moy mesme, ny libre pour ce regard; afin que ma subiection me donnast occasion d'éuiter ce remede: & puis? comment eussé-ie peu absenter vn sujet qui estoit plus en moy, que moy-mesme; & l'oublier, sans me mettre premierement en oubly? A la verité, ce Philosophe qui disoit, que si la vertu estoit visible, elle se feroit necessairement aymer, n'auoit iamais veu de semblable creature: car, comme les intelligences celestes se façonnent des corps pour paroistre parmy les mortels: ie croy que la Vertu auoit emprunté celuy de cette fille pour se monstrer: & si les corps sont animez par des esprits, ou son corps auoit la Vertu pour esprit, ou ce qu'estoit son ame en son corps l'estoit la Vertu en son ame. Qui n'eust admiré la grace & la gloire du facteur en vn si bel ouurage, & qui sur ce rayon de beauté creée, n'eust esleué sa pensee à l'increée? aussi ce corps & cette ame me representoient (comme le Soleil en vn bassin) les beautez & les vertus de celuy qui estant l'ame de l'vniuers, donne la vertu & la beauté à toutes choses.

Car penser vn Dieu sans beauté,
C'est dire vn Soleil sans clairté:
La lumiere estant mesme chose
En cet astre qui luit aux cieux,
Que la beauté l'est en ses yeux,
Où tousiours on la voit éclose.
Il n'est que beauté vrayement
Pour ceux-là qui le vont aymant:
Comme il est tout beau pour soy-mesme,
Il est tout ce qu'on peut aymer;
Nul ne se pouuant enflammer
D'vne belle ardeur, s'il ne l'ayme.

O que mal-heureux sont ceux, qui destournent les creatures de leur droict vsage; puis qu'elles ne doiuent seruir que de degrez, pour éleuer les ames au Createur! & que bien-heureux sont ceux, qui, sans les separer de leur tronc & de leur source, r'amenent tous ces ruisseaux à cette mer infinie de bonté & de beauté souueraine, qui est Dieu! cela n'est pas aymer les creatures, mais Dieu; quand on les ayme en Dieu, & Dieu en elles. Or ie vous asseure qu'encore que ie ne desaduouë pas d'auoir esté trauersé de tentations cõtraires (estant bien dangereux des pratiquer des amitiez en des sexes differents:) si est-ce que la grace de Dieu m'a esté si fauorable, que ie n'eus iamais dessein, ny en la naissance, ny aux progrés de cette bienvueillance, de contrarier, ny à mon vœu, ny à la loy diuine. Car il me souuient, que ie remaschois alors ces belles paroles, que l'infortunée Didon va proferant chez la Muse Latine! Quoy? n'ay-ie pas feremmement resolu de ne ployer iamais mon col sous le joug d'Hymenée? n'ay-ie pas empraint en mon ame cette sentence irreuocable par vn vœu sainct? sera-t'il dóc vray, que cette molle atteinte ayt le pouuoir de me faire incliner à quelque dessein, contraire à cette genereuse determination?

Quoy, cet obiect pourra mes cendres r'allumer,
Et de mon chaste vœu le rempart entamer?
Quoy, faute d'amortir ces foibles estincelles
Ie sentiray d'amour les approches nouuelles?
Non, mais plûtost l'horreur des goufres de là bas
S'ouure pour m'engloutir, & fonde sous mes pas,
Plûtost que mon humeur se couure de ce crime,

Ny qu'vne telle tache en ma gloire s'imprime.

Mais que ces discours estoient foibles pour accoiser la reuolte que mes sens & mes desirs excitoient contre ma Raison!

Ie me rends donc sans resistance
A la mercy d'elle & du sort,
Aussi bien trop foible est l'effort
Qui s'oppose à telle puissance:
Pourquoy long temps deliberer
S'il faut vne Saincte honorer?

Ie me laisse doucement aller sur le courãt de cette complaisance, sans craindre ny escueils, ny brisans, m'imaginant que le seul nom de Saincte seroit capable de me tenir en deuoir; joint que i'auois vne telle connoissance, & vne si haute estime de sa sagesse que ie pensois l'apprendre plutost que la perdre en si bonne escole:

Et en la reuerant non pas faire naufrage:
Mais plûtost deuenir & amoureux & sage.

FIN DV LIVRE TROISIESME.

SECOND.

ALEXIS.

PARTIE SIXIESME.

LIVRE TROISIESME.

SOMMAIRE.

1. *Suitte de ces chastes affections.* 2. *L'Amour & la Deuotion compatibles.*

ET en cela ie ne fus pas mauuais Prophete: car bien que, selon le dire commun, ces deux choses soient incompatibles (& certes elles le sont dans la prophane & vicieuse amour): si est-ce que ie puis dire, que ie dois vne partie de l'honnesteté, de la ciuilité, de la politesse & de la vertu de mon adolescence (s'il s'en remarque en moy,) à ce bel obiet qui me les a inspirees, & qui m'a en beaucoup d'instances seruy de miroir pour corriger mes deffauts. I'appris en cette pure & irreprehensible amitié, la pratique, de ce que ie ne sçauois qu'en Theorie, de la doctrine de Platon, que rien ne ciuilise tant, rien n'adresse mieux à la vertu qu'vne legitime affection ; car quels efforts ne tente-t'on pour se rendre digne de bien-vueillance? quelles imperfections ne corrige-t'on pour se faire valoir? L'Amour, comme dict ce Poëte Philosophe,

Eleuant le courage auec l'entendement,
Va aux belles vertus animant vn Amant,
Sousleuant iusqu'aux Cieux la pointe de ses flames :
Sans luy tous les desseins les plus beaux seroient morts ;
Car si l'ame est vn feu qui anime les corps,
L'Amour est vn flambeau qui anime les ames.

Mais pourquoy vay-je attribuant à vne creature mortelle, l'honneur qui est deu à la grace du Ciel ? toutefois, comme il y a des causes secondes, ausquelles se peuuent rapporter les effects, sans penetrer iusques à la premiere, qui est plus generale & vniuerselle: aussi me semble-t'il que ie doibs à l'entremise de cette Saincte, ce que ie confesse tenir de cette faueur celeste, qui m'a sauué parmy tant de perils. Toute ma peine estoit à la naissance de cette affection, de treuuer vn moyen, par lequel ie peusse honorer cette creature, sans blecer la promesse que i'auois faite au Createur ; ce que la Charité me representoit estre possible, bien que la Chasteté (vertu plus austere & sauuage) me fist voir cette association tres-difficile. Ceux qui sçauent les secrets de la Philosophie; c'est à dire, non de l'Amour de la Sagesse, mais de la Sagesse d'Amour, & se conduire iustement, & auec droicture en cette Passion, n'ignoroient pas que toute Amour n'est pas Amitié : car on peut aymer sans estre aymé, & cela s'appelle Amour, non pas amitié ; car l'amitié est vne Amour mutuelle, & si elle n'est mutuelle, elle n'est pas amitié: & qui plus est, il ne suffit pas que cette bien-vueillance soit reciproque, si les parties ignorẽt leur mutuelle affection ; car ainsi elles auront de l'amour l'vne pour l'autre, mais non pas certes de l'amitié. D'abondant, il faut que non seulement elles soient asseurées de cette reciproque inclination: mais qu'il y ait entr'-elles quelque espece de communication, qui serue de fondement à leur amitié. Or selon ces communications, l'amitié est, ou serieuse, ou friuole; ou licite, ou illicite; ou vicieuse, ou vertueuse. Si la communication est des choses honnestes, l'amitié qui en resulte est honorable; si des vtiles, elle est profitable; si des choses de l'esprit elle est spirituelle; si des choses de Dieu, elle est diuine; si des Saincts, elle est sacrée; si des perissables elle est passagere; si des corporelles, elle est sensuelle: Bien que cette derniere sorte de communication ne puisse proprement porter le nom d'amitié, si le Sacrement du Mariage ne la iustifie. Aymer & animer sont deux choses si voisines, que ce qu'est l'ame au corps, l'amour l'est à l'ame: & comme vn corps animé d'vne belle ame se conduit heureusement; ainsi vne ame possedée d'vne bonne amour. C'est proprement l'ame qui ayme, puis que l'Amour est la plus noble production de la volonté, par laquelle elle porte son inclination, & son choix vers quelque obiect: car la dilection n'est autre chose qu'vn mouuement d'election, franc & libre. Et si ce mouuement tend à l'vnion; c'est à vne vnion toute spirituelle, & de la nature de l'ame qui produit céte emotiõ:

que si les sens se meslent quelquefois de la partie, c'est comme ces effrontez qui viennent à la feste sans y estre appellez, & qui n'y comparoissent que pour la troubler : aussi n'y eut-il iamais aucune personne de bon iugement, qui appellast Amour, les accointances qui transportent les bestes à la recherche de ce plaisir furieux & epileptique. Ie m'imaginay donc, que ie pourrois pratiquer auec cette Saincte, vne affection toute spirituelle & espurée de la lie de toute terrestreïté, & gouster icy bas quelque essay de cette Amour incomparable, que les bienheureux, sans consideration de sexe, pratiquent eternellement dans le Ciel:

Que si ie ne pouuois atteindre à ce bonheur,
Quant à moy ie pensois auoir assez d'honneur
De mourir en l'aymant ainsi que faict le Cygne:
Car i'eusse creu monstrer, que i'auois presumé
Par dessus les mortels, qu'en vouloir estre aymé,
Et sur les immortels, qu'en penser estre digne.

Iugez par cét eschantillon de la generosité de ma pensée; & combien estoient iustes & nettes mes intentions:

Car i'esperois de voir par ce feu allumé,
Tout vicieux deffaut dedans moy consumé,
Mon cœur estant purgé comme vn vaisseau d'élite,
Esperant que le Ciel qui me la fit choisir,
Donnant à mon esprit l'audace du desir,
Me donneroit aussi la grace du merite.

Sur cette esperance, ie m'embarquay en cette amitié, ayant tousiours la raison pour mon Ourse, de peur de faire naufrage au milieu de son cours. Et voyez combien le Ciel fut fauorable à mes bons desseins; la mesme peine qui me trauailloit, affligeoit aussi le cœur de l'innocente Saincte; car, bien que les filles soient naturellement assez, sinon fortes, au moins secrettes, pour dissimuler les sentimens de leurs passions: si elle estoit mon image de cire enchantée, i'estois pour elle vn tison de Meleagre; & non seulement elle m'affectionnoit en pareil degré de bienvueillance: mais, comme vous entẽdrez, elle auoit resolu de n'auoir iamais d'autre espoux que celuy du Ciel: de sorte qu'elle estoit en apprehension, que s'engageant à me bien-vouloir, ou me permettant de l'honorer; cela ne portast coup, à la ruine de sa determination. Mais celuy qui veille sur les innocens, nous tira heureusement de ce labyrinthe. Nous nous voyons tous les iours, à quoy le voisinage contribuoit beaucoup, & tous les iours en la conuersation cette inclination mutuelle, par certaines complaisances ineuitables, s'accroist extremement: nos ames s'vnissent & se lient si bien, que nous auons autant de ioye de nous rencontrer, que de peine à nous separer: & cette mesme passion, dont la violence nous faisoit tarir les paroles en la bouche pour la manifester, nous en forme vn milion d'indifferentes pour nous entretenir. Tourmentez en l'ame d'vne douce langueur, faute d'en chercher le soulagement dans vne seule parole; nous estions trauaillez d'vne douleur muette, ayans le remede en nos langues, sans oser souspirer vne seule plainte, chacun dissimulant son mal au suiect mesme qui le causoit: charme estrange, mais sans magie, que ceux-la ont ressenty, qui ont aymé auec beaucoup de respect, de crainte, & de pudeur. A la verité, il seroit bien plus doux de ne voir iamais ce qu'on cherit, que le voir sans luy oser manifester sa pensée ; car l'obiect irritant le desir, il n'y a rien au monde qui soit moins supportable que la presence d'vn bien auquel on aspire sans esperer. Tant de discours que i'estudîois curieusement quand i'estois seul: tant de traicts subtils que ie premeditois de ietter en deuisant deuant ses yeux, comme les pommes d'or d'Atalante, ou celles de Galathée : tant d'artifices, dont ie pensois me seruir pour luy rendre visible d'vne part, ce que ie voulois rendre inuisible de l'autre ; tout cela s'esuanouïssoit au iour de sa presence, comme les Estoiles deuant le Soleil : Et quoy que ie fusse plein de langage pour mille autres subjects inutiles, i'estois sans mouuement, sans pouls, & sans parole, quand il me falloit toucher le principal. Si voyoy-je bien que c'estoit à moy d'entamer ce propos : mais ie n'en pouuois rencontrer la conioncture : & puis dittes que l'Amour n'est pas enfant, puis que cette simplicité, & ce begayement en sont des marques manifestes? Ie n'estois pas si nouice en cét art, que ie ne visse bien à trauers de la modestie de ses actions, qu'elle auoit pour moy quelque sorte d'empressemẽt, comme le mien ne luy estoit que trop visible : mais tout cela n'estoit point suffisant, pour donner naissance à vne solide amitié ; c'est la seule parole qui faict esclorre les pensées. Or ie croy que nous en fussions tousiours demeurez-là, si vne fauorable & impreueuë occasion n'eust faict en moy le mesme effort, que sur le fils de Crœsus né muët, l'apprehension de la mort de son Pere. Si i'aymois la Poësie, cette fille en faisoit grand compte ; & bien qu'elle fist des vers en fille ; c'est à dire assez mal : si est-ce qu'elle auoit le iugement fort bon, pour discerner les bons des mauuais; faculté qui n'est pas donnee à tout le monde. Et comme il n'y a rien de plus fascheux qu'vne Poësie, non basse, mais seulement mediocre : aussi faut-il auoüer, qu'il n'y a rien qui égale cette façon d'exprimer ses conceptions, quand la forme en est sublime. D'où vient que les Poëtes, qui se sont rendus fameux pour la beauté de leurs ouurages, ont esté tenus pour les plus excellens Peintres des passions humaines ; & principalement de celle d'Amour, qui en est la Maistresse & la Reyne. Elle auoit ordinairement entre

les

les mains, Ronsard, Desportes & Bertaud, comme les trois Graces de nostre Poësie Françoise. Celuy-là est par le commun adueu le plus esleué de tous, & qui, comme vne Aigle Royale, faict vn eminent essor : le second est doux, poly & mignard; & le troisiesme, estant plein de belles & genereuses pointes, a mis les Stances à vn haut degré de perfection. Estant donc assez pratic en leur lecture, il m'estoit aysé; soit que nous tirassions au sort, selon la forme ancienne, qui se pratiquoit és Vers de Virgile; soit qu'à dessein ie luy leusse des pieces conformes à mes sentimens, de luy faire connoistre, que i'empruntois leurs paroles pour luy descouurir, mais couuertement, mes pensées; ce que ie faisois, comme en frissonnant & en tremblant; tant i'auois peur de desagréer, à celle à qui ie desirois tant de complaire : Mais sa discretion estoit telle, comme depuis elle m'a confessé, qu'encor qu'elle vist assez euidemment ma passion; elle feignoit d'en estre ignorante, ce qui me mettoit en vne extreme agonie. Souuent ie luy fis voir des Vers de ma façon, qui luy estoient d'autant plus agreables, qu'elle voyoit bien qu'elle en estoit, & le suiect & l'obiect: ce qu'elle dissimuloit neantmoins auec beaucoup de prudence, comme ils estoient tracez auec beaucoup de discretion ; car si toute Musique plaist, selon que disoit Alexandre, qui chante nos valeurs :

Mesmes dit-on que les Anges
Prennent plaisir aux loüanges.

Combien cela doit-il flatter vne ame qui cherit l'honneur: & toutefois elle sçauoit si dextrement euiter ces escueils par l'humilité, que la vanité ne luy pouuoit causer d'orage. Vn iour entre les autres, lequel ie doibs marquer pour fortuné en mes Ephemerides ; nous leusmes ensemble des Stances chez Bertaud, qui exprimoient si naïfuement les sentimens de mon esprit, que ie tombay en vne gracieuse & heureuse erreur, pareille à celle que commit celuy, qui ayant faict vn conte de soy en personne tierce, se descouurit à la fin par vn seul mot, disant que telle rencontre l'auoit fort estonné, couchant sur soy par ce seul traict tout ce qu'il auoit dict d'vn autre. Car ie leus ces Vers, comme si ie les eusse plustost proferez par la langue du cœur, que par celle de la bouche : & voulant les interpreter, ie luy fis euidemment connoistre, que ce n'estoit autre chose qu'vne peinture des viues, mais sinceres affections que i'auois pour elle : Et cette piece depuis, pour m'auoir rendu vn si bon office, s'est tellement attachée à ma memoire, qu'il m'a esté impossible de l'oublier: vous la iugerez, ie m'en asseure, pleine de tant de pudeur & d'hõnesteté, que ie ne feindray point de vous en faire le recit. La voicy donc, telle qu'elle a esté tracée par cét habile Poëte:

Ie ne tesmoigne point que ie souffre bien peu,
Vous celant mon tourment, de peur de vous desplaire:
Ie ne ressemble point au laurier mis au feu,
Ie sçay bien tout ensemble, & brusler & me taire.
Il ne merite pas de mourir d'vn beau coup,
Qui ne sçauroit tenir sa blesseure secrette:
Ceux-là souffrent bien peu qui se plaignent beaucoup,
La moindre douleur parle, & l'extreme est muette.
Hé! comment du doux mal, dont vous me tourmentez,
Pourroy-ie à vostre oreille exprimer la harangue?
Si soudain que ie vey vos rares qualitez,

Ce qui lia mon cœur me garrota la langue.
Et puis, veu vos froideurs, ie n'auancerois rien,
Pour vous faire en parlant mon amitié paroistre ;
Car, quoy que vous feigniez, vous la connoissez bien :
Mais vous prenez plaisir à la mal reconnoistre.
Languir auprés de vous & n'en pouuoir partir,
N'est-ce pas faire voir quel obiect me maistrise?
Encor en ses discours la bouche peut mentir:
Mais lors que l'effect parle il parle sans feintise.
Vous ne pouuez nier, que ie pourrois ainsi
Aymer la Deïté sans la rendre offensée:
Mais quoy ie vous estime estre diuine aussi,
Et l'homme parle à Dieu de la seule pensee.
Pourquoy voudriez vous voir ma peine & mes sanglots,
De mon ardente Amour vous dépeindre l'image?
Helas! si pour mon bien vos yeux n'estoient point clos,
Elle est assez au vif dépeinte en mon visage.

Mais sçauez-vous pourquoy ie me tais en bruslant;
C'est pour ce que la plainte amoindrit le supplice,
Et i'ayme tant mon mal que ie le vay celant,
De peur qu'il ne s'appaise, & qu'il ne s'amoindrisse.

Si vous vay-ie pourtant racontant ma langueur,
Et si vous le vouliez vous verriez bien ma flame;
Car quoy que mes propos soient paroles du cœur,
Si les peut-on ouïr des oreilles de l'Ame.

Mais en vain, & du cœur, & des yeux ie discours,
Ie n'auance non plus à parler qu'à me taire,
Ie ne suis point muët : mais ie parle à des sourds,
Et c'est vn mauuais sourd que le sourd volontaire.

Et ce fut par la lecture, & par l'explication de ces Stances, que ma Saincte perdit sa surdité, & prit des oreilles pour m'entendre; comme elles m'animerent le courage, pour me faire esclorre clairement ce qu'il y auoit si long temps que ie couuois dans mon ſein. Si ie fus bien receu, auec des ſouſmiſſions pleines de reuerence & d'honneſteté, par vn courage tout remply d'honneür & de vertu, ie vous en fais iuges ; puis que ie vous ay deſ-ja monſtré les correſpondances de ce fer, & de cette calamite: Ce fut en cette rencontre, que i'appris qu'elle n'eſtoit pas à reconnoiſtre l'alteration de mon eſprit : mais que ſa diſcretion la luy auoit faict auſſi prudemment diſſimuler, que ma modeſtie & ma crainte me l'auoient faict taire. Aprés cette manifeſtation, autant impreueuë qu'inopinée, ie me treuuay ſi confus, que plus ie taſchois d'exprimer mon reſſentiment, moins arriuoy-je à me faire entendre. Sainčte connoiſſant le trouble de mon eſprit par celuy de mes diſcours, & liſant mon eſtonnement dans les changemens de mon viſage, fut plus contente de voir l'orage qu'elle cauſoit en mon ame, qu'elle n'euſt eſté des plus viues deſcriptions de ma paſſion ; & receuant cette alteration pour marque du reſpect que ie rendois à l'honneur qu'elle portoit ſur le front, où elle auoit non moins de douceur pour ſe faire aymer, que de ſeuerité pour ſe faire craindre ; elle m'admit en sa grace: mais à la charge que ie n'espererois d'elle qu'vne commune bien-vueillance, qui se pourroit borner dans les termes de frere & de sœur, me coniurant de l'aymer seulement ainsi, & honorablement: par ce que si elle s'apperceuoit d'aucune action ou parole, qui passast les bornes qu'elle me prescriuoit ; aussi-tost elle se banniroit de ma presence, & la priuation de sa conuersation seroit le premier & le dernier supplice de ma temerité. Bref, elle me donna des loix, sous lesquelles, & Diane, & le chaste chœur de ses Nymphes, & Vesta auec toutes ses Vierges, ausquelles la moindre impureté estoit mortelle & irremissible, eussent peu legitimement aymer. Reigles qui me semblerent, & Angeliques & douces, & si conformes à mes pensées, que ie creu que cette Saincte, par vn don special de Prophetie les eust penetrées pour me prescrire ces termes, dans lesquels ie pouuois l'honorer, sans offencer Dieu, & sans blecer ma conscience. Si ie promis de bon cœur d'obseruer de poinct en poinct ce qui ne preiudicioit aucunement à ma premiere, & plus religieuse promesse: ie le vous laisse à penser. A la verité, i'estimois que Dieu luy eust mis pour mon bonheur ces paroles en la bouche : ô! que ie n'auois garde de transgresser les bornes qu'elle m'auoit prescrittes, puis que c'estoit mon dessein de me les dresser à moy-mesme. Ie commençay des-lors à la regarder, comme vne chose venerable & sacrée, & comme vne Saincte tutelaire de l'integrité de ma resolution. Bon Dieu, que mon ame experimenta de douceurs en la docilité de ce courage: & quel contentement c'est d'aymer si purement & si parfaictement! Si l'Amour est vn feu, comme la flamme la moins materielle est la plus excellente, aussi est l'Amour: Ce qui rend cette passion aueugle, turbulente, inquiete, fascheuse; c'est le sens, ce trouble-feste de la raison. Mais l'amour purement spirituelle eschauffe l'ame d'vn feu doux, égal, gratieux, tranquile, temperé, sans remords de conscience; faisant au contraire sauourer des joyes & des delices interieures, qui se peuuent mieux ressentir que redire.

O fauorables Cieux, arbitres des mortels,

Helas! pour ce grand bien, que ie vous dois d'autels.

Il me semble que ie suis, comme le ieune Tobie, en la main d'vn Ange qui me peut preseruer de tous dangers, & combler de toutes fortunes prosperes. Et ie ne fus point trompé en mon esperãce : car ceux qui esperent en Dieu, ne sont jamais confondus. Il est vray que ie l'aymois ; mais Dieu incomparablement plus qu'elle: de maniere, que si son affection eust preiudicié à ce que ie deuois au Createur ; au peril de ma vie, i'y eusse renoncé: le mesme estoit de sa part, si bien que pour ce regard nous estions en seureté ; il est vray, que nous ressemblions à ces petits papillons, qui voltigẽt autour d'vn flambeau qui peut brusler leurs aisles: mais si nos cœurs estoiẽt des pyralides, les flammes ne les pouuoient endommager. Le Dieu d'Israel est bon à ceux qui sont droicts de cœur, & qui le recherchent en sincerité, il les recommande à ses Anges, afin qu'ils les preseruent en toutes leurs voyes: & ces esprits celestes, autãt amoureux de la pureté, comme ils sont purs, les portent en leurs mains, de peur qu'ils ne choppent à quelque pierre de scandale. L'élement de l'amour veritable , c'est l'honneur;& l'aliment de l'honneur, c'est le respect: respect, qui ne repugne point à ces honnestes familiaritez, qui ne craignét point le tesmoignage des yeux d'autruy: car toutes les priuautez, qui ne peuuent souffrir la presence d'vn pere ou d'vne mere sont de mauuais alloy, & des presages trop certains, d'vne prochaine ruine. Or la perfection de ces vertueux objects,

Que i'auois si auant dedans mon ame empraínte,
Surpassoit de si loin tout merite mortel,
Que mesme en l'honorant, mon cœur trembloit de crainte
D'offrir vn feu profane, au pied de son autel.

Nous viuions ainsi, auec vn grãd respect l'vn enuers l'autre: & neantmoins temperé de tant de douceur, qu'il n'auoit rien de commun auec cette majesté graue & imperieuse, qu'on tient estre si contraire à la dilection: mais le desir d'obseruer nos vœux, & la crainte de Dieu nous seruoit de frein salutaire en cette grande ieunesse, & en cette merueilleuse facilité que nous auiõs de nous entreuoir ; nous marchions en deffiance de nous mesmes : la raison tousiours à l'erte, pour ne se laisser surprendre à la piperie des sens : de peur que la charité ne deuint charnalité, & que l'esprit qui est si prompt & si fort, ne fust abbatu par la chair, qui est si foible, & si lasche. Sçachans que la corruption du corps aggraue l'ame, & la rabat à des objects indignes de sa qualité ; l'alliance que nous fismes de frere & de sœur, conserua l'innocence, non seulement de nos actions (dont aucune ne ternit jamais, en quelconque maniere, la belle blancheur de l'integrité,) mais de nos pensees: car nous estions si passionnez de la beauté de nostre amour, que l'amour de la beauté ne nous sembloit pas digne d'arrester nos courages. Que si les desirs, effects necessaires de cette cause, se donnoient quelque essor, ils estoient aussi tost desauoüez par la determination de la volonté, comme enfans perdus, produits par la fantaisie, & que le rebut du consentement faisoit connoistre pour illegitimes. Nous estiõs dãs les rafraichissemẽs, parmy les flammes, comme jadis les cõpagnõs de Daniel, vrayes Salemãdres, selon l'esprit. Cette Diane estoit si austere, que tout luy donnoit de l'ombrage: vn regard trop arresté, vn œil languissant, vne œillade estudiee, vn maintien affetté, vn sousris artificieux, vn ris excessif, vn mot subtil, tout cela l'irritoit : les souspirs & les plaintes luy estoient à contre-cœur, &, chose rare aux filles, qui veulét estre estimees, les loüáges luy estoient en detestation: elle sçauoit qu'elles estoient les appeaux, par lesquels les oyseleurs malicieux surprenoient les inconsiderees, & que la flatterie est autant ennemie de la sincere amitié, qu'amie de la trahison. Il falloit que mon procedé fust candide & ouuert, mes regards modestes, mes paroles franches & honnestes, mes entretiens serieux, mes actions reiglees, & tous mes deportemens dressez au niueau d'vne ciuile conuersation, autrement elle me faisoit aussi tost connoistre, ou par son geste, ou par les changemens de son visage, ou mesme par des reprehensions d'autant plus aspres, qu'elle protestoit de m'aymer sainctement, que i'auois ou dict, ou faict ce qui n'estoit pas bien-seant, ou conuenable, tant elle estoit non pointilleuse, mais punctuelle en ce qui regardoit l'honneur & la vertu. Ie me souuiens qu'en ce temps-là, sur ce sujet j'allois ruminant ces paroles:

Que le traict fut heureux, & beaucoup fauorable,
Et digne d'estre sceu de la posterité,
Quand ie perdis pour Saincte, & cœur, & liberté!
Cette perte me fut vn succés profitable.
La grace de son corps fut vn œuure admirable:
Oeuure tout plein d'aymable, & digne qualité,
Et l'esprit par lequel ce corps fut agité
N'auoit rien que de grand, de sainct & d'honorable.
Vn seul poinct toutesfois ma ieunesse offençoit,
Cette seuerité, dont elle punissoit,
D'vne extreme rigueur, l'ombre des moindres fautes.
Rigueur qui me rendoit le courage abatu:
Mais iugez donc combien ses vertus furent hautes,
Puis que son defaut mesme estoit vne vertu?

Que si vous voulez sçauoir ce qui la rendoit ainsi ombrageuse & seuere, c'estoit la deuotion, car elle estoit fort pieuse, & frequentoit souuent les Sacrements de

Penitence, & de la saincte table, qui sont les deux fortes colomnes de la vraye & solide Pieté : car quelle ville peut estre surprise, qui a le Sauueur pour rampart & pour contre-mur? certes, comme c'est en vain qu'vne cité est gardee, si le Seigneur ne la preserue : aussi, quand celuy qui ne dort jamais, veille sur Israël, en vain ses ennemis s'essayent-ils de le surprendre. Elle estoit conduitte en sa vie, & en ses exercices spirituels, par vn fidele seruiteur de Dieu, qui, comme vn dragon, veilloit sur ses actions, & qui par l'austerité de sa vie, & la force de ses remőstrances luy inspiroit cette saincte rigueur : car il estoit jaloux de l'integrité, non seulement de son corps, mais de son cœur, parce qu'il la vouloit consacrer vierge à cet espoux celeste, qui est la couronne des vierges. Et tout cela m'estant encor inconu, ie ne regardois que l'effect dont i'ignorois la cause : tout de mesme, que celuy qui void l'esguille qui marque les heures au quadrã, sans apercevoir les ressorts qui la font mouuoir ; tout ce que ie pouuois faire, c'estoit d'admirer tant de vertus que la grace de Dieu faisoit paroistre à mes yeux par cette sainte fille, surquoy i'allois quelquefois meditant de tels vers:

Qui void le bel éclat du vertueux flambeau,
Pour qui ie prens plaisir d'endurer le supplice,
Void vn sujet mortel, qui merite vn seruice,
Vn honneur, une amour qui passe le tombeau.
La Vertu le choisit, dés le tendre berceau,
Pour le lieu de sa gloire, & de son exercice,
Non tant pour se monstrer domteresse du vice,
Que pour estre plus belle, en vn sujet si beau.
Dedans ce Temple saint, paroissant animee,
Elle excite en l'esprit, dont elle est estimee,
De merueilleux desirs de son affection:
Et la grace d'aymer une chose si belle,
Rend vn amant parfaict, le transformant en celle
Qui comprend dedans soy toute perfection.

C'est vne puissante & imperieuse Maistresse d'escole, & qui apprend vne masle & haute vertu, que la seuerité soustenuë de la reuerẽce : mais ce camorre n'est pas pour toutes sortes de bouches, ny ce rude frein pour tous esprits : plusieurs s'en fussent cabrez, & la difficulté de cet apprẽtissage leur en eut faict quitter l'entreprise. I'y duray neantmoins, parce que n'esperant autre chose, en aymant vn object si rare, que de l'aymer & de l'honorer, i'auois treuué ma fin dés la naissance de mon affection. Il est vray, que ie me doutois de ce qui auint : sçauoir, que la crainte de passer plus auant à me vouloir du bien, & l'apprehension de me donner sujet de penser à quelque recherche de mariage, laquelle bien qu'honorable ne nous pouuoit estre loisible, tant pour l'inegalité de nos facultez, & la difficulté d'y disposer nos parẽs, que parce que nos desseins plus esleuez & celestes, y repugnoient, la fit resoudre d'aller au deuant de ce mal, auparauant que le temps l'eust rendu incurable, estoufant dans les tenebres d'vne absence, & d'vne separatiõ, ce qui estoit nay des lumieres de la presence. Ce fut sans doute (comme ie sceus depuis) vn conseil de son directeur, conseil prudent

prudent & charitable, & qui estoit conforme à l'esprit de Dieu, prouenant neantmoins de l'ignorance en laquelle il estoit de ma disposition interieure. Ie connus bien à quelques froideurs, & ie leus dans ces yeux (registres de ceux qui ayment) qu'elle visoit à cela : mais auec tant d'accortise, qu'elle sembloit vouloir découdre doucemẽt, non deschirer violemment & impitoyablement vne si belle amitié. Dequoy me doutant, & pour luy faire connoistre que ie m'en apperceuois, ie luy fis lire ceste Poësie:

Il n'en faut plus parler, la playe est incurable,
Puisque ie ne puis plus vaincre mon ascendant:
Bien que le desespoir y soit tout euident,
On ne verra iamais de flamme si durable.

Soyez-moy doncques, Saincte, ou dure, ou fauorable,
Rien ne fera pour vous, que ie sois moins ardant:
Car le feu de mon cœur n'est point vn accident,
Ou s'il est accident, il est inseparable.

Le penser qui m'anime est si grand & si fort,

N

Qu'estant victorieux du temps & de la mort,
Il se doit conseruer dedans ma sepulture:
Faisant voir que l'amour d'vn suiet tout diuin,
Forçant par la raison les loix de la nature,
Eut vn commencement & n'aura point de fin.

Cette ferme resolution que ces vers luy firent paroistre, l'estonna d'abord, estimant qu'il seroit mal-aysé d'arracher vne plante qui auoit jetté de si profondes racines: neantmoins, comme elle estoit genereuse en ses resolutions, de cette difficulté mesme elle prit occasion de se determiner à cette rupture, & d'obeyr aueuglément en ce point à son directeur. Mais le ciel qui fauorise les iustes intentions, en disposa au rebours de sa rigueur, faisant que cette tempeste nous chassast au port, & nous establissant au milieu de nos ruines par vn sort semblable à celuy de ce soldat, qui desesperant de sa vie par vne aposteme incurable qu'il auoit dãs le corps, treuua dans le milieu du cõbat, où il s'estoit lancé pour mourir, ſa vie, & ſon remede par vn coup d'eſpee; qui le perçant à iour, fit par hazard ce que l'art des Chirurgiẽs n'oſoit entreprendre pour ſa gueriſon. Car vn iour que Saincte eſtoit reſolue de me prier de me ſeruir de mon courage, & de ma prudence, pour ſupporter cette retraitte, & pour ſouffrir conſtamment la priuation d'vne perſonne qui ne me pouuoit eſtre legitimement acquiſe; la choſe arriua tout au rebours de ce qu'elle auoit projetté, à peu prés comme ce Prophete, qui loüé pour maudire Iſrael, luy donna des benedictions au lieu de maledictions. Mon frere, me dict-elle, dequoy nous ſert de nourrir en nos cœurs, & de cultiuer auec tãt de ſoin vne affection inutile & ſterile, & qui ne peut iamais, comme vn champ miſerable, produire que des racines & des eſpines, qui embarraſſent & deſchirent nos eſprits? ne vaudroit-il pas mieux, que nous employaſſiõs toute noſtre dilection pour ce Dieu qui eſt plus grand que nos cœurs, & pour lequel vniquement aymer il faut renoncer à la multiplicité des creatures. Creatures qui ſont autãt de gluaux qui empaſtent les aiſles des ſacrez deſirs, & qui, comme des toiles d'araignée, ne ſont qu'empeſtrer les abeilles myſtiques,

& empescher qu'elles ne mesnagēt, comme il faut le miel de la vraye Pieté. Ie vo⁹ confesse, que depuis l'heure que ie vous permis de me declarer vostre affection, i'ay eu l'esprit agité de tant de scrupules, & de tant de troubles, que ce martyre que i'en souffre, se communique à celuy qui conduit mon ame, qui endure, par sa charitable compassion, le contre-coup de mes afflictions, lesquelles par vne suitte continuelle d'apprehensions, ne me laissent aucune paix ny trefue: & ie croy que Dieu le permet iustement, pour me chastier de la permission que ie vous ay donnee de me voir trop souuent; bien que ie n'y aye point d'autre coulpe, que d'auoir souffert ce que ie ne pouuois empescher, & presté l'oreille à des discours, lesquels, quoy que pleins d'honneur, sont neantmoins contraires à ce que i'ay promis à quelqu'vn, qui me doit estre plus cher que vous, & qui vous doit estre plus cher que moy. Cet Ange du Seigneur, & grād seruiteur de Dieu, qui prend la peine de me cōduire, m'a enseigné, que toutes ces menuës complaisances, qui se pratiquent entre personnes de diuers sexe, sans pretension de mariage, quelque pretexte dōt on les colore, ne sont pas de vrayes amitiez, mais des fantosmes & des idoles d'amitié, qui, comme les ardans dans les obscuritez de la nuict, trompent les ames inconsiderees. Il m'a faict entendre, que par ces ordinaires frequentations, & friuoles communications, les cœurs se prennent, s'enlacent, & s'engagent les vns aux autres, en sorte, qu'on a par apres bien de la peine à les desprendre & destacher, & que souuent ces sottes & vaines affections viennent aboutir, ou plustost s'abysmer en de dangereuses issuës, pernicieuses à l'honneur temporel, & au salut eternel; & que c'estoit vne grande prudence, d'obuier à ces inconueniens, retranchant ces familiaritez au commencement de leurs cours: puisque leur fin n'en pouuoit estre heureuse. Ie sçay bien que iusqu'icy, non pas mesme en dessein, il ne s'est rien passé entre nous, qui puisse estre tenu pour contraire à l'honnesteté: mais outre que le diable & les demons enuieux, auec le temps y peuuent penser; ne faut-il pas s'exempter, non seulement de mal, mais encore du soupçon de ces esprits malfaicts, qui ne sçauẽt parler que pour mesdire. Ioint que cette liaison des cœurs, sãs aucune pretension, est autant inutile, que dangereuse: parce qu'il est difficile de les tenir long têps en cette innocente vacuité. C'est pourquoy il m'a conseillé de me retirer de ces vains & friuoles empressémés, qui n'ont, ny fondement, ny raison, ny biẽ, ny contentemẽt autre, qu'vn certain plaisir malin, qui nous faict esperer & desirer, sans sçauoir ce qu'on espere, ou ce qu'on desire. Prenez cet auis pour vous, mon cher frere, cõme ie suis resoluë de le suiure en ce qui me regarde ; & iugez par là que ie vous ayme cõme moy-mesme, puisque ie vous rends participãt de ce que ie tiens si salutaire, en rõpant des liens qui me sont cõmuns auec vous: parce qu'elle ne disoit pas assez, ie fus surpris de cette proposition, à laquelle ie respondis: Ma sœur, vous me liurez vn assaut qui m'estõne d'autant plus que ie l'auois moins preueu, & en la part qui m'est la plus sẽsible, cõme estant la plus imbecile; vous m'eussiez beaucoup obligé de me faire preuoir cette foudre par quelque esclair, & de me faire descendre en cette misere par quelque douce pente, non par vn precipice si coupé. Au moins ay-ie cette consolation, que vous ne m'accusez point d'auoir mãqué aux preceptes que vostre sagesse m'auoit prescrits, ny de m'estre porté à aucune action ou parole, qui peust faire naistre en vostre ame cette crainte qui vous veut faire fuir cõme dangereux & redoutable celuy qui vous a tousiours honorée auec tant de respect, que ie n'aurois pas porté plus de deuotion à vne Sainte; ce qui est biẽ esloigné de rechercher en vous aucune illegitime pretension. Au pis aller, ie ne puis estre taxé que d'aimer vne chose fort aymable : que si c'est vn crime (& crime ne peut estre, que ce qui enfraint la loy de Dieu) i'auoüe que ie l'ay cõmis, & de plus que ie ne puis m'en repentir, ayant peché en cela par determination, cõme les Anges. Il est vray que la perte de ma vie me seroit plus agreable, que celle de vostre amitié, & que l'heure qui separera mõ ame de mon corps me sera moins odieuse, que celle qui me separera de vo⁹; si ie me puis separer du lieu où mõ ame est plus qu'en moy-mesme :neantmoins puis qu'il faut que ie sacrifie, outre mes affections, mon obeïssance à vos volontez; i'ayme mieux me priuer du plus grãd contẽtement que i'aye, qui est le bien de vous voir, que de vous apporter aucun trouble. Ie me departiray dõc, puis qu'il vous plaist ainsi de vostre presence: mais iamais de vostre seruice, de l'honneur que ie vous dois, ny de l'amitié que ie vous ay voüee, puisque c'est vne chose qui ne depend, ny de vostre puissance, ny de la mienne. Absent, ie vous honoreray comme ie pēſe ſans vous offencer, vous témoignāt par cette extréme ſoumiſſiō, que ie me hay moymeſme, pour vous complaire. D'vne ſeule faueur veux-ie coniurer voſtre courage, s'il y reſte tant ſoit peu de pitié, de me dire franchement, quelle eſt la veritable cauſe de cette cruelle ſeparation; afin que ſi elle prouient de mes deffaults, leur correction vous oblige à rappeller vn pauure exilé, qui ſe bannit volontairement pour vous aggréer; ſi de quelque autre ſujet, ie puiſſe au moins me repoſer ſur mon innocence, & me plaindre, non de ma coulpe, mais de la mauuaiſe influence de mon eſtoile, qui vous rend inexorable, & change la douceur de voſtre naturel, ſans pouuoir alterer mon inclination, non ſujette au tour inconſtant de la rouë de la fortune. Permettez, ma chere ſœur, que ie vous die en cette extremité de ma diſgrace, ce que ie n'ay iamais oſé entreprēdre au plus haut poinct de ma felicité, lors que vos oreilles attētiues à mes proteſtatiōs les receuoient cōme ſinceres, & quand voſtre cœur me renuoyoit, par voſtre bouche, des promeſſes d'vne eternelle bien-vueillance: bien-vueillance, helas! qui trouue ſa tombe dans ſon berceau. Ne ſeroit ce point, que l'inégalité de nos fortunes vous ostant l'espoir de mon alliance vous enleuast aussi le desir, & en consequence l'affection. Hé! ie vous supplie, si cela est; qu'vn si fresle suject ne vous face pas briser la plus belle chaisne qui soit au monde; il n'y a rien à quoy on ne puisse apporter du remede, sinon à la mort. Vous deuez donc sçauoir, Messieurs, qu'il estoit vray qu'encor que sa naissance fust honneste, & noble: neantmoins la fortune, ennemie ordinaire & irreconciliable de la vertu, l'auoit partagée de ses biens moins auantageusement qu'il ne falloit pour arriuer à vn party tel que ie pouuois estre: mais si meriter estoit posseder, & si l'on contoit les perfections, aussi bien que les escus en faict de mariage; cette fille meritoit de rencontrer vne plus eminente condition. Elle, alors recueillant ses esprits, & desirant me desabuser tout à fait, en tirant de deuant mes yeux le voile qui me faisoit m'esprendre, me repartit ainsi: Ie ne suis pas si peu iudicieuse, mon frere, que ie n'aye bien preueu dés le commencement de nostre amitié, que ie ne meritois pas en toutes façons l'honneur de vostre alliance, & que vos parens ne consentiroient iamais que vous prinssiez vne fille si disproportionnée à la fortune que vous pouuez esperer de leur liberalité, aussi n'y pensé-je iamais : & ce fut pour cela que-ie voulus vous honorer comme Sœur, non vous cherir comme amante. Mais aussi vous veux-je bien asseurer d'autre costé, que quand ie serois mille fois plus grande & plus riche que ie ne suis, & qu'vn Prince me rechercheroit, il n'y acquerroit pas dauantage que vous, que i'estime autãt qu'homme qui soit au mõde, par ce que m'estant voüée au celeste Espoux, sous la promesse d'vne perpetuelle integrité, en attendant qu'vn voile desrobe mon visage aux yeux du monde; nul homme mortel peut rien pretendre en moy. Et cela n'est pas vn discours feint, mais bien vn vœu Sainct, duquel nulle puissance de la terre, ny les portes de l'enfer mesme, ne seront capables de me faire departir : vœu prononcé au Dieu de Iacob, deuant que i'eusse l'honneur de vous connoistre, & qui m'a seruy de perpetuel obstacle, contre les charmes ineuitables de vostre conuersation, capables d'enchanter iusques aux rochers, & qui ont quelquefois si fort esbranlé ma resolution, n'estant pas de marbre, ny d'aucune matiere insensible, que si ie vous laisse, ce n'est pas pour hayne que ie vous porte; mais pour la peur que i'ay de vous aymer trop , & plus que ne peut souffrir l'estroitte alliance, que par cette promesse, i'ay contracté auec Dieu. Que deuin-je, mes amis , quand i'entendis ces belles & sainctes paroles? quand vn Ange m'eust parlé, ie n'eusse pas esté plus rauy. Il me semble que lors

Mille & mille vertus s'apparurent à moy,
Et tout ce que le Ciel peut contenir en soy,
De pur, de grand, de sainct, de graces immortelles,
I'eus l'honneur de le voir, bien que sans m'approcher;
Car la possession de qualitez si belles
Se reçoit par la veuë & non par le toucher.

O Cieux! escoutez ce que ie dy : & vous terre, entendez les paroles de ma bouche; que ce que ie vay dire se respande sur vos cœurs, comme vne rosee, & comme vne douce pluye sur les herbes des champs. O! que Dieu soit magnifié, de qui les œuures sont parfaittes, & toutes les voyes pleines de iugement!

Qu'eusse-je peu desirer en cette ame, sinon ce vœu sacré qu'elle me declaroit? & si la sympathie cause l'amitié où elle n'est pas, cette extreme correspondance de nos esprits ne deuoit-elle pas redoubler la nostre; ce qui arriua de ma part : car ie senty en moy-mesme augmenter cette passion, que ie pensois estre arriuée à son extremité? ce qui m'apprit qu'elle est fille de la connoissance, puis que celle-cy la dilate, ny plus ny moins que l'abondance du bois faict le feu plus grand. Elle qui vid cét estonnement, qui me lia la langue, & m'empescha la parole assez long temps, estimant que ce fust le regret & la douleur de me voir non seulement priué de sa veuë, mais encore de toute esperance & pretension de les posseder. Ie connois bien maintenant, me dit-elle, mon frere, que vos pensées alloient plus auãt que vos discours, & que vos protestatiõs estoient differẽtes de vos desirs: ie voy bien, que voulant me dõner de la bien vueillance, vous en auez pris plus qu'il n'en falloit; car la difficulté de lascher, tesmoigne la fermeté de la prise. Or sçachez, que nul veut donner de l'amitié volontairement, qui n'en prenne necessairement en cét exercice dangeteux ; tel pense prendre qui se treuue pris : il est mal-aysé ; & ie dirois presque impossible , de se voir aymé, sans aymer ce qui nous ayme : il est aysé de commencer vn embrasement, puis qu'vne estincelle suffit pour le faire naistre : mais quand il est aggrandy, il est bien difficile de l'esteindre. Mon frere, il se faut resoudre à vn grand effort pour vomir cette poison, & pour faire sortir ce vipereau de vos entrailles: vous pensiez enchanter le serpent, & il vous a mords : & Dieu soit beny, qui nous a encore laissé la lumiere de la raison, & de la crainte, pour nous tirer de ces erreurs tenebreuses, où nous nous allions insensiblement enuelopant. Ne vous imaginez point que ie suppose cét acte religieux, pour vous escarter d'auprés de moy, ny que ie l'aye faict, ou par quelque desdain conceu contre vous, ou par le desespoir de pouuoir estre vostre : car ie vous asseure encore vne fois par tout ce qui peut rendre vne verité certaine , qu'il y a plusieurs années que i'ay faict ce vœu, & non seulement auant que vostre merite vinst à ma connoissance: mais auant que ie me connusse moy-mesme, bien que ie l'aye ratifié depuis par d'inuiolables protestations : ce n'est donc point le voile de Religion ny d'hypocrisie, que ie prends, pour rompre, non pas nostre saincte amitié, mais nostre perilleuse conuersation; car, sans cela, vous deuez croire, sans en consulter autre tesmoin qu'vn miroir, que vous n'auez que trop de graces pour vous faire desirer à vne personne plus libre ; & que ce n'est point sans quelque sorte de desplaisir sensible, que ie ne vous puis aymer comme vous m'aymez : mais ne pouuant auoir pitié de vostre passion, sans estre cruelle & impitoyable à moy-mesme ; i'ayme mieux prendre de bonne heure le party de la Loy de Dieu, & de la gloire de mon honneur, que de vous abuser plus long temps, en vous amusant aprés vn sujeçt, sur lequel, comme vous voyez, vous ne pouuez fonder aucune pretension legitime. Contentez-vous, que ie ne souffre pas moins de peine à vous imposer cette loy, que vous à la receuoir : & croyez que si i'estois en la liberté de me rendre à quelqu'vn, selon les regles du mariage, ce ne seroit iamais à autre qu'à vous : mais ie ne veux que ce que ie puis, & ie ne puis que ce que ie doibs ; que si vous m'aymez veritablement, sincerement, &

sans aucun dessein, que de me vouloir du bien, comme vous me l'auez mille fois iuré ; vous ne deuez desirer ny esperer de moy autre chose qu'vne saincte & religieuse bien-vueillance, auec laquelle ie m'efforceray tousiours de reconnoistre l'affection que vous aurez pour moy : & hors l'interest de mon honneur & de mon vœu, vostre presence me sera aussi chere, que vostre merite m'y oblige. Ie vous ay souuent dict, pour reprimer la vehemence de vostre passion, que la dilection que i'auois pour vous, estoit si pure & si parfaite dés sa naissance, qu'elle n'auoit peu, ny s'esteindre ny s'amoindrir, si bien qu'elle s'arreistoit aux termes de sa subsistence : Ie ne suis pas à connoistre l'obligation que i'ay à vos affections, puis qu'aymer est de toutes les choses la plus obligeante : mais ie viens maintenant de vous declarer ce qui m'empesche de les recõnoistre par vn Hymen, lequel, quoy qu'honorable en soy, ne le pourroit estre pour moy, mon vœu le rendant illegitime. A ce poinct ne pouuant plus souffrir vne remonstrãce si hors de propos : O ma Sœur, mescriay-je, que vous atteignez mal au blanc de mes pensées, & que vous respandez inutilemēt beaucoup de bons discours. Elle qui creut, que le desplaisir de voir mes desseins rompus, me iettoit en quelque esgarement, voulut preuenir ma response par sa fuitte, sçachant bien que c'est irriter vn homme, qui ne veut pas guerir, que luy proposer des remedes: ioinct que parler de la raison à vn passionné, c'est discourir de la lumiere, & des couleurs à vn aueugle. Ie m'apperceu qu'elle vouloit gaigner la porte, & me respondre des talons ; c'est pourquoy la preuenant en cette entreprise, & me iettant à genouïl sur son passage : Ie vous coniure, luy dy-je, ma Sœur, par le soin que vostre charité doit auoir de mon ame, quand ie serois vostre plus cruel ennemy, de me prester vn moment d'audience, pour entendre les merueilles de la gloire de Dieu. Et ie vous proteste, par la fidelité que ie doibs à ce mesme commun Espoux de nos ames, de vous dire des choses qui vous contenteront, & de faire par-apres tout ce que vous me commanderez. Les filles sont de ce naturel, pour sages & discrettes qu'elles soient, qu'elles ne se veulent iamais rendre, non pas mesme à la Iustice & à la Raison, que sans quelque image de force. C'est pourquoy feignant

feignant de vouloir paſſer outre, quoy qu'elle euſt volonté de m'entendre : Eſt-ce ainſi, dit-elle, que vous traittez vne perſonne libre ? & penſez-vous que la contrainte que vous me faittes d'ouïr vos extrauagãces ne me ſoit pas odieuſe, encore que voſtre contenance ſoit pleine de reuerence & de ſoumiſſion ? les cordes d'or & de ſoye, ne laiſſent pas de lier auſſi bien que celles de fil & de fer. Mais ie vous pardonne cette premiere indiſcretion, à la charge que ce ſera auſſi la derniere. Leuez-vous, ie vous eſcouteray ; dittes peu, & n'y retournez plus. I'eſtois ſi hors de moy, de l'apprehenſion que i'auois qu'elle ne me voulut pas entendre, qu'à peine auoy-je paix, mouuement, ou haleine pour former vne voix ; à la fin, faiſant vertu de la neceſſité en vne occaſion ſi preſſante : Ha ! ma Sœur, luy dy-je, ce n'eſt pas ſeulement de voſtre oreille que i'ay beſoin pour entendre mes raiſons, mais d'vn peu de creance en voſtre cœur, pour vous faire connoiſtre la plus emerueillable & prodigieuſe rencontre, dont iamais vous ayez entendu parler, & que le Ciel auoit re[illegible]ce à ma foy, & à voſtre vertu : Car ce que i'ay à vous dire, bien que vray, eſt ſi eſtrange, que si vous n'y apportez tant soy peu de docilité, vous aurez de la peine à le faire passer en vostre esprit pour vray-semblable. Ce que vous estimez me donner du regret, est la plus grande ioye, dont mon ame soit capable ; & ce que vous pensez que i'abhorre, est mon plus haut & ardant souhait. Tant s'en faut, ma Saincte Sœur, que ie me plaigne de me voir preferer vn Espoux si plein de merite, qu'au contraire, ce m'est vne telle consolation que ie ne sçay comme l'exprimer. Car quelle autre chose pouuoy-je desirer, ne pouuant estre à vous, ny vous à moy, selon les reigles d'Hymenée (vnique reigle de ceux qui veulent selon le sens aymer honestement), sinon de vous voir cõsacrée, comme Vierge chaste, & inuiolable, à celuy, dont la beauté est admirée du Soleil & de la Lune, adorée des Anges & des hommes, dont la Mere est Vierge, & dont le Pere est sans mariage, qui nous rend chastes, nets & purs par son Amour. Ma Sœur, que vous vay-je dire, & que le Ciel ne me le pardonne iamais, mais qu'il me perde, si ie profere vne mensonge. Ce mesme vœu que vous auez faict de n'auoir iamais autre Espoux que IESVS-CHRIST, ie l'ay faict dés ma plus tendre ieunesse, & si tendre, qu'à peine la loy des nopces m'estoit-elle cogneuë ; & ie l'ay confirmé depuis par la protestation sacrée d'vne continence perpetuelle, à laquelle, connoissant les perils du monde, & combien il est malaisé de la conseruer parmy tant d'escueils, & de brisans, qui se rencontrent en la mer infortunée du siecle ; i'ay attaché vn ferme propos de m'en retirer, pour me ietter entre les bras de quelque saincte Religion. Alors ie luy racontay par le menu tout ce que ie vous ay des-ja declaré sur ce suiect, ce qui la rauit en telle admiration, qu'entendant toutes ces choses, & iugeant bien à ma façon de les proferer, que ie les disois en paroles de verité, & d'vne charité non feinte ; elle auoit de la peine en veillant, de s'imaginer qu'elle ne dormoit pas. Ie la voyois quelquefois qui portoit ses doigts sur ses yeux, les ouurant, puis les retournant vers le Ciel ; comme pour essayer, si ce qu'elle voyoit & entendoit n'estoit point vn songe : tant nous auons de coustume de nous deffier de la possession d'vne bõne fortune, quãd elle nous arriue inopinément, & tout à coup. Durant qu'elle estoit en cette extase ie continuay. Iugez, ma Sœur, si ie crains de perdre vne chose, à la possession de laquelle ie ne pensay iamais, & à laquelle ie ne pouuois pretẽdre sans faire banqueroute à mon salut : & par la grace de Dieu, qui opere tous ces biens en nous, ie ne croy pas vous auoir iamais donné occasion, ny par mes paroles, ny par mes deportemens, de iuger que mon dessein visast à aucune deshonnesteté hors le mariage; puis que mesme ie ne pouuois regarder aprés mon vœu l'honnesteté du mariage, sans m'enueloper dans ce crime de la rupture de foy enuers Dieu, dont S. Paul accuse de son temps quelques ieunes veufues, lesquelles, sous le manteau specieux des nopces, violoient la continence qu'elles luy auoient promise, & acqueroient par ce moyen vne damnation toute euidente. Doncques la separation ne me sera pas dure, d'vne chose, dont l'vnion est impossible; de jalousie nous n'en pouuons conceuoir pour vn tel riual, qui, bien plus capable que Iacob, peut combler de contentement, & Rachel vostre ame, belle & innocente, & Lia la mienne pecheresse, & que ie le prie de rendre pleurante, & penitente. Icy la vertueuse Saincte ne pouuant contenir sa joye, ny souffrir que ie m'efforçasse d'auantage à luy persuader vne chose que le seul ton de ma voix, signe manifeste du sentiment de mon ame, luy faisoit cognoistre veritable: O mon frere, me dict-elle, de combien de contentement me comble vostre discours, & que de felicitez m'accueillent en mesme temps! certes, comme vostre separation me donnoit la mort, dont ie proferois la sentence contre moy-mesme, cette nouuelle inesperée me redonne la vie: mon cher frere, ie me desdis de ce que ie vous ay tantost auancé, en vous declarant que mon affection pour vous, estant arriuée à sa derniere periode, ne pouuoit plus, ny croistre ny diminuer, puis que ie la sens redoubler, ains centupler en moy, depuis cette bien-heureuse consecration de vous-mesme à l'Espoux des ames biennées, que vous me venez d'apprendre. O ma chere Ame (parole qu'elle dict pour me fauoriser, & qui me toucha le cœur de telle façon, qu'il m'en souuiendra toute ma vie) si vous pouuiez voir dans ma poitrine quelle est la vehemence de mon affection pour vous, depuis la manifestation de ce grand secret, qui nous allie en la terre en celuy auquel nous serons vns au Ciel : combien cela vous obligeroit-il à l'aymer d'auantage, s'il se peut adiouster quelque chose à la bien-vueillance de ceux qui s'ayment en ce Dieu, dont l'estre comprend la mesme infinité, si cette infinité peut estre comprise? Que ie beniray desormais le iour de vostre connoissance, & de vostre rencõtre, puis qu'il nous a asséblez cõme deux perles, qui ne viuent que de la rosée des Cieux, & des rayons du Soleil dans l'vnion d'vn mesme sacré desir! Perseuerez, mon frere, en ce dessein genereux, auquel ie veux aussi terminer ma vie ; & ie m'asseure, si vous me permettez de le communiquer à mon directeur, que cela luy fera changer d'auis, & qu'il ne nous commendera plus cette cruelle separation, quand il sçaura que nous conspirons à mesme fin de Deuotion, de Chasteté & de Pieté ; au contraire, peut-estre qu'il nous recommendera cette frequentation, puis qu'elle ne nous sera point nuisible, ains seruira à nous animer l'vn l'autre, à terminer nostre genereuse entreprise. Ceux qui sont poussez de l'esprit de Dieu, au desert de la Penitence, peuuent auoir des particulieres intelligences ; & ces partialitez sont sainctes, & semblables à celles des abeilles, qui ne s'vnissent que pour composer le rayon de miel de la saincte deuotion. Et la differẽce des sexes ne peut nuire à ceux qui ne conferent que pour perfectionner leurs esprits, & qui proiettent de mener en la terre la vie des Anges du Ciel. Et c'est bien ce que ie desire, luy repliquay-je, & non seulement que vous communiquiez à ce Sainct personnage qui vous gouuerne, ce que ie viens de vous reueler : mais ie veux aussi remettre mon ame en ses mains, & y renouueler mon ancienne protestation : afin que la pierre de touche de son iugement me face cognoistre si elle est de franc-alloy, me remettãt tout à faict à sa conduitte, & luy laissant le soin de discerner ce qui sera le plus expedient pour nostre salut, & pour nostre amitié; car il vaut beaucoup mieux mourir en aymant Dieu, que de viure en l'offençant : la conseruation de nostre conuersation ne m'est point tant à cœur, que ie ne la laisse aussi aysément que Iacob, les peaux qui luy couuroient les mains ; elle ne tient point à mon ame, comme le poil à la peau d'Esaü, pourueu que nostre dilection soit entiere, & telle que la charité la demande; il me suffit, les douceurs de la presence, & les rigueurs de l'absence me serõt pour Dieu esgalement acceptables. Pour ne vous amuser pas d'auantage aprés ces pour-parlez, qui sont sans fin parmy ceux qui s'ayment , nous commençasmes des-lors à nous cherir d'vne dilection , que ie puis dire toute Saincte, puis qu'elle n'auoit point d'autre obiect que Dieu. Au commencement nous nous aymasmes d'vne dilection simple, pource qu'elle n'auoit autre fondement qu'vne complaisance vulgaire, qui naissoit de la sympathie de nostre naturel, & de la correspondance de nos humeurs: depuis nostre amitié, prenant essor dans la communication de la Poësie, des discours , & des gentillesses d'esprit ; elle estoit, certes, fort loüable. Et ie me souuiens qu'en ce temps, suiuant l'inclination que i'auois aux Vers François , i'en fis vn grand nombre, sous les noms de Cynthie & de Cleandre, honorant ma Saincte sous le nom de la chaste Diane, & cachant le mien sous ce dernier, qui tesmoignoit la generosité de mon affection. Et tout ainsi que selon les vents la mer change de couleurs : de mesme selon la difference des communications se diuersifioit nostre amitié. Car de là nous passasmes à la communication des vertus & de l'honnesteté, ce qui la rendit beaucoup plus solide & plus eminente ; cela commença à desniaiser mon enfance ; ie me rendis cõplaisant doux, patient, humble, modeste, propre, affable, ioyeux, adroict; en vn mot, i'essayois de me rendre honneste hõme: & le mesme soin que les dames affettees employent à s'attifer, & à parer leurs corps pour se rendre aymables; ie le prenois pour embellir mõ ame, sçachant que ma Saincte n'auoit des yeux que pour voir les vertus. Il me souuient qu'en cette saison, ie repassois souuẽt par ma pensee, & recitois assez souuent ces graues & sages Stances de nostre bon du Bellay, faictes pour vne amour aussi fidele qu'honorable.

L'amour, qui s'est faict de mon cœur,
Le doux & glorieux vainqueur,
Ne me faict point d'outrage:
Il est humain & gracieux,
Et comme l'autre vicieux,
N'est auengle & volage.
Il est en sa perfection,
Et tel en mon affection
Qu'au ciel on le doit croire;
Il est tant bon, il est tant beau,

Et le feu de son clair flambeau
N'a point la flamme noire.
Il est de soy-mesme content,
Et rien plus qu'il a ne pretend:
Mais tout en soy abonde.
Il est son accomplissement,
Sa fin & son commencement
Comme la forme ronde.
Aussi à sa suitte il n'a point
Le fol desir qui les cœurs poingt,
Le soupçon ny l'enuie :
Il n'est, ny double, ny trompeur,
Et d'vne miserable peur
Ne tourmente ma vie.
Il ne craint la desloyauté,
Et n'a soucy de la beauté,
Qui du vice est amie:
Le temps ne luy peut faire tort,
Encore moins le faux rapport
D'vne langue ennemie.
Si doncques mon amour est tel,
Et mon suiet est immortel,
Qu'est-ce que ie dois craindre?
La nuë s'oppose au Soleil:
Mais son lustre est tousiours pareil,
Et ne se peut esteindre.
Plusieurs me grondent de bien loin:
Mais celuy qui de tout a soin
Y a donné bon ordre :
Ils sont comme chiens, qui de nuict

Abbayent la Lune qui luit,
Mais ne la peuuent mordre.

Toutes ces especes d'amitié tant estimees dans le monde, estoient fort honorables, & la dent mesme de l'enuie n'eust peu se planter sur le poly d'vne glace si pure: neantmoins comme vn grand lustre en efface vn moindre, ny ces correspondances d'humeurs, ny ces communications en sciences, en vertus morales & ciuiles, ne me semblent point estre considerables, depuis que sur l'orizon de nos cœurs se fust leué ce grand flambeau de la deuotion & de la charité, charité qui est vn lien, mais vn lien de perfection, vn lien tout d'or, & d'or tres-pur, au lieu que les autres liens ne semblent que de verre & de jais au lieu de celuy-là. O Dieu! que cette amitié est precieuse, qui auance les amãs au train de la perfection Chrestienne, & qui dés la terre les achemine au ciel: elle est precieuse, car elle vient de Dieu, qui la respãd en nos cœurs par le S. Esprit; precieuse; parce qu'elle retourne à Dieu cõme à sõ principe, par le cercle des creatures, precieuse, parce qu'elle durera eternellemẽt en Dieu, sõ principe, son milieu & sa fin. Precieuse certes, & tellemẽt que toute autre amour cõparee à celle-là, sẽble sinõ pernicieuse, au moins, ou dangereuse ou peu considerable. Celle-cy est toute de lumiere : car elle regarde vn Dieu que les tenebres ne peuuent enuironner, les autres au prix ne semblẽt que des ombres. C'est en la terre des mourãs, l'image de la felicité de celle des viuans, qui se gouste en la celeste Hierusalem. Ce fondement posé, qu'on ne recherche que Dieu, qu'on ne veut que luy, qu'on n'a des souspirs que pour luy, qu'on ne se plaint que quand il n'est pas assez aymé: certes on peut chanter hardiment ces mots du diuin Psalmiste:

O que c'est vne chose bonne,
Et qui bien de la ioye donne
Quand des freres ensemblement
Demeurent vnanimement:
Cette concorde cherissable
A l'onguent d'Aron est semblable,
Qui va sa teste parfumant,
Et de sa barbe venerable
Coule aux bords de son vestement.

Et adiouster auec ce mesme Chantre,

Que ceux-là qui s'ayment sans feinte,
D'vne si pure affection,
Viuans sous la diuine crainte
Reçoiuent benediction
De ce grand Dieu, qui de Sion
Appreuue leur amitié saincte.

Pour lors, le centre & le rendez-vous de toute la deuotion d'Orleans estoit au grand hospital de Saincte-Croix, joignãt l'Eglise cathedrale: là s'estoient aggregez plusieurs bons & deuotieux Ecclesiastiques, tãt pour le seruice des malades, que pour celuy des ames qui se voudroient laisser conduire par leurs conseils; ainsi que vous a bien representé Florimond, quãd il vous a deduit l'histoire de sa Clarice. Cette belle ville, parmy tant d'ornemens qui la rendent recommãdable, n'auoit pas encor accueilly en son sein les Peres Recollects & Minimes, les Religieux de la Compagnie de IESVS, & les Prestres de la Congregation de l'Oratoire qui s'y sont establis depuis peu, au grãd auancement de la gloire de Dieu, & du salut des ames. Comme aussi les sainctes Religieuses du Mont-Carmel, de la reforme de la B. Mere Terese, qui y florissent en grand esclat d'austerité & de pieté. C'est pourquoy toutes les ames qui auoiẽt de l'inclination aux choses diuines, couroient à cet hostel où Dieu habitoit veritablement, & où ces Anges sacrez esleuoient les ames, de la terre au ciel, par l'escalier de leur doctrine, & de leur bonne vie. Il est vray, que les Peres Capucins

Religieux,qui sõt en l'odeur que chacun sçait, y estoient ja receus: mais outre l'esloignement de leur maison,autant escartee de la ville, que la conuersation de ces Peres est separee du monde, leur Eglise en estoit moins frequẽtee: joint que ne se meslans pas de la conduitte particuliere des ames par l'administration du Sacrement de reconciliation, on se contentoit de tirer profit de leurs enseignemens en chaire, & de leur vie merueilleusement exemplaire. Entre ces Prestres hospitaliers, estoit vn Docteur, sçauant & charitable, appellé Andeole,qui estoit conducteur de n. Saincte en la voye de salut:& ce fut celuy-là mesme que i'esleus pour dresser mes pas en semblable sentier; ie luy reuele ma cause, & sans luy rien cacher de la face de mon ame depeinte en ma vie, par vne confession generale que ie luy fis de mes pechez; il entra en l'entiere connoissance de mon interieur. Il me confirma puissammẽt en l'obseruance de mon vœu & de mon dessein Religieux, mesme m'y pressant, & ne pouuãt qu'à peine se persuader que ces terreurs nocturnes & paniques, dont ie vous ay parlé, fussent si violẽtes en moy, bien que ie les sẽtisse plus fortes que ie ne les pouuois depeindre: & certes nonobstant cette pusillanimité, il anima fort mon courage à cette resolution. Il admira l'heureuse rencontre de nostre amitié, & de nos vœux en Saincte, & en moy, comme si c'eust esté vne constellation d'heureux presage; & ne nous defendant plus nostre entre-veuë, il modera nos frequẽtations, auec tant de prudence, que nous en pouuions tirer beaucoup de bien, & peu de mal, tant il estoit bon œconome, & mesnager spirituel: il sçauoit dextrement se seruir de nos reciproques inclinations pour nous animer à la perfection; me reprochant quelquefois que ie me laissois vaincre par vne fille aux exercices de l'Oraison, de la Penitence, de l'Eucharistie, de la lecture spirituelle, de la visite des malades, & de la mortification: d'autre-part, il luy disoit que ie faisois des merueilles, quoy que ie fusse en vne condition plus libre, & parmy des condisciples, qui me portoient plustost à la desbauche qu'à la pieté. Ce fidele seruiteur de Christ, se seruant ainsi de toute pierre pour nous edifier, & de pieux artifices pour nous donner l'emulation des plus grandes graces, comme parle Sainct Paul. Il alloit ainsi peu à peu nous acheminant doucement, & neantmoins fortement, à la fin desiree, qui estoit de nous consacrer à Dieu, & si bien, nous purgeant de nos imperfections, que quãd ie repense à ce temps innocent, & à ma malice presente, ie voy que i'ay imité ces animaux miserables, qui ne cheminent qu'en reculant. Ie n'aymay, & comme ie croy, ie n'aymeray iamais creature plus heureusement, plus suauement, & plus sainctement que cette sage fille: car ie ne la voyois qu'ẽ Dieu; elle me paroissoit si belle, qu'elle ne me sembloit auoir rien d'humain; le Soleil de la grace la blanchissant & la colorãt comme le nuage tenebreux en soy, mais remply de la lumiere du iour. Tout ce que ie voyois en elle d'agreable me faisoit souuenir de Dieu. Ie ne l'aymois pas proprement, mais Dieu en elle; ou, si ie l'aymois, c'estoit seulement en Dieu. O qu'vne belle ame en vn beau corps est vne belle image & semblance de la diuine beauté! Ie ne viuois que d'amour, mais d'vne amour rauissante & ecstatique, qui quelquefois me faisoit souspirer ces belles paroles qui soustiennent vne agreable pensee:

Vn celeste penser m'esleue sur la nuë,
Et si l'opinion ne me va decevant

Ie ne

Ie ne suis plus mortel, ainsi qu'auparauant,
Du iour que mon esprit eut Saincte retenuë.
Car d'vn si beau sujet mon ame entretenuë,
Et franche des liens de ce tombeau viuant,
Dans le plus haut du ciel, ioyeuse s'esleuant,
Va cherchant la beauté, dont la sienne est venuë.
Mon esprit est au ciel, & mon corps icy bas:
Aussi suis-ie viuant, comme ne viuant pas,
Triste, noire, pensif, taciturne, & sauuage.
Et si l'estre où ie suis, viure se peut nommer,
Ie vis comme vn Palmier planté sur le riuage,
Qui n'a de sentiment, sinon que pour aymer.

Qu'on ne me moleste point en me contredisant: de moy, ie tiens qu'aymer, mais aymer comme il faut, est le souuerain biẽ de la vie, puisque c'est la meilleure part de Marie, qui ne luy sera point ostee en l'eternité. Aymer Dieu & son prochain en Dieu, n'est-ce pas le continuel exercice des Anges, & toute l'occupation des bien-heureux? L'amour est la vie de l'ame, comme l'ame l'est du corps: qui n'ayme, demeure en la mort, dict la parole sacree: & qui ne sçait que l'amour de nos freres nous rappelle de la mort à la vie? Que si quelques ames, dont le desreiglement est le supplice, ont de la peine à aymer, ce tourment ne leur arriue, que de ce qu'elles ayment, ou sensuellement, ou iniustement; & qui ne sçait, que tout esprit desordonné est bourreau de soy-mesme? l'amour honneste nous faict ressentir la verité de ce mot euangelique, le Royaume des cieux est de dãs vous: comme à l'opposite, le des-hõneste & vicieux y met l'enfer: & tout ainsi que les demons & les damnez portent leur enfer par tout, ainsi les amans iniustes: tesmoin celuy qui disoit si veritablement, & de si bonne grace:

Dedans ma passion, ô dure destinée!
Que de tragiques soins, comme oyseaux de Phinée,
Sens-ie me deuorer!
Et ce que ie supporte auec tant de souffrance,

Ay ie quelque ennemy si remply de vengeance,
Qui le visse sans pleurer?
La Mer a moins de flots, qui ses vagues irritent,
Que ie n'ay de soucis, qui tous me sollicitent
D'vn funeste dessein:
Ie ne treuue la paix, qu'à me faire la guerre,
Et si l'enfer est fable au cẽtre de la terre
Il est vray dans mon sein.
Depuis que le Soleil est dessus l'hemisphere,
Qu'il monte, & qu'il descend, il ne me void rien faire
Que plaindre & souspirer:
Des autres actions i'ay perdu la coustume,
Et ce qui s'offre à moy, s'il n'a de l'amertume,
Ie ne puis l'endurer.
Cõme la nuict arriue, & que par le silence,
Qui faict des bruicts du iour cesser la violence,
L'esprit est relasché:
Ie voy de tous costez sur la terre & sur l'onde,
Les pauots qu'elle seme assoupir tout le monde,

Et n'en suis point touché.
S'il m'auient quelquefois de clorre les paupieres,
Aussi tost ma douleur en nouuelles manieres
Faict de nouueaux efforts,
Et de quelque soucy, qu'en veillant ie me ronge,
Il ne me trouble point comme le meilleur songe
Que ie fais quand ie dors.

Ainsi l'Escriture dit que l'impie fuit, bien que personne ne le poursuiue ; mais que l'innocent est hardy comme vn lyon. A la verité, comme la conscience, dit l'ancien prouerbe, vaut mille témoins: ces témoins sont autant de gardes qui sont autour de la couche de Salomon, c'est à dire du cœur, qu'vne bõne conscience rend paisible: mais aussi sont-ce autant de furies attachees au collet de celuy dont l'ame criminelle est agitee de mile remords. Par la grace de Dieu nos affaires n'estoiẽt pas de ce dernier rang, ny de celles qui se nourrissent ou plustost qui se suffoquent dans le trouble des sens: car comme elles estoient purement spirituelles, elles ressembloient au feu en sa sphere, qui s'y cõserue, sans auoir besoin d'autre matiere pour s'entretenir, que de la tranquillité qu'il rencontre en son propre lieu: nos desirs n'estoient point de ceux qui se noyent dans les plaisirs sensibles, ou plustost, nous n'auions ny desirs, ny plaisirs qui passassent les bornes de l'ame. L'amour des cœurs ne se perd pas, ains s'augmente, se renforce, se plaist, & se paist dans la jouyssance qui se tire de la communication des sainctes pensees; là estoit le terme de nostre amitié, auec l'inscription des colomnes d'Hercule: Non plus outre. Vsage de telle qualité, que possedans ce que nous desirions, plus desirions nous de le posseder. Mais comme nous n'estions pas tout à faict des Anges, ny déuestus de la masse de cette chair, nous estions tousiours sur la deffiance de nous mesmes, & la confiance en Dieu : sçachant que comme nul poids n'esgale le prix, dict Salomon, d'vne ame continente; aussi nul peut auoir ce don, si le Pere des lumieres, d'où procede tout present accomply, ne le baille. C'est pourquoy outre les prieres & autres exercices de Pieté, que nostre guide nous faisoit faire pour ce sujet, il nous defendoit seuerement toutes sortes de priuautez, pour ciuiles qu'elles peussent estre, afin que le retranchement des licites fust vn rempart contre les illicites. Parler en particulier, rire auec excez, regarder trop attentiuement, estre long temps, ou souuent ensemble, quoy qu'en presence de personnes d'honneur, tout cela estoit criminel : car de chucheter en l'oreille, de rire au nez, de pratiquer des intelligences secrettes, s'entendre par des regards mols, languissans, affettez, estudiez, tromper les presens par des contenances artificieuses & attrayantes, cajoller auec des mots passionnez, mugueter le cœur par des loüanges tirees de la bonne grace, & des beautez corporelles; se porter à des caresses mignardes & desordonnees, former des plaintes ou des souspirs à dessein, rechercher des faueurs & des marques de bien-vueillance; se retirer à part, aymer l'ombre & les recoings, craindre les yeux des parens, regretter vne absence, conceuoir des ombrages & des jalousies, former des dépits sur des desdains imaginaires : & tous ces fatras de vaines & folles grimaces & amourettes, qui embarrassent les cœurs de tant de gens, qui sans penser mal faire courent au precipice de leur ruine ; c'estoient choses ausquelles nous n'eussions osé seulement penser, tant s'en faut, que ie prisse iamais la hardiesse de luy escrire, ouy bien de luy faire voir quelques vers, tantost en des liures, tantost de ma façon, mais par maniere de diuertissement, & en sorte, que ceux qui estoient presens ne fussent point frustrez de cette communication. De luy prendre seulement les mains me sembloit vne audace reprehensible, bien que pour la conduire quelquefois, selon la coustume de nostre nation, ie ne fisse point de difficulté de la tenir sous le bras, puis qu'il estoit de la bienseance. Aussi, puis que nous n'auions à traitter que de choses pleines d'honneur & de conscience, qu'auions-nous affaire de toutes ces circonstances, sinon malicieuses, tousiours friuoles, & suspectes ? La vraye & sincere amitié a la simplicité dans les yeux ; la franchise aux paroles ; la candeur en ses deportemens : & celle que nous pratiquions, n'auoit que des entretiens d'édification, des souspirs que pour le ciel, sans soupçons, sans plaintes, sans ialousies ; nous ne craignions, ny les yeux des surueillans, ny les oreilles de nostre Confesseur: lequel souuent pour essayer la pureté de nos intentions, & sçachant que les corps humains sont fragiles comme des verres, nous defendoit de nous entre-voir, à quoy nous obeyssions franchement, & pour autant de temps qu'il luy plaisoit de nous prescrire. Ce qui nous faisoit triompher de nous mesmes, & de nos ennemis, tant visibles qu'inuisibles, selon qu'il est escrit, que l'homme obeyssant remportera des victoires. Le tresor de la pureté estant mis en des vases de terre, il les faut escarter, de peur qu'ils ne se froissent: il est mal-aysé d'estre au soleil de la presence frequemment, sans hasler & ternir la belle blancheur de l'integrité. Les fruicts tendres, quoy qu'entiers, se froissent & tarent aysément par le voisinage l'vn de l'autre. L'eau fraische, dans vn vase de cristal, se trouble estant touchee, ou bien le vaisseau, par quelque animal terrestre: vn toucher de mains, soit par inaduertance, soit par legereté, plustost que par ciuilité ou par malice, apporte tousiours quelque deschet, ou quelque tare à la netteté de la pureté: la neige pressee n'est plus si blāche, elle pert sa fleur quand elle est foulee du pied du passant. La Chasteté est au cœur comme en sa racine, mais elle est au corps comme en son tronc : c'est pourquoy elle se blece en autant de façons qu'elle a de branches ; c'est à dire qu'il y a de sens, comme celle du cœur se ruine par les mauuaises pensées. Et c'est pour cela que l'Espouse sacrée, dãs les Cantiques, est representée toute chaste, tant en son interieur qu'en son exterieur ; ses mains distillent la myrrhe, liqueur qui preserue de corruption: ses yeux sont de colombe, lauées dans le laict ; ses leures sont bandées d'vn ruban, qui monstre en sa rougeur la pudeur de ses paroles ; ses oreilles ont des anneaux d'or, où pendent des perles orientales ; son nez est parmy les cedres incorruptibles du Liban ; sa taille est droitte, comme vne palme, dont le fruict suppure vne liqueur qui chasse le venin ; ses joües sont vermeilles comme l'entr'ouuerture d'vne pomme de Grenade, couleur de vertu & d'honnesteté ; elle est appellée vigne, dont la fleur chasse les serpens, & dont les fleurs sont des fruicts d'honneur & de pureté, puis qu'elle donne vn vin qui engendre les vierges : & quant à son cœur, il est tel, que l'Amant dict, que ce qui est caché en son interieur, passe en beauté &

en pureté (car à ses yeux rien n'est beau que ce qui est pur) tout ce que l'on void; car toute la gloire de cette fille du Roy des Vertus est au dedans. Mais pour dire la verité, quoy que la fuitte des obiects, & la mortification des sens & des passions soient de grands moyens pour conseruer cette belle vertu; si est-ce, qu'à mon auis, les deux plus efficaces sont la Confession, & la participation du Corps du Sauueur: Car en la Penitence, outre que nous sommes bridez d'vne honte salutaire, nous y receuons les auis necessaires, qui, comme des collyres, nous font tomber les tayes des yeux, pour reconnoistre les surprises du diable, remplissant nos reins d'illusions: & en vain tord-il des filets & des rets aux oyseaux, qui voyent de loin. La fille, qui auertit ses parens d'vne mauuaise poursuitte, n'est iamais abusée, & l'ame iamais surprise d'vne tentation, qui la manifeste ouuertement & franchement à son Pere spirituel; la plus part de ceux qui tombent, ne faillent que pour ce manquement. Mais en l'Eucharistie, ô nous receuons le Dieu mesme de la Pureté, le lys des Vierges, la fleur des châps, & l'autheur de toute pureté, & celuy qui a sçeu conseruer l'integrité de celle qu'il a renduë sa Mere, vnissant ces qualitez auparauant incompatibles de maternité & de virginité. Les perdrix des hautes montagnes deuiennent blanches, pour estre presque tousiours dans la neige : l'vsage de cette viande sacrée donne la mesme blancheur à nos corps, & à nos cœurs ; car comme ceux qui reposent sur des oreillers, remplis de l'herbe appellée Agneau chaste, sont exempts des illusions impures : de mesme ceux qui mettent souuent sur leurs cœurs l'Agneau sans tache, deuiennent peu à peu nettoyez des ordures, qui prouiennent de l'infirmité de la chair. Et comme la closture sert aux Religieuses à conseruer leur integrité; les personnes qui sont dans la liberté du siecle feront vtilement, pour defendre la leur des rencontres dangereuses, de prendre le Sauueur pour muraille & pour auant-mur, ainsi que parle vn Prophete. Nostre Directeur nous alloit conseruant ainsi, nous faisans marcher en la splendeur de celuy qui est la lumiere du monde, & nous preseruant de corruption par l'vsage frequent du sacré Corps de celuy qui est le sel de la terre. Peut-estre estimez-vous que recherchant ma propre gloire, ie vous depeins, non tant mes affections particulieres enuers Saincte, que l'image des parfaites affections, ou du vray Amant, à l'imitation de ceux qui ont escrit du parfaict Courtisan, du vray Orateur, & de la bonne Republique. Mais, outre que le Ciel m'est tesmoin de ce que ie dis, & que ie ne cherche point tant mon propre auantage, que l'honneur de celuy qui m'a faict tãt de graces: ne iugez-vous pas que cette loüange seroit messeante en ma bouche, & qu'elle se changeroit en vergoigne sur mon front ? Vous en croirez ce qu'il vous plaira, & i'en penseray ce que la conscience m'en dicte; tant y a que telle estoit nostre amitié, toute pure, & toute deuote. Et à la verité, il y a de quoy s'esmerueiller de voir, que ce sexe qui a de coustume de faire destraquer les plus sages de leur deuoir, y ait au conrraire ramené vne ame si miserable qu'est la mienne. Mais vous considererez, que comme la premiere femme ayant presté l'oreille au serpent, fit tomber l'homme, comme elle estoit tombée, estant telle à son mary, que le tentateur luy auoit esté; de mesme vne autre de pareil sexe, pour la reparation de cette faute, est appellee heureuse, pour auoir creu aux paroles d'vn bon Ange, qui luy apportoit les nouuelles de la Redemption des humains. Les femmes & les filles ne sont pas tousiours si mauuaises qu'on les dict: il est vray que les mauuaises le sont extremement, & dangereusement : mais il y en a de bonnes, & qui peuuent seruir à beaucoup, d'exemplaires d'honneur & de vertu. Ie ne nie pas (autrement il faudroit démentir l'experience) que ces amitiez qui se pratiquent, sans dessein de mariage, entre des sexes differens, sont dangereuses, le diray-je? & euitables, non toutefois impossibles à maintenir en leur pureté, auec l'asseurãce de la grace de celuy auquel rïen n'est difficile : & en ce qu'il s'en treuue si peu de bonnes, qui ne void vne marque de leur excellence en cette rareté : telle fut la nostre, dites qu'elle fut Platonique, si vous voulez, & qu'à l'imitation de Socrates, qui ne faisoit l'Amour qu'aux esprits, elle estoit ideale, alambicquée & peripatetique. Si Platon est par les Escoles surnommé diuin, ie veux bien que la nostre soit Platonique, pourueu que vous l'estimiez diuine: aussi estoit-elle, certes, puis que son premier & principal obiect c'estoit Dieu; puis que Dieu en estoit l'autheur, le conseruateur, le conducteur, & la fin. C'est vn mot de Platon, qui s'est rendu fort vulgaire, que les Monarchies seroient alors heureuses, quand les Philosophes regneroient, ou quand les Roys philosopheroient, disons le mesme des Amitiez: quand les Philosophes ayment, ou quand les Amãs philosophent: ô quelles sont belles, heureuses, & vertueuses! Ouy; car l'huille sur-nageant le vinaigre; c'est à dire l'Empire de la raison dominant la tyrannie du Sens; tout y est en paix & en tranquillité; tout y est exempt d'orages, comme le faiste du mont Olympe: les passions turbulentes sont changées en affections bien reiglées: aymer ainsi, c'est veritablement philosopher; c'est à dire aymer la Sagesse, ou si vous voulez, aymer sagement, & rendre l'amitié vne vraye vertu, en luy donnant la Sapience pour compagne. Permettez que ie vous represente cette saincte affection, auec ces paroles empruntées d'vn des beaux esprits de nostre aage:

Cette Amitié sans finesse,
Sans chagrin, & sans tristesse,
Sans œillades, sans baisers,
Sans frissons, & sans brasiers,
Sans rapports, & sans enuie,

Tenoit ainsi nostre vie,
Non suiette aux vains desirs,
Ny aux terrestres plaisirs,
Ne ressentant rien d'immonde
De ce qui est dans le monde;
Car le feu pernicieux
De cet enfant vicieux,
Qui d'vne flammeche vaine
Brusle la poictrine humaine,
Ne peut par sa qualité
Violer la pureté
D'vn autre feu plus insigne,
Plus genereux & plus digne,
Qui n'a, comme le Soleil,
Superieur ny pareil,
Ayant pris son origine
De l'estincelle diuine,
Qui ne participe en rien
Du mortel ou terrien,
A l'abry du vent qui trouble
L'esprit d'vn orage double :
Mais tousiours d'vne teneur
Continuant son bon-heur,
Par l'indomptable defence
De la tranquille innocence,
Qui treuue contentement
En soy de soy seulement,
Et tire par fantaisie
Le Nectar & l'Ambrosie:

Je vous fais tout ce discours
Peignant de pures Amours,
Et representant l'image
D'vne ardeur pudique & sage,
De qui les desirs reiglez
Ne peuuent estre aueuglez
Par le lustre ou par la force
D'vne chatoüilleuse amorce
De la ieunesse & beauté,
De richesse & de santé,
Ou de cette humeur broüillonne,
Qui faict que le sang boüillonne:
Mais comme vn vin espuré,
Qui a l'hyuer enduré,
Tousiours net & clair demeure
En sa qualité plus meure:
Elle rend l'esprit entier
Sans l'esloigner du sentier
Par où la raison le guide,
L'honneur luy seruant de bride;
Ainsi nous viuions contens
Autant heureux que constans,
Remplis d'vne flamme égale
Qui ne craignoit le scandale,
Ny le change, ny la mort,
Ny le scrupule qui mord
D'vne longue repentance
Le fonds de la conscience:
Tellement que pour aymer

On

On ne nous pouuoit blasmer;
Puis qu'aymer est l'excellence
D'vne honneste bien-vueillance;
Car ceux qui tousiours ont eu
Leur amour à la vertu,
Que les sciences estoffent,
N'ayment pas, ils philosophent.

Et c'est cela mesme que disoient ceux, à la connoissance desquels estoit paruenuë cette affection : Car comme elle estoit nette, & sans reproche, nous ne la cachions nullement ; elle estoit visible, non seulement aux yeux du Pere & de la Mere de Saincte, qui m'aymoient parfaitement, & qui me rendoient beaucoup d'honneur, tesmoignans d'estre bien ayses de cette bienvueillance, quoy qu'ils reconnussent bien que les choses n'estoient pas pour aller plus auant. Radulphe mesme qui sçeut mes hantises ordinaires en cette maison, & qui connoissoit les vertus, & de la fille & de ses parens, eut la curiosité de s'informer particulierement de nos inclinations, & de ceux qui me consideroient, & de Saincte mesme, & à la fin, de moy, qui ne luy en cachay rien ; protestant, comme il estoit vray, que ie ne recherchois en cette amitié, que l'honneur d'aymer vne presence si vertueuse & pleine de tant de merite: & non seulement il loüa mes intentions, sçachant que ie visois à vn plus sacré dessein; mais il me dit plusieurs fois, qu'il admiroit ma conduitte; & en cela il ne prenoit pas garde à la grace, qui operoit tout cela en moy.

2. Quant à mes compagnons, blasmans ce qu'ils ignoroient, & se mocquans de ce, dont ils estoient incapables, ils en faisoient vne risée; les vns m'accusans de stupidité, les autres de subtilité & d'hypocrisie: mais ie leur pardonnois de bon cœur tous ces temeraires iugemens, pour l'amour de Dieu. Pauurets, tellement aueuglez de leurs libertinages, & de leurs desbauches (car de toutes les saisons de la vie la plus desreiglée c'est celle, pour l'ordinaire, qui se coule aux Vniuersitez, où en apprenant les loix, on renuerse toutes les loix) qu'ils ne pouuoient comprendre que l'amitié, qui est vne vertu, peust compatir auec la Deuotiõ, qui en est vne, laquelle perfectionne toutes les autres, ainsi que le miel esclaircit toutes les pierreries; comme si les Vertus estoient incompatibles, & contraires l'vne à l'autre.

Et à la verité, j'auoüe que l'amour, comme ils la pratiquoient, estoit non seulement opposée à la Pieté, mais à l'honnesteté, mesme à la decence & à la modestie: mais ce seroit vne erreur insupportable, voire vne heresie, de tenir, que l'on ne peust estre en mesme temps amoureux & deuot. Cela est bien difficile, dira-t'on, ouy à ceux, dit le Psalmiste, qui feignent de la difficulté & du trauail, à mettre en execution la Loy de Dieu: autremẽt il faudroit dire que la charité, qui n'est autre chose qu'amour, ne se pourroit estendre à vn sexe different du nostre; ou bien que les mariez, qui sont dans l'vsage de l'amour (de la façon qu'ils l'entendent) ne pourroient estre deuot ; ce qui est démenty par la raison, & par mille & mille exemples. Quel estonnement, à vostre auis, jettoit dans ces esprits trauersez de me voir tous les iours auec vne si vertueuse beauté, animée pour moy d'vne flamme égale à celle que i'auois pour elle; l'appellant ma sœur, & elle me nommant son frere , par vne alliance auoüée par ses parens , qui aggreoient mes visites & mes conuersations , me voir auprés d'elle parmy les compagnies, tout autre que moy luy desplaire, &

fauorisé de la sorte, n'auoir que des respects & des honneurs, sans pretendre aucune plus grande grace ; de là, aux iours destinez à la deuotion, nous voir ensemble aux Eglises, aux Sermons, aux Indulgences, aux pieds d'vn mesme Confesseur, à vne mesme table de Communion; brauant ainsi auec la paix du Ciel, le sang, le monde, & le diable ? n'estoit-ce pas pour bailler à deuiner à ceux qui ne consideroient pas que les voyes de Dieu sont toutes iudicieuses & incomprehensibles? Espiez de toutes parts, en particulier, és compagnies, és Eglises, où la grace diuine estoit tousiours la belle Estoile qui nous esclairoit, eust-il pas fallu estre Demon en meschanceté & en subtilité, pour esblouïr tant d'yeux, & si clair-voyans, si l'innocence de nostre vie ne nous eust seruy de bouclier impenetrable ? En fin

Quand le Monstre infame d'Enuie,
A qui rien de l'autruy ne plaist,
Tout lasche & perfide qu'il est,
Iettoit les yeux sur nostre vie,
Considerant nos deux esprits
D'vn feu chaste & diuin espris
En renonçant à toute hayne,
Il estoit contrainct d'auoüer
Qu'il auoit mesme de la peine

A s'empescher de nous loüer.

Mais puis qu'il n'est point de si beau iour, qui ne soit suiuy de sa nuict, ny de rose, qui ne soit enuironnée d'espines : Aussi l'ennemy de nostre salut ne pouuant souffrir l'esclat de la grace en vne ame, tasche tousiours, ou de l'estendre, ou pour le moins, de la voiler par les broüillars de ses suggestions. En voicy vne qu'il me ietta dans l'ame, laquelle vous iugerez des plus fines, & prouenante (comme me fit voir mon Confesseur) d'vn Demon du midy.

FIN DV TROISIESME LIVRE.

ALEXIS.

PARTIE SIXIESME.

LIVRE QVATRIESME.

SOMMAIRE.

1. Tentation specieuse & subtile. 2. Amitié d'Alexis auec Edoüard. 3. Saincte recherchee par Tarase. 4. Lettres d'Alexis à Saincte, & d'elle à luy.

N IOVR que i'estois entré en deuis auec ma Sœur d'alliance, nous tombasmes sur cette question; comme il se pouuoit faire que nostre Amour fust si grande, veu que les deux aisles luy manquoient, l'esperance & le desir: nous eusmes là dessus diuerses pensées, ne nous apperceuans pas que cette commune deffinition, qui appelle cette Passion vn desir de iouïr, fondé sur quelque apparence d'espoir, s'entend de celle qui pousse à la recherche des plaisirs sensibles, non à ces mouuemẽs de complaisance & de bien-vueillance, qui sont les deux aisles de la vraye & spirituelle affection : Mais le mauuais esprit nous troubloit ainsi, par ce que cela importoit à la tentation, & au piege qu'il nousdressoit; car puis que nous nous aymions, comme les Anges s'entr'aymẽt, qui ne sçait que leur Amour n'est accompagné d'aucun desir;

Puis que dedans le Ciel la grandeur des
plaisirs
S'esleue dessus les desirs?

Moins d'aucune esperãce, puis que la beatitude estant vn amas de tous biens, & l'espoir estãt vne attente d'vn bien qu'on n'a pas, il ne peut estre dans la gloire, où Dieu est tout en tous, & les comble de biens, par delà toutes esperances. Aprés nous estre donc embarrassez en plusieurs inutiles propos remplis de raisons, sinon tout à faict déraisonnables, qui estoient fort [illegible]les & legeres, par ce que nous errions au principe : nous tirasmes cette mauuaise consequence, que nostre affection n'estoit pas vne vraye amitié, puis qu'elle estoit sans esperance & sans desirs: estincelle qui nous alloit mettre en cendre, si, par l'industrie de nostre Pere Andeole, elle n'eust esté assoupie de bonne heure : certes nous estions perdus, si nous n'eussions retreuué en luy nostre raison esgarée : car cette Ourse eclipsée par vn broüillas, la vigueur de nostre resolution nous eust quitté, & peut-estre que la lumiere de nos yeux, la celeste grace, se fust escartée de nous ; car l'Espoux diuin est si delicat, qu'il s'enuole de deuant les yeux des curieux; la splendeur de la gloire, & des questions subtiles, esblouïssant la veuë basse & debile. Desia nos foibles cœurs gemissoient sous la vehemence de cet assaut, d'autant plus fort qu'il nous sembloit venir du costé de la raison:

C'estoit vn labyrinthe, où nos esprits confus
Se perdoient égarez, & ne se trouuoiët plus.

Il nous sẽbloit, que s'il estoit permis d'aymer en bõne cõscience; en bõne cõscience aussi, on pouuoit desirer & esperer, estimãs ces effects inseparables de cette cause. Et si Dieu, par l'addresse de nostre Raphaël, n'eust auec le parfum des prieres, & le fiel de la mortification chassé ce Demon, qui nous molestoit, nostre amitié couroit naufrage,nõ pas certes de l'honneur, mais de sentir vn grand détriment de sa perfection. Que le diable est fin, & qu'il faut estre sur ses gardes pour se preseruer de ses ruses; que ses pieges sont subtils; qu'il est accort pour donner le change aux plus experts, sans le conseil d'vn voyãt. Nous estions prests de nous fouruoyer du droict chemin, non certes de la vertu, mais de nostre religieuse resolution. Souuent on commence par l'amour vertueuse: mais si on n'est biẽ sage, & si on n'a tousiours à l'oreille cet auertissement du Prince des Apostres, que celuy qui est debout se garde de choir; l'amour friuole se glisse imperceptiblemẽt; de là, l'amour sensuelle: car le sentiment chassé à coups de fourche reuient tousiours, & comme vn Anthee, se releue de son propre terrassement, & quelquefois, helas! quand Dieu retire sa grace, l'amour illicite, comme vne gresle mal-heureuse, viẽt rauager toutes les fleurs, & tous les fruicts de ce beau jardin de delices spirituelles. Il est vray, que comme les taches, pour petites qu'elles soiẽt, paroissent beaucoup sur le satin blãc: ainsi les moindres inclinations sẽsuelles se fõt aussi tost recõnoistre, quãd elles se meslent dans l'amour spirituelle

& deuote, à cause de son extreme netteté, plus abhorrête, que l'hermine, de toute soüilleure. Les pensees neantmoins, qui s'esleuerent en nos courages, sur cette proposition efforcee, nous broüillerent tellement l'imaginatiue, que sans le recours à nostre oracle, nous eussions difficilement démeslé cette fusee. Imaginez-vous sans plus où i'en estois, puisque i'exprimois en cette sorte mes conceptions:

Laisse, chetif esprit, vn labeur si penible,
Où ton aage se doibt vainement consumer:
Quelle audace te pousse & te faict presumer
D'arriuer à vn poinct qui est inaccessible?
Il est vray que mon vœu est vn roc inuincible,
Que les feux ny les traits ne peuuent entamer:
Mais de voir cet objet, & ne le point aymer,
Ha! c'est bien vne chose encore moins possible.
Quel plus hardy dessein pouuois-ie conceuoir,
D'aymer sans esperer, bien que le seul espoir

Compagnon du desir anime cette flame?
Mais quoy: le vœu sacré qui defẽd le plaisir,
Et sa perfection obligent mon desir
A nourrir sans espoir la playe qui m'entame.

Vn iour estant seul, plus embroüillé de mes pensees qu'vne araigne n'est embarrassee dans son propre tissu, j'allois souspirant ces mots!

Quittant cette entreprise, au monde sans pareille:
Il faut qu'à l'auenir, la raison me conseille,
Et dispose mon ame à se laisser guerir,
Ce bien m'est vn tresor aussi cher que la vie:
Mais en perdant l'espoir, ie veux perdre l'enuie
D'y pouuoir & vouloir iamais rien acquerir.

Vne autre fois estant dans vn boccage, sans autre compagnie, que de mes solitaires & confuses imaginations, ie fis entendre & redire cet air à l'echo qui residoit dans le centre d'vn antre:

Oppressé d'vne violence,
Pardonnez-moy, rochers & bois,
Si i'interromps vostre silence
Par le triste accent de ma voix.

Estrange effect de la puissance
Que ie sens de ma passion,
Qui faict viuant sans esperance,
Que ie sois plein d'affection.

I'abuserois de vostre patience, si ie voulois vous entretenir dauantage des resueries qui m'occuperent durant ce trouble, l'agitation de l'ame de Saincte n'estoit pas moindre: mais comme elle estoit plus sage, elle auoit vn plus grand empire sur soy-mesme: & la nature de son sexe la rendoit plus apte à la dissimuler. Nous nous flattions desia de ce specieux pretexte, que nous pourrions bien estre l'vn à l'autre, sans offencer Dieu, sans violer nostre vœu, & sans blecer nostre integrité. Et comme tout mal est autant ingenieux à trouuer des pretextes auant son execution, que fertile en excuses, quand il est accomply; mes loix m'apprenoient desia que le nœud des nopces ne consiste pas tant en l'vsage des corps, qu'en l'vnion des cœurs & des volontez, & nous ne manquions pas d'exemples sacrez & venerables, pour authoriser vn projet aussi dangereux, qu'il estoit specieux. Le plus sainct mariage qui fut jamais contracté en la terre, entre la Royne des Vierges,

& le Pere nourrissier du Bien-aymé de nos ames, se campoit à la teste de nos productions. De là ie me rendis soigneux de rechercher ceux qui auoient pratiqué la continence dans les libertez maritales, & i'en trouuay de toutes façons; vn Roy de Pologne Boleslaüs auec sa femme, nommee Kinge; vn Empereur, nommé Henry auec son espouse Cinegonde; Valerian, & saincte Cecile; le Comte Elzear & Delphine, & plusieurs autres dõt la liste seroit ennuyeuse: Mais entre tous celuy de S. Alexis, Gentil-homme Romain, & de la belle Sabine, nous rauirent en le lisant. Et le diable qui sçait tirer le mal du bien, & les tenebres de la lumiere, comme Dieu le bien du mal, & la splendeur du milieu des obscuritez, ne manqua pas de nous persuader de suiure ce qui estoit plus digne de nostre admiration, que de nostre imitation: car tout ce que les Saincts ont faict par des graces & des commissions extraordinaires ne peut pas estre embrassé, si l'on n'est assisté des mesmes faueurs & de semblables inspirations, esquelles celuy qui donne le vouloir, y adiouste la puissance de l'accomplir. Et ce fut dessors que ie pris plaisir d'estre appellé par elle du nom d'Alexis, & que ie la nommay Sabine: nom qui n'estoit que d'vne lettre different du sien : voyla comme peu à peu & imperceptiblement cette traistre passion nous surprenoit le courage, nous attirant dans des lacqs par de belles apparences , ainsi que ces oyseaux qui se prennent à la lueur d'vn miroir ou d'vn flambeau. L'émotion interieure,& le battement de cœur que ie ressentis en cette nouuelle inuention , me persuadoit faussement que j'auois treuué la porte d'vn Paradis de delices, au lieu que i'auois rencontré celle d'vn enfer de supplices, si nostre bon genie n'eust r'addressé nos pas au sentier de la paix : ie lisois bien dans les changemens du visage de Saincte , qu'il y auoit quelque chose dans son ame qui la troubloit , & qu'elle auoit de la peine à digerer ces imaginatiõs si bien colorees qui agitoient son esprit, & le mien. A la fin pour estre entieremẽt esclaircis de nos doutes, nous consultasmes nostre bon pere Andeole, ses lévres estãs depositrices de la science des saincts, & nostre loy dependant de sa bouche. Nous ne luy eusmes pas plustost manifesté nos pensees vierges & maritales, auec les raisons & les exemples qu'vne Rhetorique artificieuse fournissoit à ma langue & à mon esprit, que luy qui voyoit de loin la trace & la fusee du serpent, s'escria:

Fuyez, enfans, fuyez, l'aspic est sous les fleurs,
Et la tentation sous ces belles couleurs.

Ce qu'il nous fit voir si clairement qu'il ne nous en resta aucune doute: car aprés nous auoir monstré que c'estoit vne pure presomption, de penser auoir les mesmes graces, qui firent pratiquer aux Saincts la continence en des mariages, ausquels ils auoient esté forcez d'entrer: ce qui estoit bien contraire à nos imaginations qui nous y portoient, & volontairement, & temerairement: ne voyez vous pas, nous dict-il, que cela contreuient à l'essence & aux termes de vos vœux, qui portent expressement, que vous renonciez à tout autre mariage, qu'à celuy de l'espoux crucifié? Quoy! luy fausser ainsi la foy, & iettant là sa grace, en disant, nous ne voulōs point de vos voyes? vous voulez que cette grace vous assiste en vne vie plus malicieuse que naturelle, cōme si Dieu auoit accoustumé de faire des miracles sans necessité: vous vous voulez jetter dans les flammes, & dire, nous ne bruslerons pas.

Oyez ce que ie vous dis : vous ne pouuez estre l'vn à l'autre, sans renoncer à IESVS-CHRIST; il est bien vray, que ie vous ay tousiours dict, que si vous ne vous sentiez pas assez forts pour soustenir vne perpetuelle continence; vous pouuiez recourir au sainct Siege pour vous faire dispenser, & alors, pendãt vostre force, comme des Sansons, vous seriez ainsi que les autres hõmes. Mais auisez de ne demãder pas ces dispẽses sãs necessité: car on ne se moque pas ainsi de Dieu, & d'vn Dieu qui porte pour tiltre, le Seigneur les vẽgeances, & auquel il est bien meilleur de ne rien promettre, que de voüer, & ne pas tenir. Mais, ie vous prie, continua-t'il, quelle similitude auez-vous peu rencontrer entre ces exemples que vous alleguez, & vostre imaginaire entreprise ; specialement en celuy de S. Alexis, sur lequel il semble que vous insistiez: car ne considerez-vous pas que se sentant trop foible pour resister aux attraits de sa nouuelle Espouse, il la quitta dés la premiere nuict de ses nopces pour errer pelerin & inconnu par le monde , n'osant se promettre de maintenir son integrité en la presence de ses beautez? Quoy? penseriez-vous faire de vostre vnion, vn mont Ætna, où les feux & les neiges

neiges sont en perpetuelle conjoncture? quittez, quittez ces ieunes & audacieuses pensees, qui sont à la verité pardonnables à vostre ignorãce, & à vostre amitié: rendez à Dieu, comme il faut, les vœux que vos léures luy ont distinctement prononcez: que deuiendroient vos desseins Religieux, desseins plus precieux que l'or, & le topase, prouenant de la grace d'vne inspiration que Dieu ne communique pas à tous? ne voyez-vous pas en cette suggestion le doigt de l'ennemy de vostre salut, qui vous a faict regarder le fruict defẽdu, pour apres vous induire à le toucher, & en fin à le manger? s'il eust commencé ses stratagemes par la proposition d'vn mariage entier & consommable, ils eussent esté trop grossiers; mais le meschant qu'il est, pour vous tirer accortement dans ses filets, il vo⁹ a esblouys par la cãdeur d'vne cõtinence admirable, & prodigieuse, pratiquee dans vn lien d'esprits, qui vous eust aussi tost portez à l'vnion des corps: & puis vous eussiez ressemblé à ces enfans qui bastissent auec ardeur de petits chasteaux, que soudain ils abbatent auec autãt d'empressement qu'ils les auoient esleuez. Et puis se tournant vers moy: Qui vous a dict, ô mon fils! que vos parens consentiroient à ce mariage ? surquoy fonderiez-vous la demãde de vostre dispense ? non certes sur l'impuissance de vous contenir, puis qu'il la faudroit auoir en vn degré plus qu'Angelique, pour viure de la sorte que vous vous figurez ; veu que les Anges mesmes, si nous croyons quelques Rabbins, engendrerent les Geans, des filles des hommes qu'ils trouuerent belles. Et pourquoy se mettre en tant de peine, pour vne simple vnion d'esprits, qui se peut exercer en Dieu, mesmes dans le profond des cloistres plus resserrez ? C'est ainsi, c'est ainsi, mõ enfant, qu'il la faut pratiquer, & non pas s'exposer à vne tentation euidente, & dans vne façon de vie, aussi dangereuse qu'inutile. Et ne vous imaginez point qu'il y auroit d'autãt plus de merite, qu'il y auroit plus de difficulté : car c'est vne vaine bluette, de laquelle ce mesme tentateur qui la suggere, se seruiroit par aprés pour mettre en cendre vostre resolution, & reduire vostre integrité en fumee : il ne faut point tenter Dieu, comme Dieu ne tente personne : autant qu'on peut, dict le Prince des Stoïques, il se faut retirer des chemins glissans ; à peine se tient-on debout sur le sec : vous n'estes, ny si fort que Sanſon, ny ſi ſainct que Dauid, ny ſi ſage que Salomon, qui toutesfois ſe perdirent par la ſeule veuë des femmes: que ſeroit-ce de les poſſeder? Mon fils, vous aurez aſſez de peine à en combattre les idees dans les deſerts, ne vous induiſez point de vous-meſme en cette tentation : mais deliurez-vous de ce mal, en fuyant, comme tous l'enſeignent ; Et vous, ma chere fille, dict-il, ſe tournant vers Saincte, que deuiendroient (ſi ces penſees auoient lieu) ces belles reſolutions de chercher toute voſtre vie en douleur l'eſpoux de voſtre ame dans les ſolitudes du Carmel? doncques le front de ce ieune homme vous auroit-il donné dans les yeux, pour vous faire oublier les ineffables beautez de celuy qui n'a point ſon pareil en bonne grace entre les enfans des hommes; ce beau lys de la virginité, qui ſe conſerue auec tant de peine dans les eſpines & les aſpretez des mortifications & de la penitence? penſeriez-vous le pouuoir conſeruer dans les molles douceurs & dans les licences d'vn mariage?. Certes, vous n'y penſez point de mal, & ie le croy, de la ſincerité de vostre courage, qui m'est assez cõnuë: mais estimez-vous que le seducteur, & celuy qui tẽte n'y en pense pas pour vous. Croyez-moy, ceux qui composent les feux Gregeois, se treuuẽt ordinairement consumez par leurs propres artifices. Demeurez vierge & seule, comme vous estes: soyez toute à Dieu, sãs estre diuisée, sainte de corps, sainte d'esprit, comme vous l'estes de nom; il est bon de demeurer ainsi, dict l'Apostre, qui en ce conseil auoit l'esprit de Dieu. Le mariage est bon, mais la virginité est meilleure: & l'estat Religieux, qui met ceux qui l'embrassent dans la poursuitte de la perfection, est incomparablemẽt plus desirable & plus excellent qu'aucune condition qui soit dans le siecle. Souuenez-vous, que la Vierge des vierges s'estonna, se voyant seule auec vn Ange qui auoit pris la forme d'vn homme. Bon Dieu! la femme forte, la colomne du Temple tremble deuant vn esprit, reuestu d'vn corps aërien; & que deuriez-vous faire, sinon transir, vous qui estes la mesme foiblesse, & vn roseau du desert; si vous estiez liee à vn homme faict comme les autres, quand bien il auroit les vertus d'vn Ange? car quand il les auroit pour vn temps, qui vous pourroit garantir qu'il les eust pour tousiours, puisque (si l'on n'est confirmé en grace) le changement est vn accident inseparable de nostre estre mortel : l'homme estant vn arbre, dont les fueilles s'escoulent, & qui ne demeure iamais en vn mesme estat, tãt d'esprit, que de corps. Sus donc, ma fille bien-aymee, esleuez vostre ame vers cet espoux immuable, qui a mis vn signe sur vostre visage, afin que nul autre amant vous peust pretendre à son preiudice; vers celuy qui a mis en vos oreilles les precieuses perles de sa diuine parole; en vostre cœur, l'or de son amour; en vos joües, la rougeur & le vermillon de son sang: gardez la foy à celuy-là seul, auquel vous-vous estes entierement déuoüee, & deuant qui, tous les Anges & tous les hommes ne sont que comme des papillons à la face du Soleil? Que pensez vous que nous deuinsmes, quand ce seruiteur de Dieu nous tonna dans les oreilles ces foudroyãtes paroles? nous estions si couuers de cõfusiõ & de honte, quand nous eusmes apperceu la laideur de la tẽtation dãs le miroir de son discours, que iamais nos premiers parens ne furent plus honteux, quand ils apperceurent leur nudité. Nous ne luy repliquasmes jamais

nos cœurs & nos affections. Sur le champ nous ressemblasmes à ceux qui reçoiuent vn coup qui les estourdit, & qui les faict pasmer: car l'endormissement des sens & la stupeur leur oste le sentiment du mal, mais quand ils reuiennent à eux, alors ils entrent dans les douleurs , à mesure qu'ils rentrent en vie : d'adieu, il n'en fut point de mention, nous acquiesçasmes à cette ordonnance si promptement, que nous n'eusmes pas le loisir d'y penser : cet esclair nous silla les yeux, & nous entrasmes tout à coup dans les tenebres de cette eclipse. Mais quand ie fus retiré, & que i'eus perdu de veuë mō Nord, sans sçauoir le temps auquel il me seroit permis de le reuoir ; quelle obscurité m'enuironna? quelle confusion, & quel trouble saisit ma pensee? Saincte , à ce qu'elle m'a dict depuis, ne conceut pas moins d'ennuy : mais d'autre costé, elle estoit allegee de ne me voir pas, parce que ma veuë & ma presence aprés vne si lasche pensee luy eust esté à charge. Elle se fust mesme, si elle eust peu, cachée à ses propres yeux; tant elle auoit de desplaisir d'auoir regardé vne si lasche, & flatteuse pensee, au preiudice de la constante fidelité qu'elle auoit iurée à Dieu. Iugez de la Sainctеté de cette ame qui eſt troublee ainſi, non du mal ; (car elle n'en conceût iamais la determination) mais d'auoir ſeulement regardé ce qui peut y cõduire: ce cœur n'eſtoit-il pas ſemblable à la priere Praſſus, qui ſe ternit à la ſeule preſence de quelque poiſon que ce ſoit? Mon recours durant cette priuation fut à mes liures, & de plus à mes reſueries, durant leſquelles ie remaſchois ces Vers:

Encor qu'en cet exil mon ame ſoit geſnée
D'vn tourment qui n'a point au monde ſon pareil;
Ie cheris neantmoins l'honnorable conſeil,
Pour mon plus grand bon-heur qui l'y a confinée.

Soit que ie voye poindre, ou clorre la iournee,
En quelque part des Cieux que tourne le Soleil,
Ie ſuis triſte de iour, de nuict par le ſommeil
Ma deſolation ne ſe void terminee.

Le lieu où l'on me void eſt où le moins ie ſuis:
Pour charmer cette humeur ie fay ce que ie puis;
Mais ie ne puis chaſſer l'ennuy qui me deuore.

Si i'ay quelque repos c'est en ce seul penser,
Que sans blecer mon væu & le Ciel offencer,
Autant loin comme prés vne Saincte i'honore.

Il me souuient qu'en la chaste Delie du docte Sêue, celuy d'entre nos Poëtes qui a des premiers tiré nostre loüange hors de page,& beaucoup aydé à la deschifrer, & dont la Muse est tant loüee par Ronsard, Belleau, du Bellay, Thyard & Dorat : ie rencontray parmy ses Epigrammes vn Embleme sur le Soucy, qui estoit vne peinture naïfue de l'estat, auquel pour lors ie me treuuois ; & pource que ie l'ay en la memoire, & que vous serez bien ayse d'entendre quelque traict de cette veine,estimee par de si grands hommes ; ie ne feray point difficulté de le vous reciter. Il dit donc ainsi :

Comme des rais du Soleil gracieux
Viuent les fleurs durant la Primeuere,
Ie me nourry des rayons de ses yeux,
Et prés ou loing mon Amour perseuere:
Si que mon cœur,qui tousiours la reuere,
Me la faict voir en cette mesme essence
Que feroit l'œil par sa chere presence,
Que tant i'honore, & que tant ie poursuis:

Pourtant de rien ne me nuit ſon abſence,
Puis qu'en tous lieux de l'eſprit ie la ſuis.

Que vous ſemble, Meſſieurs, de cette piece née en vn ſiecle ſi rude, & ſi peu cultiué : cette veine meritoit-elle pas de venir en vne plus douce ſaiſon ? Mais laiſſons-là ce Poëte, que ie ne puis haïr ſans deſmentir mon ſang : que direz-vous de moy en cette conioncture ? n'aurez-vous pas ſuiect d'eſtimer que ie faiſois paroiſtre en meſme temps beaucoup de foibleſſe & beaucoup de force ? de force, ſi vous conſiderez la prodigieuſe, diray-je inſenſibilité ou cõſtance ? auec laquelle ie ſupportay cette ſeparation : de foibleſſe, ſi vous remarquez, que par ces regrets i'imitois ces Iſraelites, qui ſortoient de l'eſclauage d'Egypte, en ſe plaignant de la perte des oignons de cette contrée. On tient qu'entre les palmes & les palmiers, il y a difference de ſexe, & que ces arbres ne profitent qu'en la preſence l'vn de l'autre, ſe rempliſſans de fruicts & de fleurs par la tranſpiration des zephirs. Que ſi on les ſepare, on les void deuenir ſteriles & ſeicher peu à peu : Ie ne ſçay pas ce qui en eſt ; cela ſçay-je que la priuation de la veuë de cette Palme, qui me causoit auparauant tant de victoires, me rendit tellement abbatu, que toutes les fonctions de mon ame estoient languissantes & malades: cette ferueur, qui anime aux œuures de vertu & de pieté, n'estoit plus auec moy: la ioye de mon salutaire, & mon esprit principal ne m'accompagnoit plus. Ce peu de Deuotion qui me restoit, n'estoit plus vne myrrhe premiere, libre, volõtaire, sortant de mon cœur sans peine & sans trauail; mais vne myrrhe seconde, qui n'en prouenoit que par incisions, & par les contraintes de ma conscience, qui me pressoit à suiure la continuation des bonnes habitudes, de peur de perdre la trace de la grace celeste, en les negligeant; mon ioug n'estoit plus adoucy par des consolations sensibles, il me sembloit que ie ne portois pas ma Croix, mais que ie la trainois. I'allay par quelques iours, afin de me diuertir, prendre l'air des champs en vne belle maison qu'auoit Radulphe à trois lieuës de la ville, non loin du riuage de Loyre; où me vint treuuer ce bon Docteur, qui me conuiant de chanter auec luy (car il aymoit fort la Musique, & il auoit là des violes & des liures) nous rencontrasmes cet air, dont les paroles plus que le chant reuenoient fort à mon humeur:

Ce penser, qui sans fin tyrannise ma vie,
Se monstre contre moy tellement coniuré,
Que plus ie me dispose à dompter son enuie,
Et moins ay-ie d'espoir de m'en voir deliuré.

I'ay delaissé l'obiect dont il a pris naissance,
Estimant par l'oubly ses charmes deceuoir:
Mais ie preuue à la fin que la veuë & l'absence,
Malgré leur difference ont vn mesme pouuoir.

I'ay d'vn plus sainct desir bien souuent faict espreuue,
Pour faire qu'vn dessein fust par l'autre deffaict:
Mais quand ie l'entreprens, aussi tost ie me treuue
Infidelle en parole, & fidelle en effect.

D'vn dictame puissant i'ay la fueille empruntee,
Pour repousser le traict dont i'ay le cœur attaint:
Mais plus ie recognois par sa force domptee,
Mon mal trop veritable & mon remede feint.

Ainsi quoy que i'oppose au deuil qui me possede,

Ie sens de iour en iour le mal me consumer,
Si bien que ie peris dans mon propre remede,
Comme vn vaisseau qui brusle au milieu de la mer.

Voyla comme viuant en vn exil si rude,
Ie nourris vn penser, dont le funeste sort
Se declare enuers moy si plein d'ingratitude,
Qu'en luy donnant la vie il me donne la mort.

Toutefois, nonobstant toutes ces contradictions du sens, l'Amour de Dieu fut le Maistre, & Isaac bannit Ismael, Sara se deffit de la superbe Agar, la grace fut victorieuse de ma tristesse. Le Soleil qui fond les nuages, & qui moüille la terre; c'est luy-mesme qui la seiche quand il l'a trempée. Dieu de mesme, Soleil de Iustice, mortifie & viuifie, attriste & resioüit les siens: & c'est son ordinaire, selon la mesure de nos desolations, de multiplier ses consolations. Agar en la solitude fut consolée par l'Ange, & reuigorée par l'eau d'vne fontaine qu'il luy monstra. Et Abraham sacrifiant à Dieu, en la personne de son fils, les plus tendres affections de son ame, fut conforté par l'Ange, qui arresta son glaiue, & qui l'empescha d'acheuer sa sanglante execution. La Verité Diuine, qui demeure eternellement, ne manque point au centuple promis à quiconque laissera quelque chose pour l'Amour de Dieu; j'ammoncele tout cecy pour faire voir, (s'il est loysible de conferer des choses graues & serieuses à de petites & legeres) qu'encore que ie quittasse cette familiarité, comme les malades les melons, de peur que pis ne m'arriuast que ce qui m'estoit auenu, reduisant en effect mes pensées: Dieu qui est riche en misericorde, ne laissa pas pourtant de receuoir de bonne part ce sacrifice, vn peu contrainct comme celuy du Cyreneen, & de me faire tirer profit de cette separation affligeante. Car afin que vous admiriez & adoriez sa debonnaireté; voyez quel remede il me procure.

Furent admis en la maison du Docteur Radulphe deux freres d'vne maison principale de Paris, & aucunemẽt mes alliez: & cela pour faire cõme moy leurs estudes en Iurisprudẽce; i'estois desia biẽ auãcé en mon cours, quãd ils cõmencerẽt le leur: pour cela ils deferoient beaucoup à mon anciẽneté; car ie leur estois comme ces vieux moutõs, qui meinent les autres 2.

au pasturage. L'aisné, sage & vertueux Gentilhomme, se comportoit auec tant de modestie, qu'on l'eust desia pris pour vn Senateur formé; & depuis il a reüssi vn grãd hõme en sa robe, estãt pourueu d'vne insigne Magistrature. Le Cadet beaucoup plus vif & plus éueillé, qu'on appelloit Edouart, promettoit beaucoup de la viuacité de son esprit, comme l'autre de son attrempance. Ie les aymay tous deux, & comme alliez, & comme compagnons d'Escole: & quoy que leurs humeurs fussent differentes; ie les cherissois également: égalité neantmoins, qui ne dura pas tant; qu'Edoüart, ne l'emportast en la balance de mon affection: par ce qu'il auoit l'esprit si gentil, l'humeur si gaye, les mœurs si douces: & qui plus est, il estoit si feruent & si deuot, qu'estudiant aux loix, plus pour contenter ses parens qui le desiroient ainsi, que pour inclination qu'il eust à cette science; il regardoit d'vn meilleur œil la Theologie, pource qu'il auoit dessein de se rendre Religieux. Et comme on void par experience, qu'vne masse de plomb, qui est si froide, si dure & si pesante, est plustost fonduë qu'vne piece de cire ou de beurre de mesme grosseur, beaucoup plus legere, plus

plus mole & plus douce; de mesme l'aisné, quoy que tres-sage & fort iudicieux, ne sembloit pas si porté aux Exercices de Deuotion, que ce Cadet qui n'estoit que feu pour ce regard, tant il estoit embrasé de zele, quoy que ses actiõs fussent beaucoup moins reiglees. En cela son cœur eut plus de correspondãce auec le mien, simpathie qui luy rendit en peu de temps nostre amitié fort grande. Nous ne pouuiõs plus estre l'vn sans l'autre; & il n'eust peu faire aucune action, ny aucun discours que deuant mes yeux, & à mes oreilles, tant ma pensee luy estoit chere; aux Escoles, en l'estude, és disputes, és repetitions, és Eglises, és compagnies, és promenoirs, en la priere, & aux autres Exercices de Pieté, nous estions tousjours ensemble, si que communément on nous appelloit les deux Amis. De sorte que ie senty ressusciter pour luy en moy les mesmes sainctes affections que i'auois eües au College pour Catondas. De vous dire que nous nous communicasmes l'vn à l'autre nos desseins, il est inutile; puis que l'Amour estant nud, c'est vn euident tesmoignage, que ceux qui s'ayment ne se celent rien l'vn à l'autre, la communication des pensees estant le grand œuure de la parfaite amitié. Il n'y eut que cette difference en nostre vnion; c'est que son desir le portoit aux Capucins, comme le mien estoit tousiours retourné du costé des Chartreux : si bien que nous ioüyons à qui seroit le plus fort en persuasions, & à qui emporteroit son compagnon; cent fois sa ferueur admirable me pensa seruir de premier mobile, & m'entrainer auec soy par la rapidité de son mouuement : & à ma volonté que i'eusse eu plus de deference, ie ne serois pas maintenant comme fugitif & vagabond sur la terre, ou si ie voyageois cõme font les Capucins, au moins seroy-je asseuré du genre de vie que i'aurois à mener iusques au tombeau. Mais laissons cela pour ne sembler controoller les secrets de la diuine prouidence : nous frequentions ensemble les Sacremens; ie luy fis choisir le pieux Andeole pour Confesseur, qu'il estima comme vn Ange de Dieu : nous allions si souuent aux Capucins, qu'aussi tost ceux qui n'ont des yeux qu'en la teste, en coniecturerent que nous le voulions estre. Ce qui fut aussi tost mandé à nos parens : ceux d'Edouard ne s'en mirent pas tant en peine, soit qu'ils fussent desia informez de son inclination, ou soit que la fortune des Cadets ne soit pas tant consideree: mais pour ce que i'estois l'aisné, elle allarma les miens, qui ne craignoient rien tant que de me voir reprendre mes premieres erres du costé de cette vie, regardans ce dessein comme vne ruine de leur maison: i'en receus des lettres plaintiues, & pleines de remonstrances, pour m'exhorter à n'en rien faire, comme si on m'eust voulu retirer de quelque voye desbauchee. Ils auoient bien eu le vent que i'aymois cette fille, dont ie vous ay parlé. Mais quoy que le party fust inesgal, ils ne m'en auoient pas repris, sçachans assez que ie n'estois pas de l'humeur de faire vne telle eschappee, que me marier sans leur sçeu; ioinct que la fille & les parens n'estoient pas personnes à entẽdre à des nopces clãdestines: si bien qu'estans en seureté de cette part, ils estimoient que cette affection me destourneroit insensiblement du Cloistre, dont ils estoient en continuelle frayeur. Ie passay donc ainsi quelque temps en la conuersation d'Edoüard parmy tant d'exercices, d'estude & de Pieté, qu'encore que ie n'oubliasse pas ma Saincte; neantmoins la douleur de sa priuation me sembloit par le benefice, & du temps & de la grace, moins insupportables. Mais à peine la Lune estoit-elle sur le milieu de son second cours, quand les Parens de Sainte s'apperceuans que ie ne frequentois plus en leur maison, comme i'auois accoustumé, s'imaginerent que c'estoit pour auoir receu quelque mauuais traittement de leur fille, dont ils appelloient, de leur grace, la Deuotion bigotterie, la persecutans pour estre trop pieuse, autant & plus que si elle eust esté bien auant dans les vanitez. Que voulez-vous? le monde tourmente ainsi ceux qui ne sont pas siens, estant fauorable à ses enfans outre mesure; les benissant en leurs maux, & les loüant en leurs desirs desreiglez. Il en fallut sçauoir le suject, & Sainte qui n'estoit pas resolüe de leur dire la veritable cause; car il eust fallu leur descouurir son vœu, que iusqu'alors elle auoit tousiours tenu fort secret, leur donna tout plein de petites mauuaises raisons, qui portoient sur leur front le nom de controuuees. Son Pere la tança aigrement, parce qu'ayant le soin de l'amitié de mes parens, qui estoiẽt des premiers de la ville; il craignoit qu'ils ne creussent qu'il m'eust interdict sa maison, en laquelle il m'auoit tousjours donné libre accez, & deferé beaucoup d'honneur, ioinct que (pour ce que nous nous flattons en l'imagination de nos desirs) il estimoit que l'affection que ie portois à sa fille, pleine de tant d'honnesteté, ne luy pouuoit estre qu'auantageuse, soit qu'il en peust reüssir quelque alliance, soit que cela donnast sujet à vn party plus sortable de la rechercher. Voyla, luy disoit-il, en la tançant rudement, des effects de vos deuotions : belles deuotions, qui vous rendent si orgueilleuse, qu'il semble que ceux, dont vous n'estes pas digne, ne le sont pas de vous adorer ; le ieune Gentil-homme que i'aymois de tout mon cœur, & qui nous faisoit trop d'honneur, hantant en cette maison, en est maintenant estrangé par vos sottes façons de faire : luy qui est vn miroir d'hõneur & de vertu, & qui a plus de deuotion veritable, que vous n'en auez de feinte & hypocrite. Allez, ne me tenez iamais pour Pere, si vous ne vous rendez plus obeïssante fille, & plus docile à mes volontez ; i'entends que vous respectiez ce que i'honnore, & que vous ne rebutiez pas ainsi ceux qui valent mieux que vous : vous estes trop peu de chose pour luy ; ne vous imaginez pas, que ce qu'il frequentoit ceans fust pour vous rechercher en mariage: de plus auantageuses conditions l'attendent à Paris, aussi bien les siens n'eussent iamais consenty à vn party si peu conuenable à ses facultez : mais souuenez-vous que ie ne veux pas que le Ciel me le pardonne, si ie vous pardonne cette arrogance, que vous ne l'ayez corrigee par quelque satisfaction d'humilité enuers luy. A ces boutades, Saincte ne respondoit que par le silẽce : car ces traicts si esloignez du but de la verité ne la touchoient pas. Ha! disoit-elle en soy-mesme: si ce bon homme sçauoit combien ie cheris celuy qu'il pense estre en ma hayne, & s'il estoit auerty que son absence ne prouient que de la peur que i'ay de le trop aymer, qu'il chãgeroit bien de stile. Mais le stile de sa Mere estoit bien plus poignant : car comme la foiblesse des femmes les rẽd moins fortes, pour resister à la colere ; de leur impuissance prouient l'aspreté de leur courroux: elle la cria, gronda & tempesta tant, que la pauure Saincte, battuë d'vn tel orage, ne sçauoit à quel party se ranger, estãt presque sur le poinct de me r'appeller, sans auoir loisir d'en prendre la licence d'Andeole, pour la deliurer de cette horrible tourmente, qui menaçoit sa patience d'vn naufrage presque asseuré. A la fin Andeole en estant auerty pour accoiser ces tumultes domestiques, aprés auoir espreuué suffisamment nostre soumission & nostre constance; non seulement nous permit de nous reuoir, mais nous l'ordonna: neantmoins auec des remonstrances & des precautions dignes de sa prudence, de sa charité, & du soin qu'il auoit du salut de nos ames. Quelle heureuse nouuelle, & combien agreable me fut celle-là, m'arriuant lors que i'y pensois, & que ie l'attendois le moins: i'en fay iuge quiconque a experimenté de semblables passions. Certes, à peine la pouuoy-je croire; ie la creu neātmoins, puis qu'elle m'estoit si fauorable, me redōnāt le iour au milieu de mes nuits : certes telle que paroist la Primeuere, apres la rigueur & l'inclemēce d'vn fascheux hyuer, telle que l'eau douce aprés qu'on a enduré vne violēte soif sur la marine; telle fut mon ayse à la reueüe de ma Saincte: & biē nous prit d'auoir esté biē exhortez; car si no⁹ n'eussions reiglé nos contenāces, il eut esté ayse à iuger à ceux qui nous virent, qu'vne secrette crainte & contraincte, nous ayāt separez de corps; nos ames n'auoient pourtant iamais esté desvnies. De moy,

Quand ie reuy ce que i'honnorois tant,
Peu s'en fallut que dés ce mesme instant,
Ie ne rentrasse en mes erres premieres,
Et qu'enyuré de ma felicité
Ie ne perdisse, & cœur, & fermeté,
Tout ébloüy de ses viues lumieres.

Soit verité, soit tentation, soit que les pensees conceuës durãt l'absence, eussent aggrandy mon estime, la priuation encherissant de beaucoup la iuste valeur des choses, ie vous auouë que ie ne la vey iamais si specieuse : pressé de cette gracieuse agonie, ie disois en moy-mesme,

Que feras-tu, mõ cœur, pour n'estre cõsumé,
Puis que de tãt d'efforts ta cõstãce est batuë,
Et que de cét obiect par qui tu es charmé,
La presence te nuit & l'absence te tuë?

I'estois vn vray Demophon, tremblant du froid de la crainte au Soleil de la veuë, & pressé d'ardeur parmy les ombres d'vn froid esloignement; que si l'exil me combloit d'ennuy, la conuersatiõ me donnoit de grãdes agonies: car cõme il est plus aisé de ne se courroucer point du tout, que d'exercer vn courroux sãs offẽce; aussi est-il bien plus facile d'estre tout à faict sans Amour, ou pour le moins d'aymer loin du suject, qui en est la cause, que de le frequenter, luy parler & le voir, sans esperance & sans desir ; & tout cela est vray, selon les forces de la nature : mais celles de la grace ne se mesurent pas là, mais comme la foudre, elle produict dans les cœurs des effects inconceuables, & qui passent toutes les reigles de la commune raison. Comme donc sur la mer on euite les escueils en regardant le Ciel: de mesme leuãt mes yeux aux montagnes eternelles, d'où nous prouient tout secours és tentations & és tribulations, ie ressenty vne manifeste assistance de celuy qui ne permet pas que celuy là soit esbranlé, qui se confie en sa misericorde ; qui jette en luy son attente, dict le Psalmiste, ne va point flottant à l'abandon des incertaines pensees. Cette resolution vñe fois bien prise, d'eslire plustost la mort, que d'offencer, est vn grand rampart contre les attraits enflammez de l'ennemy de nostre salut. Me voyla mieux que deuant en la conuersation de Saincte: si bien que nous fismes connoistre à ses parens, que ce n'estoit point la cholere qui nous auoit separez, mais la prudence, & la discretion, ne pouuans penetrer plus auãt en la cause de cette retraitte. Or voyez auec combien de raison la langue des mesdisans est appellee par le Prophete, tantost vn rasoit tranchant de toutes parts, tantost vn dard à deux pointes: car l'enuie, qui a l'œil louche, & neantmoins penetrant, faisant desia de mauuaises , mais sourdes interpretations de ce que ie ne voyois plus cette sage fille, prenant comme le Cameleon toutes couleurs, pour detracter, excepté la blanche de la verité. Me voyans remis en ma premiere hâtise, au lieu d'en prendre suject de se taire, en tirerent occasion de murmurer plus haut & plus ouuertement : & puis ne sçachans comme accorder ces actions qui leur sembloient diametralement opposees de l'amitié d'Edoüard & de la bien-vueillance de Saincte, sans considerer que l'vn & l'autre me portoient également à la deuotion , au lieu de s'en édifier, ils en tiroient du scandale, faisans venim de la rose, & châgeans le iugement en absynthe. A leur dire, i'estois vn vray hypocrite, quoy plus vn sacrilege, me masquant de l'vsage des mysteres les plus sacrez & redoutables, pour couurir mes miserables deportemens: & bien qu'ils les espeluchassent en particulier, si n'en pouuoient-ils mesdire qu'en general, & par vne côiecture aussi trompeuse que temeraire : leur lime cependant esclaircissoit le fer de ma constance,

& ces serpens mordans la lime de ma fermeté, se faisoient plus de mal qu'ils ne me portoient de preiudice. Ils me rangeoient par ce moyen en vne compagnie plus honorable que ie ne meritois : car le Sauueur & les Apostres auoient passé par cette estamine ; blasmez en ce qui estoit loüable, & repris en ce qu'ils faisoient de plus signalé. Le diable, par ses supposts, me dressa en ce temps-là des parties si estranges, que la pudeur & le respect que ie vous porte, me deffendent de retirer de l'enfer, ce qui en estoit sorty; & qui merite mieux d'estre enseuely dãs l'oubly, que produit sur vn theatre si modeste que celuy de cette cõpagnie. Ce fut icy que Serafic interrompãt tout à coup. Alexis luy dict : Non non, mon cousin, vous ne coulerez si legerement sur les plus esclattantes actions, que la grace ayt produites en vostre ame : si les bõs exemples se font des mauuaises mœurs, comme le papier, qui est si blanc, se forme auec des haillons souïllez, & le miel qui est si doux, d'vne herbe qui est amere, ces Messieurs n'auront que trop aggreable, de sçauoir les victoires que l'assistance du Ciel vous a donnees sur Sathan. Rendez à Dieu la gloire qui luy est deuë, & faictes-nous monstre de la teste de ces monstres, & de ces Goliats que vous auez terrassez, vous monstrant vn vray Alexis ou vn autre Hercule Alexicaque, c'est à dire, dōnant la chasse au mal. Mon cher Serafic, reprit Alexis, il faut que ie vous confesse que i'ay le front trop tendre & delicat, pour rapporter en ce lieu si venerable de si miserables rēcontres, mieux teuës, que recitees : il est vray qu'il y va de la gloire de Dieu, qui m'a, comme vn Ionas, tiré de la gorge des Baleines, & de perils ineuitables en apparence, en ce qui concerne l'honnesteté : mais il est mal-aysé de remuer des ordures sans s'infecter, & c'est faire comme ceux qui grattent les riues du Tage, remuant beaucoup de sable pour trouuer vn grain d'or. Si i'auois à dire de semblables choses d'vn tiers, il me semble que ie m'en desmeslerois mieux: mais tant s'en faut que ie m'y puisse resoudre, que si vous les racontiez, ie demanderois permission de me retirer, comme ces iuges qui se deportent d'vne cause où ils ont interest : il est mal-aysé de tenir le bassin où l'on saigne, & de manier ces matieres si chatoüilleuses, sans rougir de la perte du front des personnes impudentes, telles que sont pour l'ordinaire les impudiques. C'est pourquoy ie vous conjure tous, autant que ie puis, de m'en dispenser, tant pour n'offencer les oreilles chastes de ces saincts Religieux, que pour ne tirer à moy, par vn discours trop auãtageux, quelque part de cette gloire, qui est toute deuë à la grace de Dieu, par laquelle ie suis debout. Mon cousin, reprit Serafic, ces bons Peres lisent tous les iours dans les histoires sacrees, tant de la Bible, que des gestes des Saincts, beaucoup d'occurrences plus scandalisantes: mais comme il n'y a que les foibles esprits qui prennent le scandale, les leurs sont trop forts pour en estre susceptibles. Vostre seconde excuse est plus receuable, & cela tesmoigne vostre humilité, autant que vostre pudeur, de ne vouloir pas estre vostre propre paranymphe: car à la verité, ces actions que ie sçay, & selon toutes leurs circonstances, ne se peuuent reciter, sans que de la gloire de Dieu, il n'en rejallisse sur vous quelque eloge; comme Moyse deuint lumineux par le commerce qu'il eut auecque Dieu. Or pour n'enseuelir dans le silence ce qui merite d'estre tiré au iour: ie prendray volontiers cette commission, & ie m'asseure que ces

Pelerins m'y presterõt prõptement leurs oreilles, soit pour trõper l'ennuy du chemin, soit pour contenter leur curiosité. Florimõd appreuua soudain ce qu'auoit auancé Serafic, le suppliant de se ressouuenir de sa promesse, & qu'il ne manqueroit pas de l'en faire acquitter en temps & lieu; le galãd qui chassoit de haut vent, iugeoit bien qu'il y auoit en ces matieres du gibier, conforme à son desir: c'est pourquoy, en remettant la partie, il marqua soigneusement ces chasses, faisant en cela plaisir à Menandre, & à Meliton, qui plus retenus n'en disoient pas ce qu'ils en pensoient, & Alexis continua de la sorte: L'enuie qui faict son propre mal du bien d'autruy, par le moyen de la calomnie, sa sœur germaine, ne manqua pas de vomir son venim sur le renouuellement de nostre conuersation, laquelle estant d'autant plus honneste qu'elle estoit plus circonspecte, & d'autant plus circonspecte que nous marchions bien plus retenus que nous ne faisions auparauant, la bourrasque de cette tentation que ie vous ay deduitte (car que sçait, dict le Sage, celuy qui n'a point esté tenté) n'estoit pas pourtant exempte de la dent des Theons, & du bourdonnement de ces tons importuns, qui ne parlent qu'en picquant. Il y a des esprits si malicieux dans le siecle, qui est toute malignité, qu'ils ne seroient pas à leur ayse, s'ils ne gastoient tout ce qui est bon, tout ce qui est sainct, tout ce qui est iuste, tout ce qui est pudique, tout ce qui est de bonne odeur, & d'honorable reputation : ames trauersees, & trauersantes, qui ne sçauent rien dire, que pour mesdire, qui mettẽt des pailles dans la plus fine fleur du froment, & qui iettent la diuision dans les vnions des amitiez plus legitimes. Voicy leur pomme de discorde ; leurs mocqueries & leurs detractions vindrent iusques aux oreilles des parens de la fille, qui autant jaloux de la reputation de leur famille, que doiuent estre des personnes nobles, & qui font profession d'honneur, se sentirent toucher en la prunelle des yeux. Et parce, qu'vne fille de belle deffaitte est communément de mauuaise garde, leur plus grand desir estoit de voir la leur, qui estoit leur vnique en son sexe, mais qui auoit plusieurs freres honorablemẽt pourueus, & selõ leur qualité ; le moindre soupçon est vne Remore en vne fille, & qui l'ẽpesche d'arriuer (biẽ qu'elle ait le vent à pleines voiles)au port du mariage: les voyla donc resolus de sçauoir ce qu'elle vouloit deuenir. Et pource, que les cõtraires se prestent iour l'vn à l'autre, & que le feu est d'autant plus ardant,que le froid est plus aspre ; les bruits qui se semoient de son amour pour moy, donnerent de l'amour pour elle à quelques enfans de la ville, qui ne pouuoient souffrir qu'vne si belle perle fust pour vn estranger,car ainsi m'appelloient-ils, bien que i'y fusse beaucoup mieux apparẽté qu'ils n'estoient, en estant originaire du costé de ma mere. Plusieurs en firẽt les esmeus & les empressez : mais ils furent accueillis auec tant d'indifferẽce, escoutez auec tant de froideur , renuoyez auec tant de rigueur par vne Saincte,qui rejettoit leurs vœux,comme la Selenite repousse le fer, qu'ils n'en pouuoient conjecturer autre chose,sinon qu'estant preoccupé de mon affection, & m'ayant donné la foy, nulle autre impression se pouuoit grauer sur son courage. De vous dire les outrages que leur amour pour elle, & leur haine contre moy leur suggeroit, ie ne l'ay pas entrepris : Tantost ils m'appelloient, le beau Parisien, encore s'ils eussent dict Paris, le chantre enchanteur, le discoureur,

reur, le doucet; & comme si c'eust esté vn nom iniurieux, ce braue Poëte, tantost ce leste, ce poupin: (car i'estois assez curieux, non tant de la richesse des habits, que de la netteté & proprieté :) cet Adonis, ce mignon plus mol qu'vne femme, & qui cache son deffaut de courage sous la bigotterie. Ils tonnoient à nos oreilles des menaces & des rodomontades, qui m'étonnoient fort peu, sçachãt bien que les chiens coüards iappent plus qu'ils ne mordent : ie n'y respondois pas, pour ne mettre des digues inutiles à ce torrent furieux de paroles desbordees. I'estois comme vn homme sans oreilles, pour receuoir leurs inuectiues, & sans leur repliquer : car en faict d'injures, les vainqueurs sont vaincus. Mais quand leur insolence toucha l'honneur de Saincte, i'en fis plainte aux principaux du Magistrat, ausquels i'auois le bon-heur d'appartenir: & ie me souuiens qu'il y eut vn de ces impudens, qui, pour le chastiment de son effronterie, fut plusieurs iours & nuicts en lieu, où il ne sçauoit s'il estoit iour ou nuict. Cet orage fut estrange: mais ce nuage tout noir de foudres & de gresle ne me fit iamais sentir aucuns effects; seulement le tonnerre de quelques paroles grondantes, la punition d'vn seul fut la terreur de tous: & certes s'ils m'eussent attaqué par voye de faict, pourueu que c'eust esté sans auantage, i'estois lors en telle disposition, qu'en me defendant, les armes à la main, i'eusse donné, sinon toute, au moins vne bonne partie de la peur & du mal à qui se fut pris à moy; & il eust appris par experience, que la mousche qui faict le miel si doux, est celle qui a la pointure plus rude. Le ciel & leur lascheté me preseruerent du dãger de leurs mains, nõ de celuy de leurs lãgues, dõt les attaintes femelles sont indignes d'hommes qui ont tant soit peu de generosité.

3. Parmy cette trouppe de Riuaux, il y en eut vn, appellé Tharase, homme de moyens & de condition auantageuse pour Saincte, si elle eust voulu entendre aux nopces, & prester l'oreille à sa recherche: c'estoit le moins desraisonnable de tous, & qui commettoit le moins d'imprudẽce, sçachãt bien, que son mariage reüssissant, comme il en auoit autant d'esperance, qu'il y auoit peu d'apparence de voir esclorre le mien, ce qu'il diroit tourneroit à son dommage. Il me vid en particulier, & me protesta qu'il estoit mon seruiteur, & qu'il n'auoit aucune part

aux calomnies & aux extrauagances des autres, me suppliant de luy dire, si i'auois quelque dessein pour cette fille, afin qu'il se deportast de la desirer pour ne rien faire à mon preiudice : cette franchise m'obligea de l'asseurer, que ie n'auois aucune pretension de l'espouser, ny elle, ny aucune autre, & que ie ne recherchois en elle aucune autre alliance, que celle de frere & de sœur, que nous auions cõtractée, il y auoit long temps, plus par bien-seance & ciuilité, qu'autremẽt: il eut de la peine à croire cette verité, tant les gens de ce siecle sont malings & deffians : mais quand ie l'eus laissé en la liberté de sa recherche, que i'augurois neantmoins luy deuoir estre, ou fructueuse pour vne cause que ie desirois qu'il sceust, ou de la fille mesme, ou d'autre que de moy; alors il creut que ie luy parlois sinceremẽt, & en amy, m'asseurant d'en estre, quoy qu'il arriuast, à iamais mon redeuable. D'autre costé, le pere de Sainte, qui m'eust preferé à tout autre, si i'eusse faict ma recherche ouuertemẽt pour mariage, & auec le gré de mes parens, estoit en peine de sçauoir mon dessein & celuy de sa fille. Et quoy qu'il m'eust bien voulu pour gendre, neantmoins il estoit si noble & si genereux, que pour tous les biens du mõde, il n'eust voulu proceder en cela par aucunes voïes que directes, & par le chemin Royal qui cõduit aux legitimes Hymenees. Il s'addresse à sa fille; son authorité paternelle luy donnant vn pouuoir absolu pour luy parler, & aprés luy auoir remonstré que le tẽps de la marier estoit arriué, & qu'elle luy deuoit vn gendre, tenant cette proposition, comme vne chose non controuersee; il l'enquit de mes desseins, & à quoy visoit nostre amitié si clairement declarée, que tout le monde en estoit abbreuué, & quoy qu'elle fust tres-honneste, qui donnoit sujet aux mesdisans d'en faire des mauuais contes. Alors la sage fille qui sçauoit que la plusgrande de toutes les finesses, est de dire franchement la verité, parce qu'elle deliure tost ou tard de toutes peines, luy dict naïfuement, qu'elle n'auoit jamais esté si presomptueuse, que d'aspirer à vne alliance telle que la mienne, & qu'elle m'auoit tousiours reconnu si obeïssant à Dieu & à mes parens, que ie n'entreprendrois iamais aucune recherche sans leur congé, & mesme qu'elle croyoit que i'auois l'esprit fort esloigné du mariage: la vie que ie menois auec Edoüard, ma frequẽtation des

Sacremẽs & des Monasteres, faisant voir assez manifestement que ie pensois à autre chose qu'à me marier; que mesme ie ne l'entretenois iamais que de choses de pieté, non de ces friuolles bagatelles, & sottes affections, qui font naistre tant de cajolleries dans le monde. Et que ce que ie m'estois distraict pour quelque temps de sa conuersation, auoit esté pour preuenir les mesdisances qui s'estoient esleuees depuis qu'il luy auoit commandé de me reuoir, ne voulant point qu'on sceust que ie la voulusse prendre pour femme. Ce pere se voyant ainsi descheu de son attente pour mon regard, se resolut de n'y songer point, puisque ie n'y pensois pas. Et la pressant sur le rebut qu'elle auoit faict de tant de partis qui s'estoient presentez; elle luy respondit, ne voulant pas encore declarer son vœu, de peur de l'émouuoir, que n'ayãt point d'autres mouuemens, que ceux que sa volõté & sa permission luy donnoient; elle auoit creu ne pouuoir honorablemẽt, ny legitimement receuoir le seruice d'aucun, que de celuy qui luy viendroit de sa part, & qui seroit authorisé de son aueu. Le pere loüant la prudẽce de sa fille la laissa pour cette fois plus satisfaict de ses responces, que contẽt de voir ses esperãces perduës en moy. Tharase ne manqua pas de luy donner aduis du peu d'intẽtion que i'auois d'espouser sa fille, cequi le confirma en la creance qu'il en auoit : & parce qu'il estoit le plus eminẽt en biens, & en qualité d'entre ses competiteurs, il eut permissiõ de seruir la fille auec promesse de ne perdre point son temps en cette recherche: sur cette parole paternelle, tenant sa cõqueste pour indubitable, le voyla embarqué à cette poursuitte, cõme vn hõme qui se tient asseuré de son marché, encore qu'il soit biẽ esloigné de son cõpte: & Saincte qui void que si cela cõtinuë, elle s'engagera insensiblemẽt dãs vn lien incõpatible auec son vœu, se resoult d'arrester cet embrasemẽt en son principe; & par vne franche declaratiõ, de ietter de l'eau sur ce feu pour l'assoupir & l'esteindre. Elle cõiure Tharase de se deporter de sa recherche, en laquelle il n'auancera rien, n'estant pas encore resoluë de se marier: mais ces refus estoiẽt faits d'vne certaine grace, qui eust enchãté les rochers, & estoiẽt comme ces legeres aspersions d'eau sur les fournaises qui en rengregent les flammes: cette difficulté aiguisoit le desir de nostre amãt, au lieu de l'émousser, & comme il luy reprochoit qu'elle m'aymoit, encor que ie ne me souciasse pas d'elle, parce que ie luy auois declaré que ie n'auois aucun dessein de l'espouser: cette fille poussee d'vn zele extraordinaire & pareil à celuy de S. Agnes, luy dict és mesmes termes, que cette Vierge & Martyre à celuy qui la solicitoit: Retire toy de moy, tison d'enfer, & proye de la mort: car ie suis preuenuë de la dilection d'vn espoux, qui est la gloire des Anges & le salut des hommes: deuant luy tous les mortels, & tout ce que le mõde embrasse de plus hault & de plus éclatant, ne m'est que bouë & ordure. C'estoit trop dict à vn hõme à qui l'amour dõnoit l'intelligẽce. Tharase voyant bien que ce n'estoit point vn pretexte, mais que ces admirables paroles estoient sorties de l'abõdance de sõ cœur, ne douta plus qu'elle n'eust resolu de se donner à Dieu, & de se faire Religieuse. Il creut que c'estoient mes bigotteries, & celles d'Edoüard, (car ainsi appelloit-il nostre deuotiõ) qui l'y auoiẽt portee, que ne dict-il de nostre hypocrisie, quoy non contre l'innocẽt Andeole? Il declare le tout au Pere & à la mere, qui ne redoutoient rien tant que cette nouuelle, de laquelle neantmoins ils se doutoiẽt: ils marchãdent à s'en enquerir, craignans de rencontrer ce qui n'estoit que trop veritable: en fin la genereuse seruante de Dieu, & hardie comme vne Lyonne, se plaignant de la recherche de Tarase, comme d'vne importunité, leur declare nettement l'intention qu'elle auoit d'estre Religieuse en l'ordre des Carmelites, nouuellement erigé à Paris, sous la reforme de la B. Mere Terese de IESVS. Cette declaration faicte auec vn courage determiné & inuincible, fut vn coup de foudre qui terrassa la constance des ri stes parés, desquels ie ne veux point vous faire entendre, ny les plaintes, ny les recherches. Tant y a, qu'ils reietterent son vœu fait sans leur authorité, comme si pour estre Religieux, la permission des parens estoit necessaire: veu que le Sauueur a dict, que qui ne les hait & ne les fuit, ou qui les ayme plus que luy, n'est pas digne d'estre son disciple; comme si pour quitter le monde il falloit prendre congé du monde, & non plustost imiter Iacob, qui sortit de la maison de Laban, sans luy dire adieu: car c'est la que bat le precepte de l'Euangile, qui veut qu'on laisse les morts enseuelir les morts. Aussi la saincte fille ne se soucie pas de cette defence, & au commandement qu'ils luy font de se donner à Tharase, elle respond que non pas à Tharase, mais à Therese, entendant l'ordre de la S. Thereſe de Iesvs : & comme ils luy remonſtroient que ce party luy eſtoit auantageux, qu'il faut prendre l'occaſion quand elle ſe preſente, d'autant que les filles ſont comme les fleurs & les fruicts qui veulent eſtre cueillis en vne ſaiſon opportune, autrement qu'ils ſe paſſent, & ſe fleſtriſſent [illegible], elle reſpondoit qu'elle auoit choiſi pour Eſpoux, & donné ſa foy à celuy qui eſtoit la fleur des champs, le lys des vallées, la couronne des Vierges, le ſalut des Amans par ſa grace, & l'Amour des ſaincts en ſa gloire.

Et qu'vn eſpoux mortel
N'auoit rien qui fuſt tel,
Ny de ſi amiable,
Qu'il luy fuſt comparable.

A cela la Mere repliquoit [illegible] que c'eſtoit le ciel [illegible] Eſpoux de [illegible], qui luy auoit faits prendre cette reſolution, & qu'on la pourroit appeller vne Religieuſe de [illegible]. Les [illegible], diſoit elle, que i'ay ſouffertes, [illegible] m'en plaindre, iuſques à ce que voſtre commandement [illegible], vous doit faire croire qu'il n'eſt [illegible], pour le regard du Mariage, que les autres. [illegible] grace [illegible] que ie n'ay iamais, [illegible], ny eſperance.

moins possedee ? Au mesme temps que cette Saincte fille estoit parmy ces combats, resolüe de mourir, plustost que de démordre vn seul poinct de sa belle determination; ie fus emporté d'vn soudain tourbillon, qui m'enleua de deuant elle : Car on aduertit mes parens, que i'estois en telle conjoncture, ou que i'espouserois cette fille, de laquelle on me disoit passionné à outrance, ou que ie me rendrois Capucin auec Edouard : & elle Religieuse, si ie ne pouuois obtenir le consentement des miens. On dict que les batteries qui se font en Croix, sont les plus violentes & ruineuses : celle-cy fut telle; car de tous les deux costez, mes parens presageoient du mal. De celuy de la fille; car, quoy que noble, neantmoins ses facultez estoient tellement inferieures à celle de nostre maison, qu'ils iugeoient que cette alliance ruineroit ma fortune. Mais le Cloistre leur estoit encore plus suspect, & redoutable que cela; parce qu'ils sçauoient mes anciénes inclinations, dont ils pensoient m'auoir retiré : & ils craignoient, que, comme vn flambeau fraischement esteinct, & qui fume encore, se rallume facilement : de mesme l'amitié d'Edouard ne renouuelast en moy les desseins qu'ils estimoiēt, que Carondas eut iettez en mon esprit. C'est pourquoy, sans consulter autremēt, ils me rappellerent soudain auprés d'eux, six mois deuant que le terme de trois ans, qu'ils auoient destiné au cours de mes estudes, fust accomply. De resister à la rapidité de ce premier mobile, il n'y auoit pas d'apparence; & quand i'en eusse eu le pouuoir, ie n'en eusse pas eu la volonté; car i'auois trop de deferēce pour les commandemens de ceux à qui ie deuois tout. Il est vray que leur Prudēce, de peur que ie ne me portasse à quelque extremité, me fit croire, que ce rappel n'estoit que pour quelques iours, ma presence estant necessaire à vne affaire importante; ce qui seruit aucunement à tromper mon ennuy, & à temperer celuy de la pauure Saincte, qui perdant en moy vn fidele conseil, s'imaginoit qu'aprés mon depart, elle seroit comme vne vigne, sans appuy, rampante contre terre; car desia la veüe d'Andeole luy estoit interditte, & presque n'osoit-elle plus seruir Dieu qu'en cachette. C'est à tort qu'on bande les yeux à l'Amour : car il n'est rien de si penetrant que sa veüe; puis qu'il est certain, que c'est par là qu'il prend naissance dans les cœurs. Ie me doutois bien de ce qui auint; & prenant congé de Radulphe, mon cher Maistre, qui me cherissoit tant, & que i'honnoreray singulierement tant que ie viuray; i'en pressenty quelque chose à son discours. Paris est vn abysme, me dit-il, & ceux qui y sont vne fois engouffrez en ressortent mal-aysément. C'est vn labyrinthe, duquel i'ay peur que vostre Ariadne ne vous tirera pas ; il n'y auoit pas tant d'obscurité en cette Enigme, que ie n'y visse assez clair : mais estant resolu à l'obeïssance ; i'aualay, sinon ioyeusement, au moins fortement l'amertume de ce calice. Si ce depart fut mon pis, ou mon mieux, i'en laisse à decider à celuy à qui toutes choses sont presentes,

Dont le bras adroict & fort
Tient les resnes de mon sort.

Car de tous costez, ie preuoyois du bie͂ & du mal : i'auois à craindre que l'ordinaire presence de cette creature, ne me destournast insensiblement du Createur, & ne minast ma resolution : d'autre part, la compagnie d'Edouard animoit tellement mon courage à la vie Religieuse, que ie croy, si ie fusse demeuré encore quelque temps auec luy, que ie l'aurois ſuiuy & imité, me iettant aux Capucins, comme il a faict; car il en eſt des naturels doux & ployables, comme des moutons qui ſont timides à commencer vne choſe quand ils ſont ſeuls, & à paſſer les premiers quand ils ſont en troupe : mais qui ſe precipitent en toutes ſortes de perils, pour ſuiure le train de ceux qui les deuancent. Tant y a qu'il fallut ſe reſoudre à ce depart : & bien que i'amuſaſſe la bonne Saincte de l'eſperance d'vn prochain retour, luy faiſant lire & relire la lettre de mes parens, elle qui voyoit plus clair qu'vn Lynx, cogneut bien le piege caché ſoubs ces lettres meurtrieres, & qu'on ne m'appelloit pas pour me renuoyer ; & comme ſi dans mon front elle eut leu mes penſees, elle iugeoit bien que i'eſtois affligé de la meſme imagination : de vous redire les paroles & les ſentimens, que cette ſeparation nous fit produire, il faudroit que ie r'appellaſſe les meſmes agitations, dont i'eſtois lors pluſtoſt oppreſſé que touché : car bien que ie l'aymaſſe en Dieu, d'vne Amour forte & conſtante, ſi eſt-ce que ie ne laiſſois pas d'auoir pour elle de grandes tẽdreſſes. Et afin que vous ne penſiez pas que la tendreté ſoit incompatible auec la fermeté ; ſouuenez-vous que l'acier, qui a la trempe si douce, ne laisse pas d'estre plus fort que le fer qui l'a si rude: le diamant, dont l'esclat est bien plus clair & plus doux que celuy du verre, est si dur en soy, que les marteaux ne le peuuent briser ; bien que le sang tiede d'vn certain animal, le puisse amollir & le rendre taillable. Contre la creance que i'en auois, elle en pleura, monstrant en effect qu'elle estoit fille ; & i'eusse esté plus insensible que le rocher, qui donna de l'eau, touché par le liberateur d'Israël, si ie n'eusse faict par imitation ce qu'elle rendoit à la qualité de son sexe; ou, si vous l'aymez mieux ainsi, par son naturel: & il estoit bien raisonnable, comme ie luy rendois Amitié pour Amitié, qu'elle receust aussi mes larmes pour les siennes: larmes argentées, payement d'argẽt coulant, i'eusse dict contant, si cette humeur fust sortie d'vn cœur content. Mais,

L'air de mon visage transi
Faisoit connoistre mon soucy
Nompareil en sa violence,
Et que l'excez de ma douleur
Ne me laissoit que le silence,
Pour bien exprimer ma douleur.

C'est vn abus de croire que l'amitié, qui n'a fondement qu'en Dieu, oste les sentimens, & nous rende impassibles : la raison tempere, modere, & gouuerne bien les passions ; mais elle ne les tüe, ny ne les esteinct pas : autrement il y auroit quelque chose de mortel en l'ame, qui est immortelle. Nostre Seigneur, qui n'auoit que des propassions ; c'est à dire de certains mouuemens raisonnables, qui luy tenoient lieu de Passions, fremit & pleura bien sur la perte du Lazare : autant en fit S. Iean l'Euangeliste, sur le fouruoyement de ce jeune homme, qu'il auoit si tendrement esleué. Les larmes mesme sont vn don de Dieu, dont l'esprit (comme le vent du Midy, qui fond les nuees) faict couler les eaux: & ceux qui tiennent leurs paupieres seiches en de semblables rencontres pour paroistre masles, veulent tant se monstrer hommes, qu'ils se font connoistre despoüillez de toute humanité : Car,

L'absence est vn si grand tourment
A l'ame d'vn honneste Amant,
Qu'vn chaste obiect tient asseruie
Dessous l'Empire de ses loix,
Que ie la tiens pire cent fois,
Que la mort ne l'est à la vie.
Et en la separation
Tesmoigner peu d'affliction,

Ce n'est pas monstrer sa constance,
Mais faire voir peu d'amitié;
Car vne telle violence
Faict gloire de faire pitié.

A la verité, ce depart eust esté beaucoup moins fascheux, s'il nous eust laissé le pouuoir de nous dire Adieu: mais l'excez de nostre affliction faisoit voir que nostre affection n'estoit pas mediocre. La plainte qui peut tesmoigner vn desplaisir, en faict voir la petitesse: ce qui ne se peut plaindre, faict connoistre sa grandeur en ne se monstrant pas. La seule cause de mon supplice en allegeoit la rigueur; car ie tenois à tant de gloire d'obeïr pour Dieu en chose si contraire à mon sens, qu'il n'y auoit sorte de tourment, que mon obeïssãce ne me rẽdist agreable. Les parens mesme de cette dolente fille, bien qu'ils pretendissent en moy aussi peu qu'elle: & au contraire, esperans que mon absence la feroit plustost resoudre à regarder Tharase; la presence du diamãt, à leur auis, empeschant que l'aymant n'attirast le fer de cette poictrine resoluë: neantmoins meslerent leurs pleurs auec les nostres, & tesmoignerent que mon depart leur estoit à contre-cœur, auec des regrets, non moins pitoyables que l'amour

mour qu'ils me portoient, & qui les produisoit, estoit veritable. Ainsi comme dict vn de nos plus excellens Poëtes :

En toutes ames l'amitié,
De mémes ennuis agitee,
Faict les mémes traicts de pitié.

Aux Adieux sont les plus extrémes faueurs : car, comme les rays du Soleil sont plus doux quand il se cache, que quand ils flamboyent sur nos testes en plein midy; de mesme sur le poinct de se quitter, il semble que les paroles sont les plus amiables. On nous donna la liberté de parler plus particulierement que nous n'auions iamais faict; à peu prés, comme à ces malades abandonnez des Medecins, & à ces patiens condamnez au supplice, ausquels on donne quelque licence pour leur rendre le visage de la mort moins affreux. Ce peu de temps qui nous fut donné pour nous entretenir à part, mais à la veuë d'vne Mere qui veilloit, comme vn Dragon, sur cette pomme d'or, nous ne l'employasmes point en des regrets inutiles, en des souspirs, sanglots, contenances affettées, mugueteries, & autres caiolleries que l'amitié du monde, qui est ennemie de Dieu, va produisant auec d'autant plus d'abondance qu'elle est moins sincere; apres vne viue protestation de fidele Amitié, qui ne pouuoit estre qu'infinie & eternelle, puis qu'elle estoit de Dieu, en Dieu & pour Dieu; ie la coniuray d'estre constante en son vœu, & luy promis de faire ce que ie pourrois, pour luy faire auoir place aux Carmelines à Paris, dequoy elle m'auoit plusieurs fois prié auec grande instance, puis que c'estoit son dernier but. Et elle aussi me remonstra cordialement, que ie me retirasse du monde, le plustost que ie pourrois, puis que i'auois eu tant de loisir de reconnoistre ses miseres, & la Misericorde de Dieu en ma vocation: tout ce qu'elle desiroit de moy, n'estant que de me voir attaché à la Croix de IESVS-CHRIST, & vny au mesme Espoux qu'elle auoit choisi pour la part de son heritage à iamais. Vous connoissez par là, que l'amitié sacree a vn lãgage simple & frãc, & qui ne faict cas que de la vertu, & de la grace de Dieu; pour ce qu'elle ne vise qu'au salut eternel des ames qu'elle anime. Fort esloignee de ces ramas, ou plustost de ces fatras de paroles emmiellees, & sottement passionnees, que produict l'amitié mondaine, lesquelles douces, comme du sucre, n'engendrent dans les cœurs qui les poussent, que des vers & de la pourriture. Nous ne demandasmes le souuenir l'vn de l'autre, qu'autant qu'il seroit vny à l'Amour du Sauueur, ou de sa saincte Mere. Et pour marque de cela, ie la priay de receuoir vne piece de Deuotion, la principale de mon Oratoire, c'estoit vne Veronique, tenant vn linge en ses mains, où le visage de nostre Seigneur estoit fort mignardement representé sur l'airain, auec ces paroles de Dauid : Regardez en la face de IESVS-CHRIST : l'enchasseure estoit d'ebene, recouuerte de quelques moulures d'orfeureries : elle qui craignoit les presens, comme les serpens ; me refusa d'abbort : mais à l'ayde, & par le commandement de sa Mere, elle prit ce tableau : il y en auoit vn autre que ie presentay à sa Mere, qui estoit vne descente de la Croix, sur l'airain, de mesme main & de mesme volume : marques de bienvueillance, simples & sans soupçon. Saincte qui ne vouloit estre obligee en l'amitié, que de l'amitié mesme, demanda congé de me donner vn des tableaux de son cabinet ; ce qu'ayant obtenu, elle m'apporta vne petite Image de nostre Dame, peinte sur vn marbre blanc, auec vne enchasseure marquetee d'ebene & d'yuoire d'vne fort belle façon : ce portraict estant en la forme de Saincte Marie, appellee Majeure, ayant vn voile bleu sur la teste, ou le reply d'vn manteau, à la mode des Palestines ; & tenant son cher fils en ses bras. Sa Mere aussi me donna vn dixain de corail, qui pendoit parmy les affiquets de son cabinet, à laquelle ie dy, que, comme cette matiere estoit verte & molle dans l'eau de la mer où elle croissoit, & en estant tiree, elle demeuroit rouge & dure : ainsi mon cœur, qui en sa presence luy auoit tesmoigné tant de condescendance, prenant vn plaisir extreme à luy complaire, estant escarté par l'absence, se rendroit tout enflammé de zele pour son seruice, & ferme comme vne pierre en la resolution de l'honnorer. Et prenant à part congé de ma chere Sœur, ie la priay que nous vsassions de ce sainct artifice sans enchantement, pour nous reuoir à toute heure durant l'absence: elle me cherchant dans les espines de la Couronne de nostre cher Redempteur ; & moy la recherchant sous le voyle de nostre Dame, dont elle m'auoit donné l'image : Inuention qui luy pleut extrémement ; car elle desiroit auec passion estre paree du voile de nostre Dame du Mont-Carmel : & moy trop heureux, si les espines de mon Maistre demeurent pour partage à mon Chef. On dict que le Philosophe Pythagore auoit treuué vn secret pour escrire, auec l'aide de certains miroirs, sur le front de la Lune, des caracteres, auec lesquels il se faisoit entendre à ses amis absens : le nostre estoit tel, que nous tracions nos pensees sur celle qui est plus belle que la Lune, & sur celuy dont le visage Transfiguré parut plus lumineux que le Soleil. Mais non content de cette inuisible & imperceptible façon d'escrire; ie la priay, pour derniere grace, de me permettre de la visiter quelquefois par lettres, puis que c'est la seule chose qui peut faire les absens presens : elle se treuua surprise ; car d'vn costé la necessité, la bien-seance, & ses propres affections la portoient à m'accorder cette permission, qui sembloit si iuste, que me la refuser eust esté me laisser aller auec vne marque de mespris. D'autre-part, sçachant qu'vne fille, & bien-nee & honorable, &, qui plus est, deuote, ne se doit iamais mesler, sous quelque pretexte que ce soit, de receuoir de ces pacquets, qui sont autant de serpens de feu qui se glissent dans son sein, & dont les pointures sont mortelles : elle me la vouloit dénier tout à plat ; mais la Charité luy ouurit vne moyenne voye. Vous sçauez, me dict-elle, qu'vne fille d'honneur ne doit rien faire, ny receuoir au desceu de sa Mere : c'est pourquoy, ie vous prie, quand vous m'escrirez (puis que sans inciuilité ie ne puis refuser vos lettres) de faire estat que ie les mettray toutes cachetees entre les mains de ma Mere, afin que vous n'y mettiez rien, que vous ne vouliez qu'elle sçache, s'il y a quelque chose d'edification elle y participera, sinon elle sçaura bien me priuer de celles qui me seront, ou inutiles, ou nuisibles; ce que ie ne veux pourtant pas croire de vostre honnesteté, qui s'est faict paroistre en tant d'instances : aussi seroit-il desraisonnable, que vous eussiez en absence plus de priuilege qu'en la presence, nulle de nos actions ayant esté cachee à ses yeux ; auec cette loy ie vous permets ce que ie ne puis empescher: faites donc que vos lettres ne démentent point vos autres actions, si vous ne voulez perdre mon amitié aussi tost que vous

vous detraquerez tãt ſoit peu du sẽtier de la vertu. Auec ce mot, auquel il n'y auoit point de replique; nous nous ſeparaſmes, que diſ-je, nous nous arrachaſmes de la preſence l'vn de l'autre, auec vn effort reciproque qui ſe faiſoit mieux reſſentir qu'il ne ſe laiſſoit apperceuoir. Combien de fois en quittant ce ſeiour aymé, me ſembla-t'il que ie me ſeparois de moy-meſme. Or ſi toutes les fois que ie regarday en arriere, ie fuſſe deuenu ſtatuë : i'euſſe comme vn autre Mercure remply de termes tous les chemins, tant il eſt mal-aysé de deſpoüiller tout à faict l'homme. Malgré moy en allant mes ſouſpirs teſmoignoient mon regret, regret qui figuroit mon Amour d'autre trempe qu'elle n'eſtoit à celuy qui me ſeruoit de guide. Pauuret qui me donnoit des conſolations contraires à mon deſplaiſir, & dont les remedes ne ſe mettoient qu'auprés de ma playe. Bon Dieu, qu'il me dict de ſottiſe, & que c'eſt vne choſe importune qu'vn importun conſolateur. La Solitude, qui eſt le premier & plus neceſſaire appareil de ſemblables attaintes, m'eſtoit interdite par ce cauſeur, lequel pẽſant me diuertir en parlãt, m'eust bien plus obligé de se taire : & quand quelque-fois ie pouuois obtenir trefue de son caquet ; le silence me faisoit ruminer ces belles paroles:

Pur & chaste suject de mes contentemens,
Puis que souffrant pour vous ma peine me contente,
Et que sans esperer vne plus douce attente,
Ainsi qu'vn rare prix i'estime mes tourmens.
Quels termes assez forts, & quels lineamens
Vous pourroient figurer le mal qui me tourmente?
Ma douleur par le temps ne se faict point plus lente,
Mes seuls souspirs en sont les dignes truchemens.
Chers souspirs, qui donnez un peu d'air à ma flame,
Et par où se cõnoist le regret qui m'entame,
Souspirs, naissez, mourez, & renaissez souuent:
Témoignez que ma foy n'aura iam[illegible]s de terme:
Mais comment faire voir vne amitié si ferme,
Par des témoins si vains qu'ils ne sont que de vent?

Arriué à Paris, ie ne trouuay mes soupçons, les Propheties de Radulphe, & celles de ma Cassandre, que trop veritables; on me vouloit là pour m'y arrester: tout ce qui me fascha, c'est qu'à force de me tempester, on me vouloit faire croire que i'auois voulu des choses, que ie n'auois pas pensees, qui est d'espouser cette Saincte, ou d'estre Capucin. Mais sans contester d'auantage, ie me contentay de rendre ce tesmoignage à la verité, qu'il n'en estoit rien, ny de l'vn, ny de l'autre: l'obstination insistant au contraire, ie donnay le reste à l'humilité: on cria tant qu'on voulut, & ie creu ce qui estoit veritable.

L'vniuers, allant par éclats,
Eust peu se briser sans m'atteindre,
Et ie trauersay sans rien craindre
Au milieu de tous ces debats.

Ma Panacee, mon herbe à tous maux, c'estoit la patience accompagnee de l'entretien de mes liures: car les viuans estans coniurez contre ma paix, ie ne la pouuois treuuer qu'en deuisant auec les morts; ie m'enfonce dans l'estude inseparable de la solitude. Mais laissons-là cette sombre & melancholique occupation: & puis que l'ame est plus au lieu qu'elle ayme, qu'en celuyqu'elle anime, retournons au moins nos pensees vers Orleans, comme Daniel en sa prison portoit son regard vers le temple de la belle Solyme. Ie n'en fus pas plustost party, que les parens de Saincte, comme des furies domestiques, cõmencerent à la tempester pour la faire resoudre à receuoir Tharase pour seruiteur, & puis pour maistre : à quoy la forte fille resistoit puissamment, resoluë à toute extremité , plustost que de fausser la foy à son Sauueur; ny plus, ny moins que la flamme d'vn flãbeau, qui renuersee se laisse plustost suffoquer à la cire qui l'accable, que de démentir ce naturel & genereux élancement, qui la faict tendre en haut. Toute la menace dont ils rauagent ses desirs, est que ne voulant pas estre mariee, ny leur obeïr en ce poinct ; ils ne l'ayderent jamais d'vne maille pour estre Religieuse : si bien que si d'vn costé elle s'oppose à leurs desirs ; de l'autre en ne faisant rien pour elle , ils contrarierent à ses volontez. Tharase cependant remüe toute pierre, mais ce Chasteau-fort est imprenable à toutes ses machines, & il perd le credit de toutes ses persuasions : Ie ne sçay quels artifices, & de douceur & de rigueur, ne furent employez pour ployer ce courage inflexible. La folie de Tharase monta iusques à ce comble de me conjurer par lettres de m'entre-mettre pour luy vers cette fille, pour la faire condescendre à son alliance, imaginez-vous qu'il s'addressoit bien.

Ce qui me fit resoudre d'escrire à ma sœur, pour la confirmer en sa pieuse resolution, plustost que pour la faire incliner aux requestes inciuiles de ce demandeur iniuste, ce fut sinon en ces paroles, au moins en ce sens.

Ma chere Sœur: Tharase a-t'il pas bonne grace, d'employer ma faueur pour le mettre en la vostre, se persuadant (tant l'amour a debilité son cerueau) que la part que vostre saincte amitié me donne en vostre creance, doit estre mise en œuure pour ruiner en vous celuy de Dieu, & y establir ses passions temeraires. Ie suis son amy, plus le vostre, mais Dieu m'est incomparablement plus precieux. Ie l'ayme trop pour l'appuyer en vne recherche où il a le Sauueur pour Riual, & pour partie. Au contraire, ie luy escris, s'il est sage: (mais cõme le seroit-il aymãt si esperduëment?) qu'il se deporte d'vne poursuitte où il n'acquerra que de la hôte vostre disgrace, & celle de Dieu, qui est le mal des maux. Peut-estre que son feu, plus fort que mes persuasions, se chãgera en colere contre moy, comme il est tout plein d'amour pour vous. Pourueu qu'il entendist mes raisons, il m'importeroit peu qu'il se courrouçast : mais quelle intelligence, ou quelle raison peut-on esperer d'vn homme picqué tout à la fois de deux passions, dont vne seule est capable d'enleuer toute raison hors de son siege, & de faire perdre la modestie aux plus retenus? I'en attends des rodomontades ou des inuectiues, auec vne patience si preparee, que ses traicts auront de la peine à en fausser le bouclier. Quant à vous, ma saincte sœur, ie penserois desobliger vostre constance & vostre pieté, de vous dire que vous resistiez fortemẽt en la foy, & que vous demeuriez fidele à nostre commun espoux. Car recommander au iuste la iustice, c'est dire au Soleil qu'il esclaire: qualité inseparable de la substance de cet astre tout lumineux. Ah! vous iugez bien que ce n'est pas la ialousie qui me faict ainsi parler au desauantage de ce pauure amoureux: car ce suiet m'a tousiours fait plus de pitié que d'enuie. Toutes-fois, s'il y auoit de la ialousie, elle est de Dieu, & pour Dieu: car c'est en luy seul que ie vous honore. De faire des comparaisons entre Tharase & luy, ne serois-ie pas vn tort manifeste, à luy, à vous, à l'Araçé, à moy mes-me: cela estant tout à faict sans discours, qu'vne chetiue creature puisse entrer en concurrence auec le Createur. Voicy vn air d'vn autre ton, & qui vous plaira bien d'auantage. en representant les qualitez, dont la Nature & la Grace ont embelly vostre corps & vostre ame, aux Superieurs qui gouuernent la Congregation des Carmelites, ils ne trouuent aucune difficulté à vostre reception. Mais toutes sainctes qu'elles soient, les filles sont tousiours des filles, & marchandise d'aussi difficile desfaicte, que de fascheuse garde. Personne n'en veut pour rien: ny les hommes, ny les Cloistres. Quand vne fille seroit d'or, si elle n'a de l'argent, on la laisse là. Ie me doute, comme vous aurez de la peine à faire condescendre vos parens à vostre resolution, que vous en aurez d'auantage à obtenir d'eux le doüaire, necessaire pour entrer en ce Cloistre, autrement impenetrable. Toutesfois ie les ay tousiours recognus si Chrestiens & si raisonnables qu'ils ne refuseront pas de vous donner pour dote, en vous consacrant à Dieu, la sixiesme partie de ce qu'ils vous bailleroient, si vous receuiez vn mortel pour espoux. S'ils font autrement, ils feront contre l'estime que i'ay tousiours eue de leur preud'hommie, mais non pas pourtant vne chose nouuelle: car cette iniustice est si ordinaire parmy les mondains, que ceux qui donnent des montagnes d'or à leurs filles en mariage, ne leur donneroient pas vn denier, quand il est question de prendre vn voyle. Ce n'est pas que dans la saincte Congregation où vous allez entrer, on ne face plus d'estat d'vne once de vertu, que de tout l'or qui est au monde : mais comme cette maison est non mandiante, & non fondce ; il faut par pure necessité, en son establissement, que celles qui y entrent y portent au moins dequoy se nourrir & se vestir. Antrement on y feroit vn amas de pauuretez, qui dissiperoit toute communauté : car où il n'y a rien, il y a peu de chose en commun, & la faim en general. Voyla, ma chere sœur, les termes où i'ay amené vostre affaire. Ie suis tousiours le mesme, & affligé de ces pusillanimitez qui m'empeschent de vous monstrer comme il se faut ietter en vn cloistre. Ie supplie vostre charité de me faire sçauoir quelle est la constitution de vostre ame, & l'estat de ses trauerses, ou de sa tranquillité. Prions Dieu qu'il nous sauue de la gueule des Lyons preparez à la proye, & de la dangereuse atteinte des farouches Licornes, c'est à dire, qu'il nous retire du monde au haure de grace de *la saincte Religion. Prions l'vn pour l'autre, afin que nous soyons sauuez.*

Cette lettre ne fut pas plustost tombee en ses mains, qu'elle la remit toute cachetee en celles de sa mere, laquelle y lisant des conseils si differens de ses desirs, prudente & accorte qu'elle estoit luy dict, que ce n'estoient que des fadaises, des cajolleries, & des impertinences indignes de paroistre deuant les yeux d'vne fille d'honneur : & que ie ferois bien mieux de ne luy escrire point, que de luy mander de semblables sottises. La simple fille entendant proferer ces paroles d'vn ton aigre & poignant, sans penetrer plus auant que l'escorce, me condamna sur l'étiquette: & me iugeant sur ce faux rapport, creut que le seiour de Paris, qu'on luy auoit tousiours depeint si delicieux, & si mol auoit desia corrompu mon esprit, & reduit mes resolutions en fumee. Si bien qu'elle faisoit estat de ne penser non plus en moy, que si ie fusse mort du temps du deluge; ne voulant auoir autant d'amitié, qu'autant que dureroit la vertu. Et sçachãt qu'à de sots discours, il ne faut point de responces, pour n'irriter la folie, elle me laissoit là dans les obscuritez, parmy les morts du siecle, souspirāt neantmoins aprés la perte & la deprauation de mon esprit, d'entrer en deffiance de la sincerité de sa mere, qui estoit si vertueuse, c'est ce qu'elle ne pouuoit faire; ie fus aysément condamné, sans estre ouy, car les absens ont tousiours mauuaise cause. Mais par bon-heur, son amitié fit encor vn dernier effort sur son courage; elle creut que la charité l'obligeoit à me faire vne salutaire & fraternelle correction : (car c'est vne fausse amitié, qui voit perir l'amy, sās oser creuer l'apostume de ses deffauts par vn coup de langue, qui doit seruir de lancette & de rasoir) joint qu'elle craignoit, comme il arriue ordinairement, que ie redoublasse mes sottises à sa confusion, & que ma seconde erreur fust pire que la premiere. Elle se resolut donc de m'escrire pour la premiere & derniere fois, ainsi qu'elle pensoit, afin que ie ne luy escriuisse plus. Le sens de sa lettre estoit tel:

EST-il possible, mon cher frere, que l'air de ce grand abysme de Paris soit si contagieux, qu'il ayt peu corrompre en si peu de temps vn esprit si sain comme le vostre? Helas! n'estoit-ce pas assez de desplaisir en mes deplorables afflictions, de perdre vostre appuy,

puy, vostre conseil & vostre presence, sans que ie fisse perte en la deprauation de vostre iugement, d'vne prudence que i'estimois m'estre si vtile, voire si necessaire, que ie pensois la deuoir rechercher aux extremitez de la terre. Ie vous auois tant supplié, ou de ne m'escrire point, ou de m'escrire en sorte que vos lettres pûssent supporter la seuerité des yeux de ma mere, dont vous cognoissez l'humeur, qui ne respire que l'honneur: Et voyla qu'elle me vient de dire, que vostre lettre, laquelle ie n'ay voulu voir apres son rapport, est si pleine (pardonnez-moy ces mots, car ce sont les siens, ausquels i'adiouste la foy que ie dois à vne femme de son merite) de cajolleries, d'impertinences, & de fadaises, que ie ne la pourrois lire sans rougir. Sont-ce là les termes ausquels ie vous ay laissé? sont-ce les enseignemens de nostre bon Pere Andeole? sont-ce les façons d'escrire d'vn homme qui m'auoit si sainctement promis de me trouuer vne place aux Carmelines? Ah! quelle mal-heureuse Calypse m'a metamorphosé mon frere! quelle mauuaise beste luy a deuoré, non le corps, mais le cœur! Que pleust à Dieu, que vous eussiez suiuy les conseils du sage Edoüard, qui est plus que iamais resolu d'embrasser la Croix de no-

stre Seigneur dans l'austerité des Capucins:

Certes ie puis bien auoüer
Que i'auois tort de vous loüer
Par dessus le reste des hommes:
N'ayant point d'autre qualité
Que celle du siecle où nous sommes
Tout remply de legereté.

Doncques celuy qui me deuoit porter à de si beaux & sacrez desseins, est celuy qui tasche de m'en retirer par le fard des paroles pompeuses, qui cachent des serpens sous de belles fleurs. Allez, si vous ne vous remettez à suiure le train de la volonté de nostre celeste Pere, vous n'estes plus mon frere : si vous estes du monde, ie n'ay plus de part auec vous : si vous estes infidele à Dieu, si vous regardez en arriere, ayant mis la main au soc, si ayant commencé de bastir Hierusalem, vous ne l'acheuez en vous, ou si vous ne souffrez que l'œuure du Seigneur s'accomplisse en vostre personne, qu'on ne m'en parle plus, nostre amitié est rompuë, ie n'ayme que iusques à l'Autel, ie puis bien sans blasme d'ingratitude laisser vn homme qui laisse auec tant d'ingratitude le seruice de son Createur, il n'y a plus de fraternité, vous n'auez plus de sœur en moy. Ie voy bien ce que c'est, Dieu ne veut point que i'aye consolation en la terre, ny soustien qu'en luy, me soustrayant ce peu que i'en pensois auoir en vous: & ie me fierois iamais en l'imaginaire fidelité d'aucun hõme? que le Ciel me punisse de quelque nouueau & extraordinaire supplice, s'il m'arriue iamais d'y prester aucune creance: le moyen de faire iamais estat de la parole de ceux de vostre sexe, puisque vous auez deceu mes esperãces? mais vous vous estes plustost trompé vous mesme, seduit par les douceurs & les lothes de vostre patrie, car que peut-on tenir d'asseuré en la terre de celuy qui faict banqueroute au ciel? Vous sçauez bien que ce n'est point mon propre interest, ny aucune pretension que i'eusse en vostre personne, qui me faict parler auec tãt de ressentimẽt, mais c'est le zele de la maison de Dieu qui me deuore, de laquelle en vous soustrayant laschement vous arrachez vn ouurier & vn seruiteur qui eust peu y rendre de bõs seruices. Si cette lettre vous treuue en termes de pouuoir reuenir à resipiscence, ie vous coniure par ce qui est de plus saint au ciel & par le soin que vous deuez auoir de vostre salut, de pẽser à vous, & de reuenir au chemin de vostre premiere charité, afin de resiouyr Dieu & les Anges, au lieu que maintenãt vous contristez le sainct Esprit. Ie participerois à cette ioye, *comme vne ame, qui pense que vostre salut face vne partie du sien. Ne vous perdez pas, mon cher pere, & regardez combien de sang vous coustez à nostre Seigneur, ne reiettez-pas ce grand prix de vostre redemption. Ne quittez pas le tout pour le neant ; l'éternité, pour les momens; le Ciel, pour la terre. Sur tout, si vous continuez en cette mauuaise humeur, & en ce fascheux stile, ne m'escriuez plus, vostre silence me sera plus fauorable & agreable que de fascheux discours. Receuez cette franche declaration d'vne ame qui ne vous ayme qu'en Dieu, & qui vous trace du meilleur de son cœur cette charitable remonstrance, qui vous seruira de correction si vous voulez vous amander, & de reproche eternelle, si vous ne voulez pas rendre à Dieu les vœux dont vous luy estes redeuable.*

Ie cognus aussi tost à l'air de cette lettre, qu'elle n'auoit veu la mienne, que comme on void les choses à trauers des milieux fallacieux, & des lunettes trompeuses, & que le rapport de sa mere auoit esté faict tout au rebours de la verité : c'est pourquoy admirant d'autant plus la grande bonté de cette ame en ce zele, sans science, que ie ne die indiscret, qu'elle me tesmoignoit par ces propos ; ie me resolus de luy faire choir cette taye des yeux, & de la faire voir clair en mon innocence.

FIN DV LIVRE QVATRIESME.

ALEXIS

PARTIE SIXIESME.

LIVRE CINQVIESME.

SOMMAIRE.

1. Autres lettres. 2. Saincte mise à la Cour. 3. Feinte recherche de Nymphadore. 4. Genereuse chasteté de Sainte. 5. Christine euitée par Alexis. 6. Il se faict Pelerin auec Serafic. 7. & comment.

E retraçay soudain, selon que la memoire me pût suggerer, sinon tous les mots, au moins le vray sens de ma premiere lettre, laquelle accompagnant d'vne seconde, sans clorre ny l'vne ny l'autre, ie les mis entre les mains d'vn messager exprés & fidele, bien instruit de cette mes-intelligence, afin que si elle ne vouloit prester ses yeux à ma iustification il peust luy-mesme les luy lire, & luy en dire la substance, de bouche, ne pouuant croire qu'elle luy pûst bõnement refuser audience. Ma seconde lettre disoit enuiron ainsi:

I'Ay receu vos lettres, charitable Sainte, de la main & de la part du cœur: & bien qu'elles partẽt d'vne ame qui n'a pas veu les miennes, ou qui en a esté informée par vn rapport plus contraire à ce qu'elles portent que la nuict n'est au iour, veu qu'on vous a supposé des tenebres pour la lumiere, ie suis marry que ie ne puisse loüer autant vostre indiscretion, que vostre zele, & que vous m'ayez condamné auec tant de precipitation: mais parce que ie sçay que l'appel de vous à vous mesme ne vous sera pas desagreable en vne cause, en laquelle vous serez bien contente d'auoir mal iugé; c'est pour cela que ie vous enuoye ce messager exprés, afin d'obtenir de vous, ou vne audience, ou vne lecture de celles-cy, du moins en la presence du venerable Andeole, iuge qui ne m'est pas si suspect que vos parens, qui tiennent pour impertinences, & pour sottises, des choses serieuses, parce qu'elles sont autant cõtraires à leur sens & à leur desir, que cõformes au vostre. Ie vous enuoye la copie de la lettre que ie vo⁹ ay escrite, selõ que la memoire m'a peu rẽdre les paroles: mais en la substãce, ie n'ay pas manqué d'vn poinct: ce que vous pourrez connoistre, si vous la pouuez conferer auec l'original, vous y connoistrez la constance de mes resolutions à me consacrer à Dieu, & la diligence que i'ay faicte pour vous procurer vn bien semblable. Tout cela, combien est-il contraire à vos remonstrances, que ie reçoy neantmoins comme venant d'vne ame toute pleine de bonnes affections pour le salut de la mienne, mais qui a esté deceuë par vn faux rapport:

Loin doncques ces plaintes vulgaires,
Que les hommes ne durent gueres
En vne mesme volonté,
La Diuinité qui m'inspire,
Me donne vne fidelité
Sur qui le temps n'a point d'empire.

I'espere auec sa grace luy garder la loyauté que ie luy ay sainctement iuree, & ne me laisser point surmonter à vne fille en fermeté; si bien que l'vn & l'autre

Nous meriterons la loüange
De n'estre point sujets au change,
Nos cœurs estans des diamans,
Plus forts que marteau ny enclume,
Et non soumis aux changemens
Du temps par qui tout se consume.

Bien que la perte de vostre grace & la priuation de vostre amitié me fust la plus sensible qui me peust arriuer au monde, si est-ce que ie ne la redoute pas: car pourquoy craindrois-

je l'effect, dont ie n'ay point la cause : Mais ie voy bien que la reuerence maternelle vous a surprise, & que ses discours ayans esté comme ces Oracles à double sens, vous l'auez pris selon le son de la lettre, non peut-estre selon son intelligence. Souffrez que la veuë vous des-abuse du mauuais office de l'oüye, & vous souuenez qu'vn tesmoin oculaire en vaut dix auriculaires : vne sœur si sage & si saincte peut-elle refuser les yeux aux iustifications de son frere tant aymé ? Si vous ne voulez y entendre, enseignez moy à qui vous desirez que ie recourre pour estre ouy, & pour verifier mon innocence. Ie ne vous demande point de faueur ny de grace, mais iustice : & ie vous prie de la faire aussi rigoureuse que merite le crime dont vous m'accusez : s'il se treuue que l'ombre seule me touche, & s'il ne se void que i'en suis incoulpable, faites-moy sentir les éclats de vos iustes indignations. Apres vne vraye enqueste, si ie ne suis sans blame, alors que ie sois condamné, comme conuaincu de ce dont vous me chargez, & que priué de la grace de Dieu, & de vostre amitié, ie sois couuert de toutes vos reproches ; car ie les meriteray, & pis encore, comme estant le plus coulpable, ainsi que le plus mal'heureux de l'vniuers.

A peine ce Messager bien instruict par moy, & qui eut tout loisir de se preparer par les chemins sur la lecture de ces lettres descloses, fust arriué à Aurelie, que Saincte estoit esclaircie du faict par la faueur du Ciel, protecteur des innocens. Il faut, dict le Prouerbe, qu'vn menteur ait bonne memoire, pour ne se descouurir en se coupant : la mensonge, comme le fard, tombe bien tost. Le Pere de cette fille, ayant eu communication de ma lettre par sa femme, dont il auoit loüé la prudence, bien qu'iniuste, en ce qu'elle auoit faict croire à sa fille le rebours de la verité ; vn iour comme il luy reprochoit que i'estois cause qu'elle reiettoit les affections de Tharase, & qu'elle se pourroit repentir vn iour d'auoir refusé ce party ; Saincte repliquant qu'vne cause plus forte que mes persuasions la faisoit resister à cette poursuitte : cecy, luy dict son Pere, ie le puis verifier par escript, & lors tirant de sa poche ma lettre, il luy en fit voir le commencement : à l'air duquel elle ne reconnut, ny cajollerie, ny impertinence ; ce qui luy donna vne iuste curiosité de voir le reste : elle fit donc tant par subtilité, qu'elle la treuua dans le cabinet de son Pere, & l'ayant toute leuë : ô Dieu ! que de repentirs se ietterent en foule dans son cœur : tandis qu'elle minutoit des excuses, mes lettres arriuerent tout à propos. Mais comme elle estoit sage & resoluë, sans faire semblant d'auoir veu la mienne, elle escouta patiemment le Messager, sans vouloir lire ce qu'il luy presentoit tout desclos : & sur ce qu'il luy proposa de permettre qu'il luy parlast, & qu'il le leust en la presence du Venerable Andeole, depositaire fidelle de nos sainctes intentions ; elle accepta ce party, n'estant plus deliberee de s'en remettre aux rapports de sa Mere. Andeole ayant veu ces escrits, l'asseura qu'elle les pouuoit lire sans scrupule, estans non seulement exempts de fadaises & de complimens, mais pleins de grauité, d'edification & de nouuelles, qui la contenteroient à merueilles. Ayant donc pleinement reconnu la Verité, elle enuoya mon Messager auec ces lignes de satisfaction, qu'elle communiqua premierement à Andeole, pour sçauoir si ie n'en pourrois point tirer trop d'auantage ; elles disoient ainsi, selon qu'il m'en peut souuenir.

S'Excuser d'vne faute euidente, c'est s'enueloper dans vn nouueau crime, approchant de ceux d'Adam & de Caim. La reconnoistre ingenuëment, c'est en obtenir vn pardon indubitable. Ie pourrois bien reietter la mes-intelligence sur le rapport de ma mere: mais i'ayme mieux prendre toute la coulpe sur moy, que la renuoyer sur vne personne qui m'est en la consideration que Dieu sçait. Et puis la bonté de vostre naturel m'est trop connuë, pour ne sçauoir de quelle main vous aurez receu mes outrages: i'ay quelquefois entendu de la bouche d'Andeole, que les soufflets d'vne main amie, sont plus desirables que les baisers d'vne bouche ennemie. Si ie n'eusse esté animee d'vn grand desir de vostre bien, ie ne vous eusse pas parlé de la sorte. Cette mes-intelligẽce me rendra desormais moins credule, & moins prompte à iuger de vos deportemens, puis que vous auez les intentions si saines. Ie me tiens si asseuree du pardon, qu'à peine le demande-ie. Mais ie vous prie, que cet incident ne vous retarde point en la recherche, ou plustost au maintien de la place que vous m'auez si charitablement procuree. Tharase, ny homme du monde, ne me sera iamais rien. I'ay mon IESVS trop profondement graué sur le cœur: ny la mort, ny la vie, ny les hommes, ny les Anges, ny le passé, ny le present, ny l'auenir, ne me separeront iamais de sa dilection, & moins de son election; car ie l'ay choisi entre les miliers. Mais ne pouuant encore ployer à ma retraitte la condescendance de mes Parens, comment en obtiendrois-ie vne dotte? I'espere neantmoins en ce Dieu, qui m'a inspiré ce desir, qu'il m'ouurira le moyen de l'effectuer. Il est trop iuste, & trop sainct pour manquer à vne assistance si iuste & si saincte. Cependant ie posséderay mon ame en patience, esperant que comme l'eau, qui est si molle, caue par la suitte du temps la pierre qui est si dure, ou mes larmes, ou mes souffrances amolliront les cœurs de ceux de qui ie depens. Au moins sçay-ie que le benefice de l'aage, arrachant de mon visage ces fleurs, qui le rendent agreable aux yeux ausquels ie ne veux pas plaire, me deliurant de l'importunité de leurs poursuittes, obligera ceux qui me retiennent en Egypte, à me laisser aller au desert du Carmel sacrifier à Dieu le reste de mes iours, ne restant que la cendre de ce miserable flambeau, qui, contre mon gré, éclaire à tant d'inconsiderez. O mon frere! que la condition de vostre sexe est heureuse, qui se peut consacrer à Dieu auec tant de facilité,

& que miserable en toutes façons est la condition des filles, qui ne peuuent que trop le mal qu'elles veullent, & qui ont tant d'impuissance pour executer le bien qu'elles desireroient. Priez Dieu qu'il brise ces cruels liens, qui me tiennent captiue dans le monde, & ie luy sacrifieray l'hostie d'vn eternel remerciment.

Depuis que ce nuage fut esclaircy, & cette broüillerie passee, elle receut tout plein de mes lettres, & moy des siennes, purifiees par le feu de l'examen d'Andeole, & blanchie par l'estamine de sa censure. Nous n'eusmes iamais rien de si secret qui ne fust ouuert à ses yeux; & comme nous ne faisions que nous ennuyer à la continuation de nostre Religieux dessein, nous ne craignions pas que cette pierre de touche si iudicieuse, estimast l'or de nostre charité non feinte, estre de faux alloy. Ie demeurois tousiours en la pusillanimité en laquelle ie suis encore, & elle dans l'impossibilité d'obtenir sa dote de ses parens, auec la permission d'entrer au Monastere; quand le Ciel fit naistre vne occasion, qui m'auoisina du Pastre vne occasion, qui m'auoisina du Paradis, faisant approcher ma Saincte de moy, de la façon que vous allez entendre.

Ses Parens voyans qu'elle auoit non 2.
ſeulement refuſé tout à plat Tharaſe, mais qu'elle reiettoit obſtinément tous les autres partis qui ſe preſentoient, s'imaginerent que l'air de la Cour luy leueroit cette fantaiſie Clauſtrale; & qu'ayant en ces lieux des obiects de haut appareil, & elle dequoy ſe faire ſignaler entre les Damoiſelles qui y brillent, comme les aſtres en vn Ciel bien ſerein, elle ſeroit de cette façon ayſément diuertie & conuertie à la Religion du monde, qui eſt celle des Penitens. Ils auoient vn grand accez vers vne Dame fort vertueuſe, à la probité & vigilance de laquelle le Roy a commis l'education de l'enfance de Monſieur le Daufin, & de Meſſieurs & Meſdames de France. Aupres de cette lignee Royale eſtoient auſſi eſleuez quelques autres enfans naturels du Roy. Saincte fut receuë de cette Dame, & donnee pour Damoiſelle à mes Dames, & pour auoir l'œil au deportemẽt des autres. Tout le train de cette jeuneſſe eſtoit en cette belle & agreable maiſon de S. Germain, où les delices ſont en ſi grand nombre, où l'air eſt ſi ſalutaire, & le païs ſi beau. Le Roy & la Royne y alloient ſouuent, preſſez de l'amour na-

turelle, & du desir de voir leurs enfans; quelquefois cette petite Cour enfantine venoit à la grande Cour à Paris: Tant y a, que voy là ma Saincte à sainct Germain, aussi tost aymee, que veuë; aussi tost tost hõnorée & estimée, que sa vertu reconnuë. Cette petite cour champestre & innocente, estoit vne cour exempte des imperfectiõs inseparables des grandes & pleines Cours, où les cœurs sont empoisonnez de tant de vains, interessez, ou voluptueux desirs, que cette contagion a faict naistre ce Prouerbe:

Celuy fuye la Cour & les Palais des Roys,
Qui de la Pieté veut embrasser les loix.

S. Germain estoit au contraire vne Escole de Deuotion, vn Theatre de Vertu, si redoutable au vice, qu'il n'auoit pas l'insolence ny l'audace d'y oser aborder. Les Gouuernez estoient des enfans incapables de malice, & les Gouuernantes & Gouuerneurs estoient si sages, que le mal ne s'approchoit point de leur tabernacle; vne parole essoree n'eut point frappé leur oreille, sãs vne soudaine & seuere punitiõ. Cette Dame qui estoit super-intẽdãte de cette grãde & Royale famille, estoit secõdee par vne sienne fille vnique, Dame mariee à vn Seigneur principal, qui estoit
tant

tant adonné à la Deuotion, qu'elle en estoit en spectacle à Dieu, aux Anges & aux hommes, & en reuerence à toute la Cour. Si tost qu'elle reconnut l'inclination & le dessein de Saincte, elle l'ayma parfaittement, & luy eust-elle aussi tost donné le moyen que son Pere luy desnioit, pour se ietter aux Carmelines, si le besoin qu'elle auoit de semblables personnes si rares dans le siecle, pour l'eleuation de ces ieunes Princesses commises à sa garde, ne l'en eut empeschee. Elle l'asseura neantmoins, que son dessein reüssiroit : mais qu'il falloit pour quelque temps preferer à son repos le seruice de mes-Dames de France. Voyla comme Dieu tout doucement achemine Saincte à son but, & dissipe sourdement les iniustes pensees de ses parens. Sçachant ma calamite si prés, imaginez vous si ie volois souuent à S. Germain, où, auec le bonheur de sa presence, i'auois le contentement de voir toute la lignee Royale : & encore ces superbes bastimens, ces admirables grottes, ces claires & industrieuses fontaines, ces beaux jardins, les belles routes des bois, & vne prospectiue, qui n'. point sa pareille au monde. Representez-vous des entretiens & des imaginations sainctes & innocentes en ce sejour d'innocence, d'honneur & de saincteté ; telles estoient nos affections, plus claires que le cristal des eaux, plus droittes & vnies que les allees, plus florissantes que les jardins, plus pures que l'air de cette belle plage. Ie meure, si aymer ainsi n'est la plus delicieuse chose du monde. L'honneur que mon Pere Theocarés auoit, d'estre quelque chose auprés du Roy, me donna tant de connoissances en céte petite Court, que ie m'y rendis en moins de rien aussi familier qu'vn domestique: la modestie, la Pieté, en vn mot la grace de Dieu, inseparable de la vertu, est vne lettre de creance, qui dōne entree & accez en tous les bons lieux; la plus grãde finesse du monde, c'est d'estre homme de bien. On va partout le front leué, & l'honneur sur le front. De Paris à cette maison de plaisance, ce sont les delices de nos Monarques ; on va presque tousiours sur les riues de la belle Seine par vn chemin, durant les beaux iours, si agreable, qu'il semble que la diuersité des prairies & des collines, y serue d'vne continuelle tapisserie, releuee de mille differentes couleurs. Combien de douces & agreables pensees la pure felicité dont ie iouïsſois en la poſſeſſion d'vn cœur que i'aymois autant vniquement que i'en eſtois vniquement aymé, auec la rencontre de ces eaux & de ces fleurs, me faiſoit-elle eſclorre? Vne ſeule ſera l'eſchantillon des autres que i'allois couchant & chantant en ces Vers:

O Cieux tous remplis de pitié,
Octroyez à noſtre amitié,
Que iamais rien ne deſaſſemble
Nos volontez iointes enſemble.
Qu'auant que la diuiſion
Se gliſſe en noſtre affection,
Le cizeau de la Parque fiere
Nous face perdre la lumiere.
Pluſtoſt que par vn ſainct lien,
Mon eſprit eſtant ioinct au ſien,
L'vniſſement de nos deux flames
N'en face qu'vne de nos ames.
Qu'autant ſois-ie en elle qu'en moy,
Qu'elle ſoit en moy comme en ſoy,
Qu'vne liaiſon ſi puiſſante
Soit plus vnité qu'vniſſante.
Le penſer ne ſe peut forcer,
Parlans du cœur & du penſer,
Par ce moyen qui touſiours reſte,
Nous rendons noſtre Amour celeſte.

Comme il eſt mal-ayſé de cacher du feu

dans son sein, sans en faire paroistre quelque estincelle ; ainsi d'aymer, sans se descouurir. Ce feu n'est point sans fumee, mais cette fumee estoit vn parfum odorant à mes allees & venuës, & par la langue d'vn lacquais, on reconnut aussi tost la Panthere à son exhalaison. Mes parens en entrent en ceruelle : mais d'autre-part, iugeant que cela me diuertiroit peu à peu de la frequentation des Monasteres, où ie ne hantois que trop à leur gré ; ils alloient retenus, & sembloit que leur silence fust vn tacite consentement, qui aggreast, sinon cette alliance ; au moins ces visites : i'en estois à leur gré plus éueillé & plus gentil ; i'auois plus de soin de me bien vestir, i'en paroissois plus allegre & de meilleure humeur, plus traittable & plus doux ; en vn mot plus Courtisan. Car quand cette petite Cour venoit à Paris, i'estois aussi tost au Louure, chez mes-Dames, où estoit le Temple de ma Saincte, & le feu de ma Vestalle. Vne fois ces petites Princesses allerent auec la Royne aux Carmelines, où elle entra auec elles, & en reuint toute rauie, & bruslante du zele d'Elie d'entrer sous son manteau en ce sacré desert, & de viure parmy ces chastes Sulamites.

Ceux qui ne sçauoient pas nos desseins (& de semblables sont rares à la Cour) & qui nous voyoient si souuẽt ensemble, trompez par cette apparence, me prenoient, sans ceremonie, plustost pour son seruiteur, & elle pour ma Maistresse, que pour son frere, & elle pour ma Sœur d'alliance & d'esprit. Et il n'y auoit pas grand danger de tromper ainsi le monde, qui en trompe tant d'autres. Cependant on me faict sçauoir chez nous, que cette recherche n'est pas agreable; & qu'il ne me faut pas attendre le consentement des miens, pour auoir ce party. Et ie reparts franchement, que ie ne pretends en aucune façon à son Mariage, que ce n'est qu'vne commune amitié, & vn simple aggréement qui me porte auprés d'elle, & que pour le party que ie desirois, ie n'auois que faire du consentement de mes Parens, qui ne me pouuoient menaçer de pis, que de me priuer d'vn heritage, auquel i'estois plus deliberé de renoncer, qu'eux de m'en exclure. Cela mit l'allarme au camp; & d'effect ie ne cessois pas, pour toutes mes complaisances auprés de Saincte, de voir souuent les Chartreux de Paris, où cent fois i'eusse pris l'habit, ma place y estant toute arrestee, si cette miserable peur ne m'eust point tousiours tenu au collet. Desia quelques-vns de ces Peres, que ie visitois plus priuément, m'appelloiēt par ioyeuseté Dom Periante. Ce qui frappa le cœur & les oreilles des miens, qui creurent qu'il n'y auoit point de meilleur moyen de m'arrester dans le monde, qu'en me iettant aux pieds la double chaisne d'vne femme & d'vn office : pour celuy-cy, mon aage m'en dispensoit encore, car ie ne faisois qu'entrer en mon cinquiesme lustre : & il le faut auoir franchy, pour estre admis aux charges de Iudicature, ioinct que ce ne sont pas des fers dont on ne se puisse descharger, pour se consacrer à Dieu : le lien d'vne femme est bien plus puissant ; & c'est merueille, que d'vne chose plus fragile que le verre, on en façe vne chaisne qui ne se peut rompre que par la mort : & encore que pour mon aage ie ne fusse, ny assez sage pour en prendre vne, ny assez fol pour m'y laisser prendre ; si est-ce qu'ils employerent toutes leurs industries pour m'engager en quelque recherche qui fust conforme à ma condition.

3. Nymphadore (nom correspondant

à ſes richeſſes & à ſa bonne grace) fille d'vn homme de robe longue, fut choiſie par les yeux de ma Mere pour belle fille : mais elle faiſoit ſon conte ſans moy, encore que i'y fiſſe le principal article ; c'eſt pourquoy cette ligne fut miſe à neant : I'eus commandement de la voir, ſur la parole qu'on auoit euë de ſon pere, qu'il me feroit ſon gendre : mauuaiſe façon d'incliner vn courage à l'Amour ; car cette paſſion eſtant fille aiſnee de la volonté, & de tel pouuoir, que quand elle eſt née, elle faict la loy à la volonté, qui luy a donné l'eſtre ; c'eſtoit vn vray moyen pour me faire haïr, que m'ordonner de cherir vn ſujećt contre mon gré: rien ne ſe faict ſi mal par deuoir & par obeïſſance que l'Amour ; ſon authorité eſt ſi ſouueraine ſur le cœur, qu'elle ne deſpend que de ſoy-meſme ; toute autre dependance eſt ſa ruine, & le vray moyen de l'empeſcher, c'eſt de l'ordonner ; car cette ordonnance en faict perdre le deſir, ſans quoy il n'a point de ſubſiſtance. Ie receus cette commiſſion ſans aucune replique ; car pour ne contredire à ſes Superieurs, il ne faut iamais deuant eux affirmer ou nier chose quelconque.

Mais voyant cette volonté
Si contraire à la sainčteté
Du feu dont i'auois l'ame éprise,
Ie ne l'escoutay nullement,
Ou ie l'escoutay seulement,
Comme on entend ce qu'on me mesprise.

Mon soin estoit de m'empescher
Dedans le siecle de pecher,
Aymant la beauté perdurable
Des saincts & vertueux desirs,
Et méprisant les vains plaisirs
Sans rien aymer me rendre aymable.

Toutefois par bien-seance, & pour ne me declarer ouuertement par ce refus; ie les voulus contenter d'vne feinte, ne considerant pas le danger où ie me iettois pour leur complaire; car en ces matieres les fins sont ordinairement bien dissemblables aux commencemens, & les Comedies quelquefois finissent en des euenemens tragiques. Il me vint bien à propos de treuuer la place de cette recherche occupee, depuis quelque temps, par vn braue Gentil-homme, appellé Siridon, qui auoit pour cette fille des passions merueilleuses. Mais comme elle estoit sage & vertueuse, elle auoit tousiours maintenu son ame, comme vne carte blanche, & vne table rase, pour n'y admettre aucune impression que celle qui prouiendroit de la volonté de ses parens. Cent fois elle auoit rejetté l'offre de ses seruices, parce que son pere ne luy auoit faict aucun commandement de les receuoir, & son opiniastreté ny sa perseuerance n'auoient iamais peu tirer d'elle vne bonne parole, ce qui le tenoit en vn desespoir inconceuable: ce n'est pas qu'il n'eust des moyens capables de soustenir cette recherche; mais le pere aymoit tellemẽt sa robe, qu'il eut mieux aymé pour sa fille vn pauure iusticier, qu'vn cheualier bien riche. Et on n'auoit peu par aucune entremise veincre cet humeur en luy. Aussi-tost que ie luy fus proposé, & qu'il m'eust veu, il me desira esperduëment: il commanda soudain à sa fille de me receuoir fauorablement, & de me traitter si bien en seruiteur, que ie luy fusse vn iour amiable maistre. Elle fut pour mon mal heur vne cire molle à cette ordõnance: si biẽ que ma forme, telle qu'elle est, rencontrant cette ame non occupee s'y graua auec des traits de feu si puissamment, que cela me mit en de grandes peines. De moy, ſans doute i'en euſſe eſté touché, ſi, & la grace du ciel, & l'idee de Saincte n'euſt preoccupé mon imaginatiue, car il n'y auoit rien en cette Nymphe doree, qui ne fuſt deſirable & capable de renuerſer mes plus fermes reſolutions. Ah! que ce bel eſcueil me ſembla beaucoup de fois, par la ſuggeſtion de l'ennemy de mon repos, digne de mon naufrage: ie vy ce cœur allumé d'affection innocente pour moy, & d'vne affection ſi pure, ſi iuſte, ſi legitime, qu'à peine que la pieté n'en fit entrer l'amour dans le mien:

Combien vous dois-ie de victimes,
Cieux, qui me tirez des abyſmes?

Cent fois m'armant du ſigne de la Croix, & de l'inuocation du nom de Iesvs, ie repouſſay les traicts de ce viſage qui ſe vouloient imprimer ſur mon cœur. O Dieu! diſois-ie, faictes-moy mourir pluſtoſt, que de permettre que ie vous manque de promeſſe:

Ne voulant rien que vous maintenant & touſiour,
I'iray iuſqu'à la mort, reſiſtant à l'Amour.

O combien eſt vray ce que diſoit vn grãd Pape, que l'humilité court de grandes riſques parmy les honneurs;la fragilité parmy les richesses ; & la chasteté parmy les delices. Si ce lys se garde mal-aysément parmy les espines , comme se conserue-ra-t'il parmy les occasions contraires à sa pureté? O qu'en ce combat la fuitte est valeureuse ! l'embusche est au talon , il faut vaincre par le talon. En fin voicy ce qui me sauua de cet euident naufrage. Sitidon estant au desespoir de voir qu'en vn moment ie luy auois esté preferé, presque sans autre preéminence que de la robe : icy l'habillement, & la vacation faisant la seule distinction des merites (car d'ailleurs il auoit de grands auantages sur moy) selon le vers de ce Pere de l'Eloquence des Romains, aussi bon Orateur, que mauuais Poëte:

Le fer cede à la robe, & la palme à la langue.

Le voyla resolu de mettre sa vie dans sa vengeance , & de la perdre plustost que son Amour: Si i'eusse esté autant en fievre que luy , ie croy que nous nous fussions seruy l'vn à l'autre de Chirurgien , pour nous ouurir la ve[illegible] : mais bien luy prit, que i'auois autant de froideur, que luy de chaleur, & que ie desirois auec autant de passion me deffaire de cette poursuitte, que luy de s'y engager. Aprés les rodomontades, & les menaces, il en voulut venir aux effects, & me fit appeller, chose que ma robe pouuoit refuser, & qui luy apporta si peu de gloire qu'il en fut quelque temps la fable du monde. La seule crainte de Dieu, plus que la bien-seance publique, qui m'en exemptoit, ou l'apprehension de la valeur de cet aduersaire, m'empescha de luy respődre selon le ton qu'il auoit pris, auquel, sinon tant d'animosité, i'eusse peut estre autant eu d'addresse. Mais ie me contentay d'employer la plume, non le canif, pour luy donner plus de contentement qu'il n'en attendoit, d'vn hőme auquel il vouloit donner la mort, & qui luy vouloit donner la vie; il estoit conceu en ces termes:

QVe feriez-vous à vos ennemis, si vous traittez de la sorte celuy qui vous veut faire vn traict du plus insigne amy que vous eustes jamais? quoy? vo⁹ minutez d'oster la vie à qui veut vo⁹ obliger de plus que de la vostre, puisque vous estimez d'auãtage vostre amour. Ie ne sçay pas, braue Siridon, quelle vengeance vous pretendez faire d'vn tort qui ne vous a point esté faict? car si c'est la seule volonté qui offence; ie n'en eus iamais de vous desobli-

ger, ouy bien de vous rendre vn office tel que quand vous le sçaurez, sans fer & sans sang, vous serez contraint d'auoüer, que vous tiendrez vostre salut de ma courtoisie, & que i'ay l'esprit plus égal & plus iuste que le vostre: car au mesme temps que vous machinez ma mort, qui est icy bas le mal des maux, ie vous prepare l'accez au souuerain bien de vostre pensee. Vous estes trop sage pour vous laisser plustost aller à la passion, qu'à la raison: marquez-moy vn lieu, où seul à seul ie vous puisse faire entendre celle-cy, & où vous soyez despoüillé de celle-là, & vous entẽdrez vn moyen de vous cõtenter autrement qu'auec l'espée, & qui sera plus honorable pour vous & pour moy. Que si vous ne vous rendez susceptible de mes raisons, ie vous promets de vous contenter en la façon que vous voudrez desirer d'vn Gentilhomme qui vous honore.

Siridon estonné de ce langage, ne sçauoit comprendre quelle sorte de contentement ie luy voulois donner, car il s'en fust imaginé tout autre, plustost que le veritable: neantmoins connoissant bien à ce discours que ie le voulois satisfaire pleinement & honorablement, il me marque vn lieu où ie l'allay trouuer sans autre asseurance que de sa parole, & de mon courage : sçachant bien qu'auec la fonde d'vne ſimple parole i'abbatrois ce Geant à mes pieds, & me rendrois le maiſtre de ſon eſpee : ie n'y manquay pas, car en l'abordant ie luy dy: Mon Cheualier, il eſt queſtion de Nymphadore, laquelle i'ay plus d'enuie de quitter, que vous de l'auoir : mais l'importance eſt, que ie la vous veux faire auoir, & que vous ayez cette obligation à mon induſtrie. Siridon rauy de ce langage, iettant là ſon eſpee & ſon courrous vint à moy les bras ouuers, pour m'embraſſer, en me diſãt: Cher amy, c'eſt maintenant que tu m'as vaincu, & que veritablement ie te dois la vie : ah ! ton courage me voudra t'il bien faire vn ſi grand bien apres vn ſi grand tort ? contente-toy ie te prie du pardon que ie t'en demande, ſinon prens mon eſpee, & tire de moy telle vengeance que tu voudras: car comme ie ne puis viure ſans Nymphadore, ie n'ay aucune eſperance de l'acquerir, non ſeulement ſi tu ne me la cedes, mais ſi tu ne m'aydes à l'obtenir, ſçachant le pouuoir que tu as ſur ſon courage, & le credit que tu as ſur celuy de ſon pere. Si tu fais ce que tu dis, tu obligeras vn pauure Gentil-homme à sacrifier mille fois sa vie pour ton seruice, puisque tu tiens les clefs de sa vie & de sa mort. A ce mot il se mit à genoux, embrassant estroittement les miens, & tesmoignant combien estoit puissante l'affection & le ressentiment qui le portoit à cette extremité. Voyla vn loup changé en Agneau en vn instant, en quoy vous remarquerez que la douceur dompte les lyons plus farouches, & que par des charbons de courtoisie que ie luy iettois au visage, vn sanglant ennemy me deuient tres-parfaict amy. Ie luy racontay donc, que c'estoit plustost par deuoir, que par inclination que i'auois veu Nymphadore, & que mes desirs estoient fort esloignez, & d'elle, & du mariage : mais que pour luy faire plaisir ie pourrois continuer ces entre-veuës pour le mettre en ma place, & en la possession de celle qu'il desiroit auec tant de passion. Il leut dans mon visage l'ingenuité de mes pensees, & la franchise de mon procedé, joint qu'il n'estoit pas si neuf en nos nouuelles, la curiosité l'ayant porté à s'enquerir de moy, qu'il n'eust eu le vent de l'affection que i'auois pour Saincte, iugeant bien que mon ame remplie de ses perfections n'auoit point de vuide pour y placer celles d'vn autre. Il commit donc sa barque à ma conduitte, & il s'en trouua bien: car il joüit de la fortune de Cesar, & le succés le recompensa de sa confiance. Pour me deffaire des illusions & des appasts dõc l'innocente beauté de Nymphadore charmoit peu à peu mes pensees, ie mis plusieurs cordes en mon arc, & laçay plusieurs boucliers en mon bras. Ie fis entendre à mes parens, que ie ne voulois point m'attirer vne querelle sur les bras, ny me rendre ce Gentil-homme si plein de merite, d'amy qu'il m'estoit, cruel & irreconciliable ennemy: adioustant au conte, que l'ame de la fille estant preuenuë de cette impression; quelque dissimulation, dont la modestie parast son front, elle estoit preoccupee d'affection pour ce cheualier. Aux parens de Nymphadore, ie fis entendre le mesme, releuant neantmoins l'obligation que ie leur auois, pour l'honneur de leur choix, & de leur preference, à quoy i'adioustois des loüanges de celuy que ie voulois seruir en amy. De plus ie commençay à redoubler mes visites chez les Chartreux, afin qu'ils priassent

sent pour moy, & que par leurs oraisons ie sortisse de ce peril. Ie vey ma Saincte, à laquelle ie reuelay tous ces mysteres dont elle auoit desia eu aduis, & elle me donna des conseils fort salutaires pour éuiter cet escueil, car les filles sont sçauantes en cet art, de conduire de foibles vaisseaux sur vne mer dangereuse. Toute ma peine fut d'effacer de l'esprit de la belle Nymphadore les traicts de ma face, que l'amour y auoit tracez d'vne façon bien plus excellente que le naturel : l'entendement humain ayant cela de propre d'éleuer les sujets qu'il conçoit, à quelque semblance de sa nature: laquelle estant plus pure & plus eminente que celle des choses materielles, il est pareil à ces lunettes de cristal, au trauers desquelles les plus sales objets paroissent beaux, iusques à la bouë & aux ordures. Qui ayme faict ainsi : car cette passion cachant les deffauts du sujet aymé, on agrandit demesurément les auantages. Cependant, iugez quelle estoit ma misere, puis qu'estant flatté d'vne part d'vn object fort aymable, & qui m'aymoit, charme le plus puissant de tous, dict Seneque ; parce qu'il est mal-aysé, si on ne veut donner l'amour, de ne le rendre point ; vn cœur frotté de cet aymant en attirant facilement vn autre; & de l'autre arresté par son vœu, & qui plus est obligé de parole à Siridon, de faire mes efforts pour le mettre en ma place, & l'insinuer dans les affections qui m'estoient destinees. Mon Ariadne me presta ce fil pour me tirer de ce labyrinthe, voyant que ie ne pouuois faire lascher ma prise à Nymphadore, & que plus ie luy proposois d'excuses pour trancher ses esperances, plus fort elle se prenoit à son fugitif: ainsi qu'vne personne, qui en se noyant ne laisse qu'auec la vie ce qu'elle empoigne: & voyant que quelques loüanges que ie luy representasse de Siridon, elle ne pouuoit le receüoir en son ame, non plus que m'èn oster, tant est puissante vne premiere amour en vn ieune cœur, comme la teinture de la premiere liqueur en vn vase neuf, principalement quand la fin en est si iuste, & si legitime, & les acheminemés si honnestes & si saincts: il me fallut seruir d'vn artifice, pour descoudre tout doucement & insensiblement ce que ie ne voulois pas deschirer ny deffaire par force, d'autant que ce coup eut trop éclatté: il estoit question de combatre le monde mon aduersaire, ce vieux rusé qui seduit tant d'esprits ignorans par ses belles apparences:

Qu'importe-t'il comment on renuerse par terre
Vn cruel ennemy? tout est permis en guerre,
La fraude y est honneste, autant que la valeur:
Il faut tout employer pour fuir le malheur.

Ie m'auisay d'vne mensonge accorte, qui fut en mesme temps officieuse pour Siridō, necessaire pour moy, vtile pour Nymphadore: & satisfaisant à ses parens, c'estoit faire plusieurs coups d'vne pierre qui ne nuisoit à personne, & qui estoit salutaire à plusieurs. Que quelque scrupuleux ne me vienne point icy dire, que toute duplicité est odieuse, comme contraire à l'esprit de Dieu, qui est la mesme simplicité, la mesme verité. Le Ciel garde de pis qui se trouuera en pareille angoisse. Il est vray qu'il ne faut pas faire vn mal, afin qu'il en arriue vn bien: car c'est vouloir tirer le doux de l'amer, & la lumiere du milieu des tenebres. Mais qui considerera de prés ce que ie dy, ne trouuera pas que ce fust directement vn mal, au moins n'apportoit-il dommage à aucun, ains profit à plusieurs: ce fut vne Theriaque spirituelle, composee d'vn peu de prudẽce serpentine, meslee de beaucoup d'antidotes: & puis si tout homme est menteur, que suis-ie? vn Ange: certes, ie ne pense de moy rien de sur-humain. Pleust à Dieu que ie n'eusse iamais pirement menty. Iacob auec ses peaux; Dauid contre-faisant l'insensé; Thamar, la desbauchee; Iudith, la perduë; Rachel, la malade, feignirent d'estre ce qu'ils n'estoient pas veritablement: mais laissons-là les comparaisons. Voicy mon faict. Vn iour que Nymphadore esploree, me reprochoit ma lascheté, comme ayant peur de Siridon, & mon ingratitude, payant de si peu de reconnoissance l'amour qu'elle me témoignoit, la voulãt laisser auec de si mauuaises excuses, aprés l'auoir embarquée à me vouloir du bien, comme si les affections se despoüilloient aussi aysément que des robes. Alors ie luy declaray, que la honte m'auoit tousiours contraint de luy celer l'incapacité que i'auois d'aspirer, non seulemẽt à son alliance, mais à toutes sortes de nopces: les Medecins ayans plusieurs fois conclu que ie ne guerirois iamais d'vne fascheuse descente où hernie, qui me tourmẽtoit mortellement, que par vn retranchement diametralement opposé au mariage. Inuention que ie sceu feindre, & colorer si specieusement, quoy que ie ne connusse cette imperfection que de nom, ne l'ayant iamais veuë, ny en moy, ny en autruy, que la dire & la faire croire fut vne mesme chose. Ce fut vn glaçon qui esteignit en vn moment tout le feu que cette Nymphe couuoit en sa chaste poictrine, car pour gentille & pudique que soit la flamme d'vne honneste fille, si est-ce qu'elle n'ayme que pour le mariage, & ne veut le mariage que pour estre femme, & non contente d'estre femme, elle veut estre mere, si elle peut:

Et gouster les plaisirs d'vne douce lignée,
Fruicts dont la loy d'Hymen se trouue accompagnée.

Ce fut là l'esponge qui effaça d'vn seul traict tous les traicts que ma veuë auoit insensiblement grauez sur son cœur. Ce qui me fit connoistre, que si elle m'aymoit auec l'esprit, le corps y auoit sa bône part, & que toutes celles de son sexe n'estoient pas capables d'aymer cõme Saincte, dont l'esprit excellẽt sçauoit, comme vne eau de depart, distinguer l'ame du corps, separer le precieux du vil, & nourrir vne belle flamme en Dieu, sans soustien d'aucune pretension sensible, materielle, & terrestre. Cependant n'admirez-vous point qu'auec vn seul mot: *(teint,*

I'eusse faict en son cœur de trop d'amour at-
Vn coup si veritable auec vn traict si feint?

Et parce que le marché est à moitié cōclu auec le second marchand, quand on est dégousté du premier; ie joignis à cette declaration, finement cōtrouuee, tant d'eloges de Silidon, estalant ses dignes merites à ce cœur preparé à en receuoir l'impression, cōme vne matiere auide de forme, qu'elle me promit d'auoir égard à luy en ma consideration. Voyla donc Castor qui met Pollux en sa place, & l'astre de cettuy-cy commence à prendre l'ascendant sur l'horizon de ce cœur, tandis que ie tesmoigne de m'aller cacher dās les tenebres de ma honte, qui estoit aussi peu en mon ame, que le mal en mō corps. Eschappé de ces entraues par cette ruse de guerre, pensez quelle grace i'en rendis à l'Ange qui me l'auoit inspiré, nous en rismes Sainte & moy abondāment, car ie la voyois lors tous les iours: pource que durant l'Hyuer, Monsieur le Daufin auec toute sa suitte estoit retiré au Louure. S. Germain n'estāt pas tenable en céte rude saisō. Or voyez cōmēt opera cette medecine. La fille découurit ce secret à sa mere, la mere estant femme le teut cõme vous pouuez pẽser au mary: me voyla cassé cõme vn vieux pot, & rejetté sans resource: & parce que Nymphadore estant nubile tesmoignoit auoir de l'inclination pour son ancien seruiteur, dõt l'amour & la fidelité luy estoient tãt esprouuees qu'elle se fust estimee coulpable d'vne ingratitude impardõnable, si elle n'eust recõnu son affection par vne reciproque ; elle fit aggréer sa recherche à ses parens, qui se laisserent aller à son contentement, plustost qu'à leur desir : ainsi fut admis Siridon en ma place, qui se vid en moins de riẽ, & sãs bruict, accordé, fiancé, & marié auant que mes parens peussent croire que le pere de cette fille eust voulu retirer sa parole, sans leur en dõner auis. Mais la cause de la retirer, estãt telle qu'ils l'estimoient, ils penserent qu'il estoit plus hõneste, ou de s'en taire, ou d'en auancer quelque autre plus specieuse, comme que ie m'estois volontairement deporté de cette recherche, pour ne me charger d'vne querelle contre Siridon, sur le marché duquel ie n'auois voulu courir. Et parce que l'honneur oblige de dissimuler en ces occurrẽces, mes parẽs n'en firẽt point d'autre ressentimẽt, estimans que leur fils estoit capable de rencontrer tousiours vn party autant auantageux & fauorable. Si la nouuelle fẽme de Siridõ dit depuis ce mystere à son mary, ie n'en sçay riẽ; cela sçais-ie, que depuis en la voyant, à peine pouuoit-elle arrester ses yeux sur moy, que son front ne se peignist d'vne rose, tant elle estoit honneste & pleine de pudeur: quãt à Siridon, iamais il ne m'en parla, mais il tesmoigna tousiours de m'auoir tant d'obligation, que par tout il me publioit pour le meilleur amy qu'il eust au mõde. Depuis mes parens qui ne faisoient que chercher des nœuds pour me lier au siecle, me treuuerent diuers partis que i'esquiuay tous par diuers artifices, les vns de mon inuẽtion, les autres de ma Saincte. Car, tantost il y auoit en l'vne mãque de beauté: où estoit la beauté, ie feignois de ne treuuer pas assez de dote: de l'autre l'humeur m'estoit insuportable, & antipathique à la miẽne. Ie me plaignois, que celle-cy me desdaignoit, ie faisois des querelles sur la pointe d'vne espingle: ie me faisois descrier sous main par quelque amy: ie faisois le jaloux & le bigearre, tantost l'arrogant & le mesprisant; & comme il n'y a rien de parfaict icy bas, i'aggrandissois les deffauts que i'auois remarquez, soit és personnes, soit en la race. A mes parens ie donnois diuerses excuses, qui me faisoient eschaper de leurs prises comme vn Protée. Aux autres i'alleguois mon âge trop tendre; le peu de resolution que i'auois de me lier, mesme l'auersion que i'auois du mariage, ou bien qu'il falloit attendre que i'eusse vne charge, que la Magistrature faict cognoistre l'homme : Et pour ce que ie sçauois qu'il en est de ces recherches, comme des nasses, d'où l'on sort aussi difficilement, qu'aysément on y entre; ie me gardois bien de m'y embarquer bien auant; mais, ou ie rompois à l'abord, ou ie tesmoignois que la rupture ne m'en seroit pas des-agreable ; celle de Nymphadore m'ayant rẽdu accort, comme vn Daufin, qui ne retourne iamais en des filets, où il a vne fois donné. I'allois ainsi voletant, comme vn papillon autour de diuers flambeaux, mais auec tant de circonspection, que ie n'y bruslois point mes aisles: ie voltigeois, & bourdonnois comme l'abeille sur diuerses fleurs ; mais ie n'en tirois que l'odeur & l'esprit, ne pretendant rien, ny aux tiges, ny aux fueilles.

C'est vn pur passe-tẽps de me voir voltiger,

Ie voy bien tous obiects, mais nul ne
me possede,
Premier que d'auoir mal ie cherche le
remede,
N'attendant d'estre pris pour me des-
engager.
Sous vn friuole espoir ie ne veux m'af-
fliger,
Quand vne faict la mine, vne autre luy
succede,
Ie voy d'vn œil pareil la belle que la
laide,
Resolu sous leurs loix de ne me point
ranger.
Si i'ay peu de faueur, i'ay peu de frenai-
sie,
Chassant la passion hors de ma fan-
taisie,
A deux en mesme iour ie m'offre & dis
Adieu:
Iettant en diuers lieux diuerses esperan-
ces,
Ie fais peu d'amitiez & bien des con-
noissances,
Et me treuuant par tout ie ne suis en
nul lieu.

N'estoit-ce pas cela brauer le monde dans le milieu du monde, éteſter Holopherne dedans sa propre tente, &

trancher le col à Goliath de son propre cousteau ? Vn esprit, qui est maistre de soy, dompte facilement toutes sortes d'objects : Ton appetit sera sous toy, disoit Dieu à nostre premier Pere, & tu le gouuerneras selon ta volonté : à qui veut euiter les ceps & les chaisnes du siecle, le temps & la prudence donnent assez d'inuentions : mais qui se veult laisser prendre, est bien tost attrapé. L'esprit humain a des sources d'accortise & de gentillesse, par lesquelles il se peut garantir des plus fascheuses rencontres.

Ce que vous connoissez mieux par les 4.
stratagemes de Saincte, que par les miens : car estant, & belle, & au milieu de la Cour, comme vn blanc exposé en butte à beaucoup d'esprits indiscrets, qui bruslent indifferemment pour tous les sujects agreables qui se rencontrent à leurs yeux ; elle estoit d'autant plus persecutee qu'elle estoit plus specieuse que plusieurs de ses compagnes : &, si vous en croyez mon iugement, plus aymable qu'aucune autre. Mais outre l'assistance de la grace, elle auoit sous la simplicité colombine de son visage, tant de prudence de serpent, qu'elle auoit plus de finesse pour se deffendre, que

le monde n'auoit de ruses pour l'attaquer. Ie vous en veux marquer briefuement deux ou trois principales, qui vous feront voir la fermeté de son honnesteté. Car de vous dire que ces cajolleries si ordinaires à la court, à toutes sortes d'occasions, ne faisoient non plus de demeure en son esprit, que les cercles formez par le jet d'vne pierre sur le cours d'vn torrent ; c'est vous dire ce que pratiquent generalement toutes les Dames qui sont à la Cour : car leurs oreilles sont des hosteleries, où tous ces vains propos ne font que passer, sans y faire sejour : mais aux occurrences singulieres, & contre des flammes arrestees & determinees, sont les plus aspres & fascheux combats. Vn Seigneur d'eminente qualité, & de ceux qui en France tiennent rang de grands, s'estant non seulement attaqué à elle, & luy tesmoignant de violentes & extremes passions, elle luy dit tout court, que ces poursuittes, sans pretension de mariage, estoient non seulement illicites, mais inciuiles, & qui profanoient la sacree maison du Roy. Et comme il la vouloit surprendre auec des sermens, dont les grands font, comme l'ancien Lysandre, qui en trompoit les simples ; ainsi que les enfans, disoit-il, trompent auec des osselets, & auec des promesses fondees en l'air; elle luy repliqua genereusement, qu'elle n'estoit pas d'assez bonne maison, quoy que gentille, pour estre sa femme; mais qu'elle estoit trop noble pour souffrir qu'il la regardast d'autre façon: le menaçant, que s'il continuoit en ses discours, elle s'en plaindroit à Madame. Cette parole hautaine, & cette hardie menace l'estonnerent en sorte, qu'il desista de l'inquieter, iugeant bien que cette place n'estoit pas pour se rendre, non pas à sa discretion, mais à son indiscretion. Vn jeune Prince l'ayant souuent importunee, elle en auertit secrettement son Gouuerneur, qui feignant de s'estre apperceu de cette flâme, sans qu'elle l'en eust auisé, le corrigea en sorte, en esuentant ce feu, qu'il en assoupit la violence. Vn jeune Seigneur, d'vne des meilleures maisons de cette Monarchie, & qui estoit nourry aupres de Monsieur le Daufin, trouua son premier escueil sur le visage de cette Saincte: mais par la menace de le descouurir à la Gouuernante des filles, elle luy fit prendre vne autre brisee. A quelques Gentils-hommes de marque, qui piquez premierement de la douceur de sa beauté, & puis de la beauté de sa vertu, la rechercherent de mariage: elle dict franchement, sans les amuser d'auantage, qu'elle auoit dessein d'estre Religieuse, & que c'estoit perdre le temps inutilement, que l'employer à cette poursuite: aucuns s'en retirerent sur cette parole; les plus opiniastres treuuerent dans sa fermeté & dans le temps perdu le remede de leur passion. Mais ie ne puis obmettre vn acte vrayement heroïque de cette Saincte fille, pour la conseruation de sa chasteté, acte qui auoisine de fort prés ceux qui sont tant estimez dans les histoires, & qui merite d'estre conserué dans la memoire de la posterité. Acte que ie dirois sans pair, si vn Pair n'eust point esté de la partie. Ce Perdu, ie voulois dire ce Pair Duc, fut si esperdu d'Amour pour cette simple Damoiselle, que cét Hercule eust volontiers chargé la quenoüille, & tourné le fuseau pour luy complaire: il estoit si grand, & en tel credit & amitié auprez du Monarque, qu'on ne pouuoit assez s'estonner de voir tant de grandeur abbatuë sous tant de petitesse. Cette extreme disproportion emplissoit d'autant d'effroy cette fille, qu'elle apportoit de confusion à ce Grand; c'est vn tonnerre quãd la passion loge auec l'authorité. Sãs auoir esgard, ny à son rang, ny à son sang, ny à sa dignité, ny mesme qu'il estoit dans le mariage; il tesmoigne si ouuertement sa fureur, ains sa rage pour cette fille, qu'on n'en attend que de sinistres effects. Elle luy remonstra au commencemẽt tout ce qu'elle peût : mais c'estoit parler à vn sourd; elle y employa tous les remedes doux & rudes, les plaintes, les desdains, la declaration de son dessein Religieux estoient des chansons à ce courage obstiné; c'estoit vne furie incessamment attachee au collet de cette innocente, qui ne luy donnoit, ny treue, ny paix. On luy en fait diuerses remonstrãces; on le menace d'en auertir le ROY: luy, aueugle qu'il étoit sembloit ne reconnoistre, pour ce regard, autre Empereur que son desir effrené. Si ses discours estoient extrauagãs, ses actiõs estoient insolentes. Cent fois les Parens de Saincte la voulurent retirer: mais en la pensant sauuer, ils ouuroient le moyen de la perdre, n'estãs pas assez forte pour empescher vn enleuement; la seule maison du Roy est vn azyle asseuré, & vn refuge à l'abry de ces violences. C'est le Temple d'honneur & de vertu, où le vice n'a point d'accez pour y commettre de tels excez. Sainɛte, voyant que la force ne pouuoit l'empeſcher des menaces d'vne autre force, & que ce tranſporté luy diſoit qu'il pourroit bien enleuer le corps de celle qui luy auoit enleué le cœur ; elle s'auiſa de le guerir par vn artifice ſacré de cette frenaiſie ; ce qui reüſſit de la ſorte : elle s'apperceut qu'il auoit ordinairement, comme vn Dragon, les yeux ſur les pommes de ſon ſein, & que le diable l'enchantoit par là, luy faiſant tirer du feu de cette neige : & bien qu'elle le portaſt fort peu ouuert, à comparaiſon des horribles eſtalemens qui s'en font à la Cour, par celles qui en ſont plus prodigues que liberales : neantmoins ce peu faiſoit vn grand feu. Traittant auec ce deſeſperé d'vne façon plus humaine qu'elle n'auoit encore faiɛt, luy rauy d'vn entretien ſi fauorable, eſtendant ſa main ſur ſa gorge, qu'il deuoroit des yeux & de la penſee, luy declara que c'eſtoit principalement par là qu'il eſtoit pris : alors la ſage fille ; ſçachez, luy dit-elle, Monſieur, que tout ce qui reluit n'eſt pas or, & que ſouuent ce qui paroiſt le plus n'eſt que de l'ordure. Et voyant le temps de faire paroiſtre ſon ſtratageme : Ie vous aſſeure, luy

luy dit-elle, que ſans la ſenteur de la poudre de mes cheueux, & de mes gands, & de ma chaiſne ; vous ne pourriez pas ſupporter la puanteur d'vn cancer que i'ay ſous la mammelle gauche, & qui me deuore tout l'eſtomach : & afin que vous ne penſiez pas que ie me mocque, ie veux que voſtre odorat, vos yeux & vos mains, ſi vous voulez, en ſoient les Iuges. Ce Seigneur à ces paroles penſa paſmer d'eſtonnement : mais ſe doutant de quelque trahiſon, il ne voulut pas en croire ſes oreilles ; ſi bien que Saincte deſcrochant ſa robe, & ouurant ſon ſein, luy fit voir des emplaſtres, compoſez de drogues puantes, & vn vlcere artificieuſement dreſſé auec du ſang caillé, ſous le tetin gauche, qu'à la ſeule veuë il penſa paſmer d'horreur, & fut en vn inſtant guery de ſa freneiſie. Que dittes-vous de cette deffaite, Meſſieurs, & de ce Triomphe de la Chaſteté? ne voyez-vous pas bien que mes ruſes venoient de cette Eſcole? Car,

Pour rendre tous lacqs euitables,
Il ne pouuoit en la ſuiuant,
Que ie ne deuinſſe ſçauant
En des artifices ſemblables.

Mais il eſt temps que ie ſonne la retraitte, deſia le Soleil qui ſe panche vers ſon lict, m'auertit de retrancher le fil de ma miserable destinee, & que ie vienne au dernier effort qui m'a changé tout à faict en Alexis, & tiré du sein des miens, pour estre Pelerin sur la terre. Quoy, dict icy Serafic, vous coulez donc ainsi legerement sur les estranges accidens de la tumeur de la Relaxation, & de la Dame inconnuë: non nõ, ie ne souffriray point que vous ostiez ainsi la gloire à celuy qui vous a tiré de si perilleux destours : de moy ie suis resolu de prescher sur les toits, ce qui s'est fait en tenebres : il est bon de cacher les secrets des Roys, mais meilleur de publier les merueilles de la grace de Dieu. Et ie te prie, mon cousin, dit Alexis, non seulement ne me presse point de découurir les fautes d'autruy, ce que ie ne feray iamais, puis que nous ne deuõs faire au prochain que ce que nous voudriõs nous estre fait; mais ne te mets point en peine de rapporter ce que ie te cõiure de celer autãt qu'il m'est possible : car bien qu'on puisse tirer de l'exemple & du profit des fautes, sans specifier les delinquãs; neantmoins la curiosité qui a des yeux de Linx, pour vne personne qui ne se peut deuiner, en faict soupçonner cinquante innocentes: & ces ombrages, s'ils ne sont tout à fait contraires à la Charité, ternissent tousiours en quelque façon sa candeur & son lustre. Si vo⁹ ne les voulez declarer auec les voiles, que vostre industrie & vostre elegãce sçauent si bien tistre, reprit Serafic ; i'espere les faire entẽdre de telle sorte à ces Pelerins, qu'ils auront occasion de s'en edifier, plustost que de s'en scãdaliser, & sans dõner aucun pied à leurs coniectures. C'est le vray moyen, dict Alexis, de m'escarter de vostre cõuersation, tant que dureront ces contes ; car ce seroit remettre en ma memoire, ce que i'en chasse, tant que ie puis, & si ie n'en puis venir à bout. Ainsi les abeilles, reprit Serafic, fuyẽt la fumee, & mon cousin la vanité de la loüãge: mais ie ne voy pas qu'autãt de temps que i'employe à ces contestations, c'est autãt d'espace que ie derobe à la douceur de sa narration, & tousiours le Soleil se retire : que n'ay-je comme Iosué le pouuoir de l'arrester? Sus donc, cher Alexis, acheuez de nous rauir par la fin de vostre discours. Mon cousin, reprit Alexis, ce sont de vos Charitez ordinaires ; & vous ne considerez pas que vostre courtoisie, fille de vostre affection, trahit vostre iugement : en ce que vous m'estimez, non tel que ie suis, mais tel que ie deurois estre:

mais prenez moy pour tel qu'il vous plaira, pourueu que vo⁹ me reputiez pour vn homme qui vous ayme en Dieu de tout son cœur, ie suis content. Terminons donc, mes amis, vne si lõgue & ennuyeuse narration par l'heureuse Catastrophe, qui me despoüillant du monde, & de ses vanitez, m'a donné entierement à Dieu, sous la condition de Pelerin. Mes Parens s'apperceurent, que ie treuuois autant d'excuses & d'eschapatoires, qu'ils me trouuoient de partis. Ma Mere Cirie, femme prudente & accorte, comme vne Neustrienne, s'auisa de me tromper, mais de cette fraude, que les Iurisconsultes appellent bonne, quand elle reüssit au profit des trompez, & de me faire vn traict de son païs.

4. Elle fit donc vn voyage en sa belle maison d'Icidie, & allant & venant à Rothomague, sa patrie, où elle estoit fort estimee & connuë, elle fit rencontre d'vne fille, belle comme le iour, riche merueilleusement, vertueuse au possible, d'vne race noble, & des premieres de la ville, le blãc & l'obiect de mille poursuiuãs, le paradis des yeux qui la regardoient, & en laquelle tout estoit à admirer, rien à reprendre: son nom mesme estoit adorable, car elle

s'appelloit Christine, surnom de celuy qui a vn nom par dessus tout nom. Sō Pere tenoit vn rang principal dans le Parlement, & n'auoit que deux filles, dont elle estoit l'aisnee, & la Maistresse des Fiefs & des Seigneuries, qui n'estoient pas petites en cette maison : l'enuie mesme n'eust treuué que remordre, ny en la personne, ny en la race : elle surmontoit les vœux & les desirs de ma Mere, non seulement les esperances: Cependant elle y arriua plus par bon-heur, que pour aucun miē merite. La Mere de cette fille accomplie, estoit tellement amie de la mienne, que dés leur jeunesse, elles s'appelloient sœurs. Et mon Pere Theocarés en ses jeunes ans, estant fils vnique, & soustenu des finances, dont son Pere auoit alors le premier maniement, en tenant la principale charge du Royaume, y auoit paru auec tant d'esclat, que sans prendre garde à la multitude d'enfans qu'il auoit, on crût qu'il auanceroit fort son aisné; joinct que ie ne sçay quelle vaine reputation, outre la beauté & la bōne mine, me donnoit vn tel esprit & tant de science, qu'on croyoit que ie deusse reüssir vn suffisant homme en la robe, & desia m'offroit-on par le moyen de cette alliance vne des plus importantes Magistratures de la ville, voire de la prouince. Ma Mere estoit toute rauie de ce succés, elle en auertit mon Pere, qui luy donne tout pouuoir de traitter & de passer des accords ; i'auois esté tant de fois en ce lieu auec elle, qu'on m'y tient pour veu, & pour present : & le Pere de Christine fort amy de mon Pere, & qui en auoit esté obligé en vne occasion signalee, durant les troubles, se figure d'auoir rencontré vn gendre selon son cœur, ne regrettant plus de n'auoir plus de fils, puis que son election luy sembloit egale, & mesme preualoir la nature: voylà nos Meres qui redoublent leur alliance, & qui pensent que la fraternité se va estendre sur leurs maris. Desia Christine, qui estoit extremement jeune (car elle n'estoit que sur le dernier Soleil de son second septenaire) treuuoit les caresses de ma Mere si douces, qu'elle estoit tout à elle, & allumoit par son souuenir quelques bonnes affections pour le fils de cette Mere : elle tesmoignoit tout naïfuement qu'elle auoit de l'impatience de ne me voir pas, assez tost selon son desir. Ce commencement n'estoit pas petit, à qui eust voulu terminer cette affaire. Tout cecy se pratiquoit sans m'en auertir, parce qu'on vouloit qu'il n'y eust aucune difficulté à surmonter; de peur que ie ne fisse d'vne mouche vn Elephant, & que ie me renuersasse cette proposition, comme i'auois faict les autres : i'estois bien le premier en l'intention; mais i'estois reserué le dernier pour l'execution; mon Pere m'en porta le premier la parole, comme estant donnee pour moy, & comme d'vne chose faicte, ainsi que i'en faisois l'estonné (car à la verité i'estois tout interdit, de voir qu'on mariast vn homme sans luy) il me dict que ie prisse hardiment cette marchãdise sur sa foy, & qu'elle estoit toute belle & toute bonne : Toute belle, repris-je, ie le croy; car ie ne l'ay que trop veuë, & lors mesme qu'elle estoit enfãt c'estoit vn miracle de l'œil, & le parangon de toutes les beautez de la Neustrie; la voir sans l'admirer, c'estoit la regarder sans la considerer.

Le printemps n'a point tant de fleurs,
L'automne tant de raisins meurs,
L'esté tant de chaleurs halees,
L'hiuer tant de froides gelees,
La mer n'a point tant de poissons,
Les campagnes tant de moissons,
Ny la Lybie tant d'arenes,
Ny les Alpes tant de fontaines,

Ny la nuict tant de clairs flambeaux,
Ny les forests tant de rameaux,
Qu'elle a de graces desirables,
Et de qualitez admirables.

Mais que la bonté seconde cette extréme beauté, bien que ie le vueille croire, c'est beaucoup dire d'vne persõne de son païs. A la verité, quand le croissant de cette Diane se sera parfaict auec l'aage, il est aysé à coniecturer qu'elle paroistra parmy ses compagnes, comme la Sœur du Soleil parmy les mesmes feux que la nuict allume dãs le Ciel. Et ie croy que sans rien precipiter, il seroit bon d'attendre sa maturité & la mienne, les fruicts qui sont cueillis auant terme, ne meurissent iamais si bien sur la paille, qu'ils eussent faict sur l'arbre qui les a produicts : le mariage est vn si sage marché, qu'il se faict tousiours assez tost s'il se faict assez bien. Theocarés voyant bien que ie gauchissois au coup : Vous voilà, me dit-il, dans vos ordinaires tergiuersations ; on ne sçait comme vous prendre, tant vous estes difficile à ferrer ; vous ressemblez à ce poisson, qui s'eschappe de la prise du pescheur en se cachant dans l'ancre qu'il respand ; & à cet ancien Philosophe, qui disoit estant jeune, qu'il n'estoit pas encore temps de se marier,&quand il fut en aage, qu'il n'estoit plus temps. Or le temps de se marier, c'est quand vne bonne occasion s'en presente: i'ay esté marié ieune, & vostre mere plus ieune que cette fille, à laquelle nous vous auons destiné, si vous vous resoluez de nous cõplaire, ce que ie veux esperer de vostre bon naturel, autrement vous me desobligerez en la chose du mõde qui me seroit la plus sensible. Vous pourriez tant attendre, qu'il ne seroit plus temps, car ceux qui ont des filles à marier, n'en demandent que la deffaitte: cette marchandise pese plus que l'or, quoy que le plus pesant de tous les metaux, puis qu'on donne de l'or pour s'en descharger: ne me faictes donc point encherir sur les Neustriens, en me faisant desdire de ma parole, eux demeurans fermes en la leur, nonobstant leur priuilege: Autrement vous me ferez croire que vous voulez imiter celuy qui promit à vn Empereur de faire parler vn Elephant: mais il prit le terme si long, qu'ou l'Empereur, ou luy, ou l'animal seroient morts auant qu'il fust accomply. Ces renuois incertains, & à lõgs iours ne sont bons qu'en l'Areopage; obeyssez-nous, comme l'on paye les mariages, promptement,& argent contant: autrement vous me contraindrez de desployer mon authorité paternelle, & de vous faire paroistre quel est le pouuoir d'vn pere sur vn fils qui le contrarie és choses iustes & de raison. Cecy m'obligea de luy respondre qu'il n'y auoit rien de si libre en la societé ciuile, que ce lien qui la composoit; & que la volonté contrainte, n'estant pas volonté sans la franchise de l'arbitre, donnant vn consentement non oppressé, ce nœud ne se pouuoit serrer: c'est pourquoy ie le supplios de ne m'oster point la liberté, que Dieu m'auoit tellemẽt donnee, qu'il estoit en ma puissance, ou plustost en mon impuissance de m'en seruir contre la diuine volonté. Que ie le reconnoissois pour le pere de mon corps, mais que Dieu estoit le pere de mon ame: ame qu'il auoit creée libre & capable de vouloir, ou ne vouloir pas, & mesme de resister au saint Esprit; qu'il n'estoit pas à propos, que, n'ayant part qu'au corps, il vsurpast vne authorité sur l'ame, que Dieu mesme ne s'estoit pas reseruee; que neantmoins ie luy auois tousiours rendu vne obeyssance d'autant plus parfaicte qu'elle estoit aueugle au courant de mes iours & de mes estudes, laquelle ie luy cõtinuërois, pourueu qu'il me laissast le choix libre de ma vacatiõ, qui deuoit dependre d'vne celeste vocatiõ. Qu'il estoit mal-aysé d'aymer sans connoistre, & que donner son corps, & le lier où le cœur n'estoit pas attaché, ce n'estoit pas vn mariage, mais vn enfer. Ie le coniuray d'auoir égard à ces raisons, & de n'oppresser pas ma frãchise. Cette opposition ne luy despleust, que parce qu'elle estoit trop raisonnable : car quand vne passion nous possede, la raison sẽble importune, principalement si elle trauerse nostre desir, ce qui faisoit chanter à ce passionné :

Laisse-moy, raison importune,
Cesse d'affliger mon repos,
En me faisant mal à propos
Desesperer de ma fortune :
Tu as tort de me secourir,
Puisque ie ne veux pas guerir.

Ce qui tira de sa bouche auec vn ton aigre & poignant, ces tançantes & tranchantes paroles: Ie voy bien ce que c'est, vous voulez tousiours masquer vostre rebellion de quelques pretextes ; & lors que nous essayons vostre mere & moy de vous mettre à vostre ayse, & de faire le mieux que nous pouuõs pour vous, vous faictes le pis que vous pouuez pour nous contrarier en la chose que nous desirons auec le plus d'impatience. C'est que vous estes tellement enyuré & enchanté de l'amour de cette Saincte, que vous n'idolatrez qu'elle. Mais s'il vous arriue de continuer d'auantage cette poursuitte contre mon gré, ie vous rendray si miserable, que l'affliction vous contraindra de venir à resipiscence. Que si tous les mariages qui se font sans le cõsentement des parens sont reputez clandestins, n'estimez pas que le vostre auec elle puisse jamais estre d'autre estoffe, tant que Dieu me laissera sur la terre, outre que vous me contraindrez de joüer à pis faire contre vostre rebellion. Alors, pour luy arracher tout à faict cette impression de la fantaisie, ie luy protestay solemnellement, que l'amitié que ie ne pouuois nier de porter à cette fille estoit si esloignee du mariage, que ie promettois à Dieu deuant luy, & en ses mains, de ne l'espouser iamais : ie pensay en l'ardeur de mon discours adiouster, ny aucune autre, car i'eus ces mots sur le bord des levres; mais ie me retins, pour ne ietter de l'huille dans le feu de son courroux, qui paroissoit visiblement allumé. Et pour luy faire voir la verité de ma proposition, ie luy fis connoiſtre le deſſein qu'elle auoit d'eſtre Carmeline, deſſein qu'elle auoit declaré à ſes parens tout ouuertemẽt, & à cette Dame auſſi, ſous la charge de laquelle elle eſtoit au ſeruice de nos Princeſſes. Et parce que Theocarés en eſtoit déja informé: Et donc, me dict-il, que voulez-vous deuenir? voulez-vous point rentrer dans vos anciennes reſueries, & chauſſer la Moynerie dans voſtre teſte? Viue Dieu, ſi ie ſçauois que vous penſaſſiez à cela, ie vous mettrois en lieu, où vos courſes bornees de quatre pas, vous empeſcheroient bien de faire ces équipees. Ie n'ay point ſi peu de credit auprés du Roy, que ie ne puiſſe bien obtenir des defences de ſa part de vous receuoir en aucun ordre, ou vn pouuoir de vous en retirer, ſi vous y eſtiez entré. Voyez où le portoit ſa paſſiõ, iuſques à penſer rendre vn grand Monarque ouurier de l'iniuſtice de ſa penſee; mais Dieu void du haut des Cieux, combien ſont vaines les cogitations des hõmes, & combien ſont eſſorez leurs deſſeins. Ce diſcours me rendit plus circonſpect en mes reſponces, pour conſeruer cette liberté, dont i'auois beſoin, pour me rendre heureuſement eſclaue de celuy dont le ſeruice égale les ſceptres. C'eſt pourquoy, ſans vouloir fendre ces flots par la prouë & par la teste de mon vaisseau, en biaisant le gouuernail ie les receus mollement par le flanc, feignant de luy vouloir rendre quelque deference. Et bien que ie fusse determiné de souffrir toutes extremitez, plustost que d'enfraindre mon vœu, ny de démordre vn brin de ma resolution religieuse; neantmoins, en conseruant l'vn & l'autre, i'eusse bien desiré treuuer vn moyen pour conseruer la grace de mes parens. Ce qui me fit adoucir son courage par des paroles de complimens & de respect, qui sembloient ne luy promettre qu'obeyssance: termes qu'il prit à la lettre, & comme l'on dict au pied-leué, & qui le resiouyrent extremement, me disant qu'il estoit bien ayse que ie me fusse r'auisé, & qu'il n'auoit iamais moins attendu de la bonté de mon naturel, cultiué par vne si soigneuse nourriture. Et pour battre le fer tãdis qu'il estoit chaud, il commença à ordonner de mon équipage, à commander qu'on m'habillast promptement comme vn Amant qui va courtiser vne Maistresse, & à me dresser vn train honneste. Tandis que ie pourpense aux moyens de me depestrer de ces filets, ie le laisse faire, car si i'eusse contrarié, ie me fusse découuert. Et ne me dittes point, ie vous prie, que i'vsois d'vne duplicité intolerable enuers mes propres parens, trahissant leurs esperances, & les voulant affliger par le plus sanglant desplaisir que ie leur pouuois faire. Car ie tiens pour maxime, que pour fuir de l'Egypte du monde toute supercherie est loisible, & que c'est vn loüable larcin, que celuy qui rend les vases profanes, propres à l'vsage du Tabernacle. Ce fut en ce poinct où i'eus besoin du conseil de mes meilleurs & plus fideles amis : & parce que ie n'en auois point de plus affidez que ma Saincte, & le bon Serafic que vous voyez, ie les rendis aussi tost participans de mes perplexitez & de mes detresses. Voyant ma Sainte sur ce sujet, ie luy dy: C'est maintenant, ma chere Sœur, qu'il faut absoluëment que ie deuienne Alexis, ou que ie renonce à la vie. Elle se treuua surprise à ce langage ambigu : car se souuenant de l'ancienne tentation qui nous auoit autrefois embroüillé l'esprit sur l'imitation de ce Sainct, elle crût à l'abord que i'estois rentré en ces premieres erreurs, redoutant qu'elles ne fussent pires à leur retour, selon l'ordinaire des maladies spirituelles, dont la recheute est plus dangereuse que le mal precedent. Vous mocquez-vous, me dict-elle, mon frere, ou si vous parlez serieusement? Serieusement, luy repliquay-ie: Hé! comme serieusement, reprit-elle, puisque cette tentation est vne pure folie? Folie, respõdis-ie, que ie tiẽs pour vne sagesse, plus diuine qu'humaine. Mon frere, me dit-elle, vous sçauez que ie ne puis supporter des sottises en vn bon esprit, tel qu'est le vostre: & comme pouuez-vous appeller sagesse diuine ou humaine, ce que le venerable Andeole nous a dict estre vne pure suggestion diabolique? peut estre que Sathan nous veut encor cribler, & nous separer miserablemẽt; laissez moy là cet importun discours. Si i'eusse voulu prendre plaisir en sa peine, ie l'eusse promenee long temps dans vn labyrinthe d'erreurs, naissantes de ce principe mal entendu: Mais pour ne la tenir pas d'auantage en suspens, ie luy racontay succinctement les accords que mes parẽs auoient faicts auec ceux de la belle Christine, & que ie ne pouuois éuiter ce piege dressé à mon vœu, qu'auec les armes des Parthes, en prenant la fuitte, & me resoluant à voyager inconnu, à la forme de me de Sainct Alexis, iusques à ce que mes terreurs Paniques estans passees, ie peusse me jetter tout à faict dans le sainct Ordre des Chartreux. Sainte qui aymoit Dieu fortement, & moy tendrement, se trouuant la plus puissante en son cœur, aprés y auoir vn peu pensé: Cela, me dit-elle, est vrayement vn acte de Sagesse, & d'vne Sagesse non reuelee par la chair, & le sang, mais prouenante d'enhaut du Pere des lumieres : celuy qui vous a inspiré ce grand courage, de quitter tout pour le suiure, vous donnera vne heureuse reüssie de vos desseins : Helas! ie perds beaucoup, en perdant vostre assistance : mais allez à la bõne-heure, puisque Dieu vous appelle, & puisque le peril est si vrgent, i'ayme mieux vous perdre de cette façon que de l'autre: Car de l'vne ie ne perdray que la presence du corps qui ne m'est riẽ; mais par l'autre, ie verrois par la rupture de vostre vœu, perdre vostre corps & vostre ame en la gesne eternelle. Conseil qu'elle confirma derechef, quand ie luy eus representé les grands auantages de richesses, de beauté, de race, de merite, qu estoient en cette excellente Christine, & dont ie redoutois la veuë, plus que d'vn Basilic. CHRIST, me dit-elle, vaut mieux que toutes les Christines du monde: c'est pourquoy la fuitte vous sera, non seulement plus salutaire, mais plus glorieuse, qu'vn si redoutable combat. L'influence de nos estoiles, & la rigueur de nostre destin nous separa de la sorte; moy la laissant en vne Croix arrestee; elle me voyant embrasser vne Croix errante, consolez de l'esperance de nous reuoir, au moins en Paradis.

6 Or comme i'estois en ce dessein, sans but, tout de mesme que celuy qui se treuue en vn carrefour, sans sçauoir lequel des diuers chemins qui se presentent il doit tenir: Dieu qui ne manque iamais à ceux qui ont bonne volonté de le seruir, m'addressa cet Ange (car, que sonne autre chose le nom de Serafic?) pour me cõduire en Rages, & cela tout à propos: car imaginez-vous comme se fut cõmis tout seul à tant de diuers perils, qui accompagnent les Pelerins, celuy qui ne peut demeurer seul la nuict dans vne cellule de Chartreux? il est vray que ie n'eusse cheminé que le iour, durãt lequel ie ne crains pas que mon égal me dõne de la crainte: & puis, ie sçauois qu'en allant, ie n'eusse pas failly de rencontrer assez de compagnons: car il en est des pelerinages, com-

me des eaux, le cours les accroist. Mais Dieu me voulut preuenir en la douceur de ses benedictions, & surmonter mes attentes, voire mes desirs par cette heureuse rencontre: Dõc, comme i'eus resolu en moy-mesme de me cacher en la terre, plustost que de me cõmettre en vne si perilleuse merque celle de céte recherche, où ie voyois des extremitez de toutes parts, & des cõtraintes de celle de mes parẽs, & des attraicts de celle de l'object, & des foiblesses de la mienne: ie pensay qu'il falloit imiter la generosité d'Alexandre, lequel ayant ouy parler de l'extreme beauté de la femme de Darius, & des Dames de sa Cour, pour ne voir d'vn œil incontinent ces belles Persiennes, éuita de les rencontrer: estimant qu'il estoit plus seur de ne paroistre point deuant cette specieuse Neustriéne, que me mettre au hazard de me laisser surprendre aux charmes ineuitables de ses perfections:

Car ie sçauois assez que vers ce beau visage,
Nul alloit curieux, qui n'en reuint Amant:
Pource ie le fuyois, puisque l'apprentissage
Aux moins considerez coustoit si cherement.

On se repent trop tard, quand des peines secrettes
Domptent par leur pouuoir de trop foibles raisons:
Car lors que les regards sont autant de conquestes,
Alors tous les efforts sont autant de prisons.
On pense vainement, de se pouuoir defendre,
Et tasche-t'on en vain de se pouuoir sauuer,
Quand vn obiect sçait bien le moyen de surprendre,
Il n'ignore iamais celuy de conseruer.

Il y auoit donc fort peu de temps, que l'imbecilité du corps, helas! trop foible pour supporter l'impetuosité d'vn si grãd esprit, auoit contraint Serafic de sortir des Capucins, apres dix mois de Nouitiat. Il estoit tellement estonné de se reuoir sur les vagues de l'Ocean du monde, apres auoir iouy quelque temps de la tranquillité du port, qu'il sembloit que cette douce Colombe ne sceust où asseoir son pied au milieu de ce deluge. Le monde luy estoit crucifié, & luy estoit comme vn crucifié au monde : car par vne erreur populaire, tout à faict extrauagante ; il semble que chacun regarde de trauers ceux qui sortent ainsi des Monasteres, sans considerer s'ils sont profés ou non; si c'est volontairement ou par force; si c'est pour leur debilité, ou pour leur mauuaistié. Car le monde est vn Loup, qui deuore indifferemment les oüailles, de quelque sexe, de quelque aage, & de quelque couleur qu'elles puissent estre. Dans ce siecle si confit en malice, il y a si peu de gens qui tẽdent à la perfection, & à la pure Amour de Dieu, que quand des esprits conspirans à ce but, se rencontrent, ils s'attachent les vns aux autres auec tant d'auidité, qu'il est malaysé de les desioindre: ils s'entretiennent à part & se separent du vulgaire, pour pratiquer vne amitié toute sacree, selon leur pretension qui est toute saincte: sequestration qui faict certes vne partialité, mais vne partialité pieuse & charitable, qui ne faict aucune diuision, sinon celle du vice & de la vertu, de la lumiere & des tenebres, des agneaux, & des boucs, des auettes, & des guespes: necessaire separation. Ce fut donc ce cher Cousin, qui contre l'amitié du sang qui nous lie, vnit son ame à la mienne, par vne dilection d'élection, d'autãt plus forte qu'elle estoit plus pure & plus libre: il succeda en ma bien-vueillãce à la place d'Edoüard qui se fit Capucin au retour des Vniuersitez, & qui depuis y a faict profession, & y reüssit auec beaucoup de saincteté, & de doctrine, portant desia en cette terre des mourans, le nom & le renom d'immortalité, cõme Edoüard auoit succedé à Carõdas, lequel apres s'estre fondu en desbauches aux estudes de Droict, reuint à Paris, jettant la sottane & le nom d'Abbé, & en suitte, l'inclination qu'il auoit pour les Feuillantins, où il est encor, exerçant la patience de ses parẽs, dont les trop grandes richesses ne fournissent que trop d'aliment à ses excés ; exemple qui me faict trembler, voyant celuy-là mousse comme la pierre esguisoire, qui m'auoit autrefois dõné le fil & la pointe des desirs Religieux. Soleil qui communiquoit vne chaleur qu'il n'auoit pas, ou s'il l'auoit, qui l'a perdue, faute de cultiuer la grace qui luy auoit esté gratuitemẽt octroyee, & pour auoir mal mesnagé le bien d'vne si saincte vocation. Ce qui faict dire à vn grand Apostre: Mes freres, auisez à cheminer prudemment en la vocation, en laquelle vous estes appellez, & que celuy qui est debout prẽne garde à ses voyes, de peur de tomber lourdement: car comme la cheute d'vne pierre est d'autant plus lourde, qu'elle descend de plus haut ; de mesme plus éminent a esté le poinct de la perfection d'vne personne ; quand elle s'en dément, son precipice en est d'autãt plus affreux, & sa pente plus coupee, & plus horrible. Mais laissons-le dãs le sein de la prouidence, qui en peut par sa misericorde refaire vn vase d'honneur pour le seruice de ses Autels, s'il faict mieux qu'à present son profit de ses inspirations passees : il ne faut iamais desesperer du pecheur, tant qu'il est viuant ; ie luy en ay dit ce qu'il m'en semble, autrement ie m'estimerois indigne d'auoir esté son amy, tãt qu'il a aimé la Vertu : mais cet enfant de Belial, ayãt rompu son joug, a dict qu'il ne vouloit point seruir au Tabernacle, & au Dieu qui est adoré en l'Eglise des Saincts qu'il ne vouloit point suiure ses voyes. Mais suiuons la nostre ; & disõs, qu'ayant reuelé ma cause à mon cher Serafic, & ne luy ayant rien caché de mes intentions passees & presentes, & luy ayant faict voir la necessité qui me pressoit de batailler contre l'esquadron du monde, coniuré à la ruïne de mon vœu, auec les armes des Parthes, c'est à dire, en fuyant ; il a non seulement approuué mon dessein, mais s'est offert librement de me faire escorte, & de se rendre mon compagnon inseparable en nos pelerinages: ronouuellant par cette belle action, ce que l'histoire nous raconte de ces heureuses couples d'amis, qui ne s'abandonnerent iamais, ny en la mort, ny en la vie. Aussi bien alloit-il minutant vne retraitte en l'vne des maisons que son pere a aux champs, pour s'escarter de la tourbe contagieuse des mondains, desquels, comme disoit l'ancien Caton, il ne peut supporter les humeurs desreglees, non plus qu'eux soustenir la seuerité de ses mœurs. Ce qui fit, que ie le suppliay de me venir attendre en cette Chartreuse de Bonnefontaine, sans faire entendre où il alloit, ce qui estoit indifferẽt à ses parens accoustumez à la priuatiõ de sa presence: il partit de Paris quelques iours deuant moy, faisant semblant d'aller à Chartres, & de là au pays du Perche, afin de faire perdre sa trace, & d'oster le soupçon que nous fussiõs ensemble, & se vint rendre en cette solitude, où ie le suis venu treuuer de la façon que ie vous vay dire. Nul faict si beau semblant, que celuy qui veut tromper; de là vient que les jaloux augmentent leurs soupçons des caresses de leurs femmes; estrange maladie, de qui le remede augmente la douleur. Aussi moins i'auois enuie d'obeïr aux miens, plus faisois-je le docile : on se met en despense, ie me laisse habiller, ie choisis moymesme les estoffes, i'ordonne des façons & de l'assortissement des couleurs, & de mes liurees, comme vn homme qui a la vanité dans la teste ; i'en fais l'empressé & le passionné ; mes lacquais sont couuerts esclattamment, & mon valet de chambre vestu honnorablement : mon Pere me dõne de plus vn sien Secretaire, fort honneste homme, & de bonne mine, habillé à l'auenant pour m'acompagner ; rien ne me manquoit, cheuaux, bagage, habits, suitte, & qui est l'ame de tout, les escus. Ie pars de Paris auec vne ioye de mon Pere incroyable : il me promet d'estre incontinent apres moy en Normandie, ne demeurant que pour terminer quelques affaires qu'il auoit en Cour.

Quand nous fusmes à Põtoise, arriuez 7.
à l'hostelerie, voicy-la fourbe dont ie me seruis pour me desrober : i'auois escrit dés Paris vne lettre, que ie me fis apporter tandis qu'on apprestoit mon repas. Ie la receus, & la leus expressément deuant mes gens, pour leur joüer le traict de la

fausse compagnie ; ie feignis qu'elle venoit de la part d'vn Gentil-homme Parisien de mes amis, qui auoit sa maison à vn quart de lieuë de la ville; & qui, auerty de mon passage, me coniuroit si puissamment d'y aller passer la nuict, que ie craindrois de le dés-obliger, manquant à cette visite de bien-seance : mais que pour ne greuer mon hoste, ie ne voulois mener auec moy qu'vn lacquais, promettant de me treuuer le lendemain aussi matin à la ville, que si i'y auois couché : ie fus cru facilement, par ce que ie dy cela d'vne façon si negligente, & en apparence si peu artificieuse, qu'elle paroissoit simple & naïfue. Ie monte à cheual, n'ayant pour suitte qu'vn de mes lacquais : quand i'approchay de la maison que i'auois nommee, ie m'auisay d'enuoyer ce valet de pied reprendre quelque besoigne, qui m'estoit necessaire pour la nuict: il s'en va donc où ie le renuoyois, sans esperance de le reuoir : & quand ie l'eus perdu de veuë, feignant d'entrer dans la maison, ie me glissay par des chemins couuerts ; & marchant toute la nuict, & me reposant le iour, ie fis perdre ma trace, n'allant qu'à trauers champs, ou par des bois, ou des sentiers égarez, iusques à ce que ie me rendis à Bonne-fontaine, auprés de mon cher Serafic. De vous dire le trouble de mes gens, & de mes parens, en ma perte, ie ne le puis que par cõiecture, n'ayant point l'vsage du miroir de Merlin, où toutes les choses absentes se voyoient cõme presentes. Mais vous pouuez iuger par la suitte de ma narration, qu'il n'est pas sans queste, & cette queste sans enqueste : c'est ce qui m'a faict resoudre à desguiser non seulement mon habit, mais mon nom, & de me rendre, pour les raisons tant de fois rebatuës, Pelerin de la saincte Vierge, sous le tiltre d'Alexis, puis que vous voyez que ie suis vne Christine accordee, comme ce Sainct Gentil-homme Romain vne Sabine espousee. Dieu me face la grace de correspondre tellement à ses inspirations, que ie puisse, sinon imiter en tout ce grand Sainct, si parfaict zelateur de la vie inconnuë du Fils de Dieu, me contentant de l'admirer, & d'inuoquer son assistance, au moins conseruer en son entier mon vœu sacré par ce sainct artifice, lequel ie vous supplie, & vous coniure, Messieurs, de tenir secret, puis que ie vous l'ay confié, & descouuert auec tant de franchise : & puis que vous voyez qu'il est de telle importance pour la gloire de Dieu, & pour le salut de mon ame, racheptee par le sang de son fils.

FIN DV LIVRE CINQVIESME.

ALEXIS.

PARTIE SIXIESME.

LIVRE SIXIESME.

SOMMAIRE.

1. *Exercices & enseignemens de Pieté.* 2. *Sortie de l'Hermitage, & complimens.* 3. *Profetie.* 4. *Loüanges d'Alexis par Serafic.* 5. *Continence victorieuse en deux occurrences.* 6. *Arriuee à Compiegne.*

OVS eussiez dict, que le Soleil attentif à vne narration si douce & si gracieuse, n'en attendoit que la fin, pour se plonger dans sa couche, ou plustost pour aller

Accomplissant sa course ronde
Dedans son ordinaire tour,
Par l'autre partie du monde
Porter le chariot du iour.

Les ombres qui commençoient par l'absence de ce grand luminaire, à espandre leurs voiles sur la terre, briserent quant & le discours d'Alexis cette conuersation, & firent songer à nos Hermites, & à nos Pelerins à la retraitte. Que la course du Soleil leur sembla precipitee, & combien leur fascha-t'il de perdre cette agreable suspension, qui tenoit leurs esprits attachez à ses propos, & leurs oreilles comme cousuës à sa langue. De vous dire le pour-parlé qu'ils eurent sur la Conference des diuerses fortunes qui auoient esté racontees, chacun ayant contribué son escot à ce banquet spirituel ; il faudroit recommencer des volumes, aussi grãds que ceux qui vous en ont representé les Histoires : car ils firent tant de differentes speculations sur les diuerses occurrences de tant d'actions qui auoient esté deduittes, qu'encore que i'en peusse beaucoup embellir ces Pelerinages, ie ne le pourrois faire sans porter ces pages dans vne extreme longueur, ioinct qu'elles sont destinees pour proposer des faits, plustost que des raisonnemens ; des euenemens, plustost que des Dialogismes. Contentons-nous de dire, que tous sans enuie, & d'vne commune voix, dõnerent la palme de ces courses au gentil Alexis, tant pour la forme, que pour la matiere de son narré. Car outre qu'il l'auoit suiuy d'vne haleine prodigieuse, il l'auoit sceu si bien lier, & le mesler de tant de rares pieces d'eloquence & de Poësie, que ce tissu en sa longueur n'auoit apporté aucun autre ennuy que celuy de sa fin, qui auoit semblé trop prompte. Ioinct que mille autres Auantures de celles qui auoient esté mises sur le bureau, sembloient tãt accompagnees de la grace diuine, qui, comme vne celeste rosee, sembloit se respandre sur les rencontres arriuees à ce jeune Gentil-homme, Dieu le tenant par la main droicte, & le conduisant paisiblement selon sa volonté. Retirez qu'ils furent en l'Hermitage, ils delibererent d'aller le lendemain coucher à Compiegne, pour y faire faire des habits de Pelerin : & de là s'acheminer par Soissons & par Laon, à nostre Dame de Liesse. Deliberation qui affligea beaucoup les trois Religieux, & Dom Chrysogone, le Pere Syluan, & le Frere Palemon. Mais quand ils vindrent à penser que la figure de ce monde passe, que ce qui y sejourne y est en vn perpetuel passage, qu'il n'y a point de Cité de demeure, & que nous ne possedons aucun bien, qu'à condition de le perdre ; leur cœur, fut incontinent resolu par la raison, bien que leur sens fust bien fort attendry ; car en ces deserts, ils ne jouïssoient pas souuent de semblables compagnies, qui auec tant de recreation leur apportassent tant d'edification. O monde! monde, vallee de pleurs, que tes consolations sont rares, & tes miseres frequentes!

Helas! tout ce qui plaist, & qui nous rend contens
Ne dure pas long temps.

Cette deliberation arrestee, apres vn leger repas, ils allerent reciter en la Chappelle les Litanies de nostre Dame, & faire leur examen de conscience, puis ils allerent reposer, desseignant de donner la matinee du lendemain aux exercices de Deuotion, preparatoires pour leur Pelerinage. Si tost donc que le Soleil eut ramené les premieres poinctes de ses rayons sur la sommité des coûtaux, ils sortirent de leurs licts, ou plustost de leurs nids; car ce n'est pas sortir du lict, mais du nid, que se leuer de dessus la paille : & apres s'estre preparez à la reception du diuin Viatique, par le Sacrement de Penitence, qui leur fut administré par les Peres Chrysogone & Syluan : ils communierent tous ensemble, & Palemon auec les Pelerins, non sans de grands sentimens de Deuotion ; apres quoy ils furent exhortez par Syluan, qui leur fit vne graue remonstrance, sur la qualité de leur entreprise, estendant son discours sur les pelerinages Chrestiens, & sur les perfections de ceux qui veulent estre vrays Pelerins. Il leur fit connoistre que cet exercice auoit esté de tout temps agreable à Dieu, que sa fin tendoit à la vraye Pieté, & à la pratique des Vertus solides. De là se iettant aux allegories, il leur fit voir que la condition de tous les hommes, estoit d'estre Pelerins sur la terre : ce qu'il monstra par les exemples d'Adam, d'Abraham, de Iacob, de nostre Seigneur mesme, & des Apostres. A la fin il les anima à porter la Croix du Sauueur, à aller tousiours en auãt de vertu en vertu, pour voir le Dieu des Dieux en la montagne sacree de l'eternelle Sion, leur monstrant que le chemin pour y arriuer, n'estoit autre que l'execution fidele de la Loy de Dieu : & que de cette façon ils se monstreroient vrays Pelerins Chrestiens, & deuots à la Saincte Vierge, par l'assistance de laquelle il leur augura toutes sortes de biens &

de prosperitez. Les Deuotions acheuees, comme ils furent de retour en la chambre des hostes, tandis que le bon frere Palemon leur preparoit le disner, Chrysogone & Syluan leur donnerent plusieurs particuliers enseignemẽs, pour passer sainctement les journees de leur pelerinage. Car de vous exhorter, disoit Dom Chrysogone, à fuïr les vices de ces vagabons, qui n'ont que le nom de Pelerins, estans des arbres sans fruict, des nuees sans eau, agitees de tous vẽs; ce seroit faire tort non seulement à la noblesse de vostre race, mais à celle de vos ames vertueuses, qui est beaucoup plus à estimer que celle du sang: vous estes tous Gentils-hommes, vous estes tous pieux: que si la Pieté, cette vertu profitable à tout, dit l'Apostre, entee sur des troncs sauuages, leur faict produire des fruicts aussi francs, que delicieux: que doit-elle esclorre, sinon des merueilles, estant plantée en des ames assises en si bon lieu? Vous allez donc meriter en allant, & en cheminant, ce que nous gaignons en nos cellules, & porter la mesme Croix par la mobilité, que nous portons par la stabilité: ainsi la bonté diuine, par diuers moyens, nous attire à vne mesme fin, qui est son Royaume interminable. Or allez donc en la garde de Dieu, visiter auec ioye la Mere de Misericorde, & la fontaine de toute liesse: estans à ses pieds, n'oubliez-pas d'interceder pour vos amis, & de la supplier qu'elle nous impetre la grace de perseuerer en nos vocations, puis que sans la perseuerance il n'est point de couronne. Syluan pour tous preceptes, n'en donna point, ce disoit-il, de plus vtile, que de leur conseiller d'obseruer de poinct en poinct, ceux que le R. P. Louys Richeome, cette belle plume de la Compagnie de IESVS, auoit r'amassez en son *Pelerin de Lorete*, où il sembloit auoir formé le vray & parfaict Pelerin Chrestien: il alla soudain prendre ce liure dans son estude, qu'il leur presenta pour leur seruir d'escorte, de fil, de guide, & de flambeau, durant le cours de leur Pelerinage: luy estant auis, qu'il contenoit vne excellente methode, pour bien conduire ce sainct Exercice: Mais Menandre le remerciant de son auis, refusa son present, ne voulant pas tirer ce bon meuble de cet Hermitage, lequel ils treuueroient aysément à la premiere ville. Le bon Hermite les coniura de le receuoir de sa main, & Dom Chrysogone les obligea de les prendre, les asseurant qu'il y en auoit plusieurs exemplaires à Bonne-fontaine, & qu'il en feroit auoir vn dés le lendemain au Pere Syluan. Vous voyez, dict Syluan, comme cette fontaine est bonne, des ruisseaux de laquelle nous puisons tousiours, sans que iamais elle tarisse pour nous : ce liure en est venu, & voyla qu'ils nous en offrent vn autre; & Dieu soit vn iour leur grande & ample recompense, dans l'infiny volume de l'eternité. Tenans donc ce liure, qui leur deuoit seruir de boussole; il les fit courir legerement sur l'appareil, & corporel & spirituel du Pelerin, & sur la distribution de sa iournee, se proposant de suiure tous les conseils, & tous les exercices qui y estoient suggerez, sans en omettre vn seul, & de se seruir des Meditations qui sont couchees au reste de l'œuure durant leur Pelerinage. Et certes, ce liure est si doux, si amiable, & si bien dressé, qu'il deuroit seruir de Breuiaire à tous les bons & fideles Pelerins, desireux de tirer vn grand auancement à la perfection, en leurs sacrez voyages.

2 Apres le repas, auquel vne ardante Charité seruit de dessert, il fut que-

stion de dire Adieu à cette chere solitude, où cette belle compagnie s'estoit si heureusement rencontree & ramassee, non sans vn soin particulier de la Prouidence diuine. Et comme les Pelerins vouloient prendre la benediction des Peres : Allons plustost, dit Syluan, salüer le sainct Sacrement, & là receuoir tous du Pere, des Benedictions, & le prier que vous soyez de si bons Iacobs, que vous contraigniez par la luitte de vos prieres cet Ange du grand Conseil, de vous benir, & de vous rendre vrays Israëlites, sans malice & sans fraude. Cela n'empeschera pas, dict Menandre, que nous ne receuions la vostre ; ce qu'il dict se mettant à genoux, & en mesme temps les autres Pelerins ; les Religieux se mirent en mesme posture, disans qu'ils auoient autant & plus de besoin de la leur ; contestation d'humilité gracieuse. Syluan pour la trancher : Mes enfans, dit-il, ce n'est pas icy que nous voulons prendre congé de vous, nous vous conduirons autant que ces jambes vsees de vieillesse, & celles de Dom Chrysogone affoiblies de jeusnes & de mortifications, nous le pourront permettre : ne vous opposez pas à cela ; car il nous fasche assez de vous voir partir, sãs adiouster douleur sur douleur, en nous priuãt de ce petit respir. Ils furent dõc de compagnie à la Chappelle, prendre congé du grand Maistre, qui a faict le Ciel & la terre, luy recommandant ardamment, & à sa saincte Mere, le succés de leur Pelerinage : aussi bien falloit-il passer par là necessairement ; puis que n'y ayant point d'autre entree, il n'y auoit point aussi d'autre issuë. Il n'y eut pas vn de nos cinq Pelerins, qui ne crachast jaune dedans le trõc, accompagnans leurs Oraisons d'aumosne, aussi bien que de jeusne ; car hors la Charité, les Hermitages austeres sont de fort mauuaises hosteleries. Comme ils eurẽt passé le pont de terre du frere Palemon ; c'est à dire la chaussee, qui separoit les deux estangs de Viurais & de Neufuiuiers : ils gaignerẽt par vn petit sentier, qui n'estoit battu que par les Hermites, vne grande & belle route, qui les alloit conduisant au chemin de Compiegne : & ce fut là, qu'apres auoir recité l'Itineraire, & receu des Religieux diuers enseignemens pour l'Oraison, tant Mentale que Vocale, & plusieurs auis touchãt l'examen de consciẽce, le progrez en la victoire des tentatiõs, les remedes des vices, de la façon de reciter le Rosaire en compagnie : à la fin, à mesure que le temps de la separation approchoit, les complimens se faisoient plus doux & les paroles en deuenoient plus obligeantes ; car outre les protestations d'vne sincere amitié qu'ils s'entre-faisoient, ils ne parloient que des obligations reciproques qu'ils auoient les vns aux autres : les Hermites & les Pelerins n'ayans autre discord en leur concorde, qu'à qui se reconnoistroit chargé de plus de redeuances. Les Pelerins protestoient de grauer en caracteres eternels en leurs souuenances, les bien-faicts receus. Helas ! disoient les Religieux, c'est bien à nous de vous remercier de vos aumosnes temporelles, & encore des spirituelles de tant de bõnes instructiõs, & sacrez exemples, qui nous ont comblez d'edification, que nous pouuons bien dire auec verité, ce qu'vn ancien Anachorete disoit auec humilité: ah! que nous portõs indignemẽt le beau & venerable nom de Moyne! O Dieu, disoit Meliton, quelle Charité est celle-cy, qui pense receuoir lors qu'elle baille ? Hé ! mon Pere, dit-il à Syluan, vous souuenez-vous point que ie vous doibs doublement la vie, & du corps & de l'ame, & non seulement la vie : mais plus abondamment la vie,pour celle de la grace que i'ay receu par vos mains. Et moy , disoit Alexis à Dom Chrysogone : que rendrois-je au sainct Ordre des Chartreux, & particulierement à la maison de Bonne-fontaine , qui m'a reçeu si courtoisement , caché si secrettement, sauué si amoureusement, nourry si charitablement : & qui m'eust mis au nombre de ses enfans,si l'imperfection de mes sottes craintes ne m'eust point enuié ce bōheur ? Quoy ! dict Serafic , n'ay-je point de part en cette obligation ? Obligation, reprit Chrysogone , comme des bienfaicteurs à ceux qu'ils obligent. Quoy? ne vous souuenez-vous plus des Charitez que vous nous auez faites , & qui surpayent de bien loin ce peu de despence que vous y auez faite, qui ne merite pas vne ombre de consideration. Mais ce n'est pas de merueille, si ceux-là sont liberaux de de la bourse, qui se vouloient donner eux-mesmes, si le Ciel ne les reseruoit point à quelque autre destin qui nous est inconnu. Or allez,& vātez-vous hardiment des obligations que vous auez acquises sur nous,& n'esleuez pas iusques aux nuces la Charité de vostre reception, que le droict d'hospitalité vous rend commune auec tous les passans. Menandre se voulant dire obligé de la mesme sorte, Chrysogone luy ferma aussi tost la bouche, en luy reprochant les bons offices qu'il auoit rendus en la maison, en Iustice dans le Patlement, auant qu'y auoir jamais mis le pied. Cette amiable & humble contestation eut duré d'auantage, si le quart de lieuë qui auoit esté prescript par les Pelerins à la ceremonieuse conduitte des bons Religieux n'eust mis fin à leurs discours, & à leur entreueuë: les embrassades ne furent pas espargnées, & pas vn ne fut exempt de plorer : car qui n'eust donné des larmes à tant d'attẽdrissemens? Les bons Peres ne purent honnestement refuser la benediction à ces bons Gentils-hommes qui la leur demandoient auec tant d'instance, prosternez à leurs pieds; les vns la receurent, & les autres la donnerent, & tous estoient à genoux: spectacle deuot, & capable d'amollir les cœurs les plus sauuages. Entre les autres, Palemon estoit si desconforté, qu'on eust dict à ses sanglots & à ses souspirs, qu'on luy arrachoit les entrailles : le bon Syluan qui lisoit dans ses pensees, tant pour le consoler, que pour tirer les Pelerins des Meandres de cette forest, qui les eussent portez sans guide en des fouruoyemens ineuitables, luy commanda de les conduire iusques à Compiegne; luy qui n'auoit pas accoustumé de contredire aux obeyssances les plus repugnantes à son sens : imaginez-vous de quel cœur il accepta celle-cy, tellement conforme à son humeur, & à ses desirs. Les Pelerins ne refuserent pas cette escorte, disans qu'outre la necessité c'estoit vn moyen de temperer vn peu l'amertume de leur separation.

3 Et Syluan tirant Menandre à part, luy mit en main vn petit papier, le priãt qu'il ne leust point ce qui y estoit escrit, qu'ils ne fussent escartez, & que les destours des bois ne les eussent separez de veuë. Menandre luy promit cela, & luy tint sa promesse. Mais aussi tost que l'espoisseur de la forest eust faict vn ample voile, & jetté vn long espace entre les deux Peres, le Chartreux & l'Hermite qui reprindrent la brisee de l'Hermitage, & les Pelerins guidez par le frere Palemon. Alors Menandre qui ne vouloit rien auoir de particulier sans le communiquer à ses compagnons, ouurant deuant eux le billet plié, y trouua ce huictain:

Comme apres l'inclemence & rigueur de l'Hyuer,
On void le beau Printemps, & les fleurs arriuer,
Ainsi apres le dueil Menandre aura liesse,
Florimond sentira reflorir son espoir,
Et Meliton quittant son triste desespoir,
Sous vn habit cendré, treuuera l'allegresse.
Par le vouloir de Dieu les Cousins escartez
Bien loin en diuers lieux, respandront leurs clartez.

Ces vers prophetiques, qui contenoient en substance le succés de leurs futures auantures, leur donnerent bien à penser, & peu s'en fallut qu'ils ne retournassent en demander l'interpretation à l'Oracle : & certes Syluan fit prudemment & humblement d'obliger Menandre à n'en faire point la lecture qu'apres vne entiere separation, & vn iuste esloignement : car il se doutoit bien qu'ils luy eussent donné la question ordinaire & exrraordinaire, pour luy en faire dire l'interpretation : ce qu'il ne pouuoit, ny ne deuoit, puisque de semblables reuelations ne se peuuent manifester qu'en leur temps; Dieu voulant que nous dependions absoluëment de sa prouidence, & que nous remettions toute nostre fortune en ses mains. Et puis Palemon qui le connoissoit leur declara, qu'aussi bien n'en tireroient-ils pas d'auantage de sa bouche, qu'ils en auoient là de sa plume : parce qu'il estoit homme fort modeste, & qui auoit son secret tellement à soy, que nulle gesne estoit capable de luy en faire démordre vn brin plus que ce qu'il estimoit que Dieu voulust; ce qui les empescha de retourner en arriere. Mais, tout ainsi que des pierres jettees en des eaux dormãtes multiplient des cercles à l'infiny, de mesme ces esprits pacifiez dans la tranquillité de cette solitude, receuans ces presages en leurs cœurs, en conceurent mille differentes pensees, chacun prenant la pierre qui s'addressoit à luy, & la piece qui le cõcernoit de diuerse façon: & tous s'embarrassoient dãs leurs propres imaginations, comme vn ver à soye dedans son ouurage. Pensees neantmoins toutes douces, & toutes de soye, puis qu'elles estoient toutes de ioye, & ne promettoient au retour de ce Pelerinage, que contentemens & satisfactions. Il n'y auoit que cette separation qui semblast vn peu dure à digerer aux deux Cousins: mais la volonté de Dieu, vnique reigle de leurs vœux, & de leurs desirs, en adoucissoit la rigueur, se souuenãs que jadis les deux freres, Abraham & Loth, qui s'aymoiẽt vniquement, auoient bien esté contraints, pour le diuorce & l'incompatibilité de leurs gens, de se separer en demeures, sans diuision pourtant de leurs volontez, Dieu le permettant ainsi pour leur plus grand bien, & pour sa plus grande gloire. Ils iugerent qu'il estoit plus à propos de fermer les yeux, & de ne vouloir point penetrer plus auant dans la diuination des euenemens qui leur estoient ombrageusement signifiez, que de sonder plus profondement l'auenir, dont Dieu, à qui tout est present, s'est reserué la parfaicte connoissance. C'est vn trait de deuotieuse prudence, de se resigner courageusement entre les bras de Dieu, & de luy dire auec le Prophete: Seigneur, i'attendray auec patience & en paix vostre Salutaire. Ceux qu'vne vaine & dãgereuse curiosité porte à des recherches du futur trop attentiues, par differentes voyes que la subtilité humaine a inuentée, plus pour asseoir des coniectures, que pour fonder aucune certitude, se treuuent tousiours trompez aux prospetitez qu'ils se promettent, & se rendent mal-heureux auant terme, par la crainte des accidens sinistres, qu'ils estiment les menacer. La paix est en l'ignorance de ce qui doit arriuer, & à se laisser aller au courant de la prouidence qui gouuerne le monde. Mais comme dict ce Lyrique:

Il n'est rien impossible aux hommes,
Pauures insensez que nous sommes!
Nous allons eschellant les Cieux,
Et ne souffrons audacieux,
Par nos crimes pleins d'insolence,
Que le grand Dieu qui les balance,
Fasché de tant d'impietez
Serre ses foudres dépitez.

Ils s'entretindrent quelque espace sur les diuers visages que presentoit à leurs pensees cette Prophetie de Syluan: mais pour diuertir ces propos où ils s'alloient embarrassant, ils se mirent à chanter ce motet de Dauid:

Seigneur, conduisez nos voyes,
Et voyla toutes nos ioyes:
Car nous courrons volontiers
Apres vos sacrez sentiers.

Motet, qui les conuia d'entonner d'vne mesme suitte ce beau Pseaume, auquel Dauid remet sa conduitte entre les mains de celuy qui l'a formé, & qui dict ainsi :

Seigneur, tu m'as sondé, tu m'as veu sans cesser ;
Mon leuer, ma seance à tes yeux n'est secrette:
Tu sçais bien loin deuant, quel sera mon penser,
Tu cernes tout autour mon giste & ma retraitte,
Et préuois tous les pas, où mon pied doit passer.
Mon propos t'est present, qu'il n'est pas prononcé,
Tu cognois toute chose, & passee, & nouuelle:
C'est toy qui m'as formé, tes mains m'ont compassé,
Monstrant en moy, Seigneur, vne science telle,
Que quand i'y veux penser, mon esprit est lassé.
Esprouue-moy, Seigneur, sonde-moy bien auant,
Voy mon cœur, voy mes pas, recognoy mon adresse,
Si ie suis des pecheurs, les debteurs poursuiuant:

Voy, si l'iniquité de mon ame est maistresse,
Et me guide en ta voye, ô Dieu tousiours viuant!

Apres ce sacré Cantique, Florimond qui auoit l'esprit gentil, & qui passionnément amoureux de la belle Poësie, comme d'vne autre Pasithee, n'auoit pas laissé croupir sa veine en cette solitude, d'vn air, & d'vn ton de voix fort agreable chãta ces vers, qui furent respondus par le rebattement des Echos, qui residoient dans les antres, & dans le centre de cette forest ombrageuse. Il parle à ce desert:

Delicieux abry des ames affligées,
Plantes de ce desert, de trois siecles âgees,
Qui recelez la nuict, le silence & l'horreur,
Puissent les Pelerins faire d'heureux voyages
A trauers tes ombrages,
Non seulement sans mal, mais encor sans terreur.

Soit que l'Astre du iour, dissipant les étoilles,
Force l'obscure nuict de retirer ses voyles,
Et peigne l'Orient de diuerses couleurs;
Ou que l'ombre du soir, du faiste des montagnes
Tombe dans les campagnes,
Qu'on ne voye en ce lieu que verdure, & que fleurs.

Iamais

Iamais des tourbillons les terribles tempestes
De tes chesnes chenus ne fracassent les testes,
Ny troublent la douceur du calme qui te suit:
Que la foudre eslancée auecques violence
Ne trouble le silence
Qui reside chez toy, par son horrible bruit.
Que touiours du Soleil les rayõs fauorables
Dorent les sommitez des cabinets aymables,
Qui rendent des oyseaux les petits asseurez:
Que iamais du hybou le mal-plaisant ramage,
Et de mauuais presage,
N'effraye les passãs en ces lieux esgarez.
Florimõd par cet air, franc de sa seruitude,
Consoloit son esprit en cette solitude,
Aise d'estre échappé de si fascheux liens:
Quand il chanta ces mots, Echo les vint redire,
Et le mignard Zephire
Arresta ses souspirs pour entendre les siens.

Serafic qui sçauoit parfaictement bien la musique, loüant & les paroles, & l'air,

& la conduitte de la voix de Florimond: Voyla dict ce ieune Chantre, que ie viens de payer mon escot, payez maintenant le vostre : si vous appellez payer, repliqua Serafic, ce qu'on dõne & qui se rend soudain, i'en suis d'accord, mais i'appelle cela prester; don ou prest, il n'importe, dict Florimond, si vous me rendez ma voix, & mes vers, ce sera auec vsure. Auec vsure, vrayemẽt, dict Serafic, puisque, non content que les Echos vous ayent rendu vostre escot au septuple, vous voulez que ie vous paye encore le principal dõt vous auez tiré vn si gros interest. La compagnie treuua l'argutie de Serafic fort agreable. Et Menandre dict à Florimond, que cette replique valoit vn payement. Il n'en sera pas quitte à si bon compte, reprit Florimond : car s'il ne veut chanter, vous y perdrez autant que moy ; puisque la voix est comme la lumiere qui se donne toute entiere à chacun de ceux qui la reçoiuẽt: joint que vous vous priuez d'vn plaisir qui ne dure qu'autant que le son frape l'oreille auec harmonie. Mais il y a bien d'autres nouuelles, vous sçauez bien que l'histoire d'Alexis n'est pas acheuee, & que Serafic nous est reliquataire de ce qu'il y a de plus friand, & de plus delicat. C'est cette debte que ie dois exiger prõptemẽt, s'il veut auoir paix auec mon impatience. Que si cette pucelle (ce qu'il dit en monstrãt Alexis) a peur de son ombre, il luy sera permis de s'auancer en la compagnie de son chapelet, ou de ses Amours platoniques, & d'arriuer le premier à l'hostellerie pour cõmander qu'on prepare le repas. Alors Alexis monstrant par sa rougeur qu'il estoit en effect dans la pureté & dans la pudeur, ce que Florimond venoit de luy reprocher: certes, dict-il, quand il plairoit à mon Cousin se retracter de cette promesse, peut estre feroit-il aussi bien d'en refuser le payement que de s'en acquitter par vn recit que ie crains qui ne laisse quelque dangereuse impression dãs l'esprit de ce ieune Gentil homme. Ces miserables rencontres meritent plustost le rebut, que le rapport, & souuẽt en pensant manifester la gloire de Dieu, on descouure sa propre honte: car cõme se peut il faire, que de la folie de l'effect, il n'en reiallisse tousiours quelque vergongne sur la cause. Il vous pourra bien faire voir de quelles miseres Dieu m'a retiré, mais tousiours sont-ce mes miseres. A cela Serafic, non, non, Messieurs, ne craignez, ny du scandale pour vous, ny de la honte pour Alexis, s'il s'escarte de nous, ce sera plustost pour euiter d'entendre ce qui ne se peut dire, sans le priser plus qu'il ne le veut estre, & qui à la verité est chatoüilleux : mais, comme disoit l'Imperatrice Liuia, qu'à vn chaste courage les personnes nuës sont comme des statues; i'espere qu'à ceux qui sçauent les histoires de la femme de Putifar, de Susanne, & les sẽblables, ce que i'ay à dire, apportera plus d'édification que de dãger: joint que i'essayeray de le representer en sorte, que ie garderay le precepte du grand Apostre, qui ne veut pas qu'entre les Chrestiens vne parole de deshonnesteté soit entenduë, ainsi qu'il est bien seant, dict-il, à des persones sainctes. Si vous estes resolu à cela, dict Alexis, au moins donnez-moy le frere Palemon pour compagnie, afin que nous trompions l'ennuy du chemin, en deuisant de choses plus serieuses. Le frere qui estoit d'vne humeur agreable, & qui desiroit entendre Serafic: quãt à moy, dict-il, ie ne suis ny singulier, ny Sanglier, mais plustost marcassin, & beste de compagnie; mon obedience porte que ie vous conduise tous à Compiegne, non Alexis tout seul; & puis, ne sçauez-vous pas que l'Escriture menace ceux qui font bande à part: permettez, ie vous prie, Seigneur Alexis, que ie vous connoisse par la bouche de Serafic, aussi bien que par la vostre: car outre que ie m'asseure tant de sa modestie, qu'il assaisonnera ces chāpignons, en sorte qu'ils ne seront point nuisibles, ie ne pense pas tirer peu d'édification de son narré. Voyla donc le pauure Alexis ren du comme vn Pelican du desert, comme vn passereau solitaire, & comme vn hybou laissé par les oyseaux du iour. Il s'auança donc tout seul, en leur disant en riant: vous me faussez compagnie de bonne heure. Mais c'est vous, repliqua Menandre, qui vous en fuyez: car il vous est permis de participer auec nous à vostre propre feste. Mais vous ressemblez à ces Chinois, qui ne se treuuent point aux festins qu'ils font à leurs amis; le maistre n'osant paroistre au banquet qu'il a preparé. Vous n'estes pas seul, dict Serafic, ayant Dieu auec vous. Plaise à sa bonté, dict Alexis, de resider tousiours au milieu de nous, comme auec les Pelerins d'Emaus: mais parce que ie suis indigne d'vne telle conuersation, ie demeureray en la compagnie de moy-mesme; & Dieu vueille que ce ne soit point en la compagnie d'vn mauuais hōme. Auecques semblables joyeusetez, il s'escarta de ses compagnons, enuiron deux ou trois jets de pierre; non plus loin, de peur de s'esgarer; non plus pres, de peur de les entendre. Laissons-le donc parmy ses pensees, que nous ne pouuōs pas deuiner, pour entendre Serafic qui commença son entretien de cette maniere;

4 Si iamais vous auez veu vn blanc exposé en butte aux flesches empennees de ceux qui s'exercent à l'arc : si iamais vous auez veu vn escueil assailly de toutes parts des ondes de la mer. Vous auez veu l'honnesteté & la chasteté inuiolable du pieux Alexis attaquee des flesches ardẽtes de la conuoitise des ames incōsiderees: mais ce blanc n'en a iamais pû estre atteint, ny ce roc estre esbranlé par la sale escume de tãt de vagues. Il est vray, que si Dieu n'assiste tres particulierement, la continence est de difficile conseruation, aussi auec son ayde, la Chasteté braue tous les attraicts qui la veulent soüiller. Quand ie vous auray representé quatre batailles, que ie puis appeller sanglantes, puis qu'elles ont esté donnees cōtre la chair & le sang, desquelles il est sorty victorieux, vous serez bien seuere: si vous ne luy ordonnez le triomphe, & si en erigeant vn trophee à sa gloire, vous ne le tenez pour vn miracle d'hōnesteté. Cette beauté dont la nature l'a pourueu auec tant d'auantage, faict com-

me vne agreable enchassure éclater dautant plus le diamant & la perle precieuse de sō inuincible pureté, dementāt le prouerbe qui rend la beauté & la chasteté incompatibles. Ce poil chastain, doux comme de la soye, qui flotte si mollement sur ses tēples, ie l'ay veu en son aage plus tendre blōd comme du lin. Ce front ouuert où la modestie, & la douce grauité est cōme en vn throne d'yuoire. Ces yeux de bleu celeste ont des regards si puissans en leur suauité, que comme il n'y a rien de si fort que cette douceur, il n'y a rien de si doux que cette force: mais ce sōt des yeux de colombe lauez dans le laict de l'innocence, de la cādeur, & de la simplicité. Ce teint florissant, qui fait pallir de crainte & rougir de honte les lys & les roses qui se voyent surmōter par sa fraischeur: ce ton de voix tout argentin qui sort d'entre les perles & le corail. Cette taille haute & droitte comme vne palme, qui luy donne vne disposition & vne dexterité si grande à toutes sortes d'exercices soit de dancer, de voltiger, de mōter à cheual, de tirer des armes, de joüer à la paume, au mail, au balon, & de la luitte. Et ce qui cōprend tout cela, & se respand sur toutes ces belles parties, vne certaine bonne mine le rend si aggreable, qu'il ne semble estre ainsi accomply en l'exterieur, que pour ruïner la resolution de celles qui sont les plus determinees à l'honnesteté. Car de vous parler de l'ame, qui informe vne si belle demeure : il me semble, que comme vos yeux peuuẽt iuger de son corps; vos oreilles qui l'ont entendu, peuuent rapporter à vostre iugement la connoissance fidele des belles qualitez, qui rendent son esprit recommandable. Sa suffisance, & sa capacité, sa doctrine, & son eloquence, la faculté de se bien exprimer, la gentillesse de son action, sont autant de pieces, qui disputent à l'enuy la préeminence ? Que diray-ie de ses Vertus, plustost rien que peu : car ce seroit leur faire tort, que de les soumettre à la bassesse de mes eloges. Aussi la Vertu estant vne qualité toute diuine, elle ne peut estre estimee que par la langue des Anges, & non par celle d'vn hõme qui en est si despourueu cõme celuy qui vous parle. Il me suffira de dire que les Vertus immortelles surpassent infiniement en beauté les graces que la nature a peintes sur son front. De vous dire, combien il est de bonne cõpagnie, l'experiẽce ne vo⁹ permet pas de l'ignorer, mesme parmy les femmes, bien qu'il les ait en horreur par vne secrette antipathie : il sçait tẽperer cette humeur farouche que la Chasteté luy dõne, par vne cõuersation si douce & si pleine d'attraicts, que s'il en eust aymé quelqu'vne autrement que le deuoir ne porte, ie ne fais point de doute, si elle n'eust eu le cœur d'vn rocher, qu'il ne l'eust renduë susceptible de sa passion. I'ay veu peu de personnes qui l'ayent hanté sans l'aymer; car ceux, qui à l'abord ne se laissent prendre aux ineuitables traicts de sa bonne grace, sont à la fin contraincts de se rendre aux charmes de sa parole, & à la douceur de sa conuersation. En l'amitié auec ceux de son mesme sexe, il est franc, ouuert, fidele, ne la violant iamais, que quand il void que la Vertu est violee par quelque desreiglement de mœurs; car pour luy, quand il n'y a plus de Vertu, il n'y a plus d'amitié, estant sa maxime ordinaire:

Tant que vit la Vertu dure ma bienvueillance,
Si le vice suruient, Adieu toute amitié.

Aussi toute affection est-elle ruineuse, qui n'a cette baze. E's affections honnestes qu'il a pratiquees, soit par inclination, soit par contraincte, soit par bienseance ciuile, auec le sexe different du sien, il a tousiours esté fort retenu : & il n'eust pas continué si long temps sa correspondance auec Saincte, si cette fille aussi sainte d'effect que de nom, ne se fust rencontree comme luy, par vne conioncture miraculeuse, attachee à Dieu par vn vœu sacré, & par vn dessein Religieux. Or il vous a si naïfuement depeint les sentimẽs de son interieur pour celle-la, pour Mandalis, pour Nymphadore, & pour Christine : comme aussi les pures affections qu'il a euës pour ses amis, que vous auez peu remarquer, que la Deuotion se respandant sur toutes sortes d'amitiez, les rend extremement illustres. Mais las ! s'il regardoit tous les obiects auec l'œil d'vne pure & droitte intention, qui est appellee la lampe & le flambeau de l'ame par l'Escriture ; il n'a pas esté veu de la sorte par plusieurs inconsiderees : car comme si le monde, fabriqué d'vne cõposition harmonique, ne subsistoit que par contrepoinctes, les contraires se communiquans du lustre par leur opposition : la Continence attaquee & tentee par l'incõtinence de quelques imprudentes, que ie ne die impudentes, se rend esclattante comme vn grand flambeau parmy des obscuritez : & tout ainsi que le ruby d'Ethiopie, qui redouble son brillement estant mis dans le vinaigre ; & tout de mesme que la rose qui renforce son odeur par le voisinage des herbes puantes.

De cela entre plusieurs occurrences que ie sçay de sa vie, & que son humilité luy a faict taire: i'en sçay quatre signalees, qui auoysinent de bien prés les plus rares exemples de l'antiquité. Ie commenceray par la moindre, pour imiter le cours du Soleil, qui s'esleue peu à peu sur l'horison: veu que la route des Iustes est comparee par le Sage à vne lumiere resplendissante, qui s'auance tousiours iusques à vn iour parfaict. Du temps qu'à Orleans il conuersoit auec cette belle & sage Sainte, pratiquant auec elle vne amitié toute celeste, côme pour releuer la blâcheur de cette pure vnion d'esprits: il arriua qu'vne ieune vefue (dont nous voylerôs le nom sous celuy d'Argymire, pour vous tesmoigner que c'est le vice, nô la personne que nous descriôs) proche voysine & alliee de Sainte, mais fort éloignee de ses mœurs, fut prise par les yeux, de l'agreable forme de nostre Escolier: helas! si les fautes sôt si fertiles en excuses, celle-cy n'en mâquoit pas; puis que le suiect estoit tant aymable, que pour vne personne de sa sorte, il eust fallu estre aueugle pour ne l'aymer point. Ce n'est pas qu'elle n'eust tousiours 5.

vescu en reputation de tres-honneste femme, & qu'en effect elle ne le fust: mais pour ce coup ses yeux abuserent son cœur; & sa raison estant seduite, si son honneur fut sauué, ce fut par la temperance d'Alexis: car elle pouuoit dire auec autant & plus de verité, que l'Elise infortunee de la grande Muse des Romains:

Si le nom mal'heureux de nopce & d'Hymenee,
N'importunoit mon ame du dueil abandonnée,
Depuis que le trépas qui mes yeux arrousa,
De mon premier Amour les espoirs abusa;
Ce seul assaut sans plus forçant toute deffence,
Me feroit consentir à commettre vne offençe.

Combien de fois s'essaya-t'elle d'attirer ce jeune homme en son Escole, à sa maison, à sa cordelle? combien dressa-t'elle de filets, pour luy faire prendre autant d'Amour pour elle, qu'elle en auoit inconsiderément pris pour luy? Et certes, les vefues sont maistres en ces artifices; car ayant souuēt fait les essais de la façon auec laquelle les femmes peuuent aggreer aux hommes, elles iettent, sans doute, de plus viues amorces dans leurs esprits,

& elles sçauent lancer ces feux Gregeois, auec beaucoup plus d'artifice que les filles : car, qui ne sçait que le feu qui vient de dessous la cendre, est beaucoup plus ardant que celuy qui est à l'air. Or estant assez agreable, & en vn aage qui la faisoit pretendre à de secondes nopces: elle n'estoit par consequent vefue que d'apparence, non de desir, separee des hommes quant à la volupté du corps, non quant à la volonté du cœur : & pour cela ne se faut-il pas estonner, si à pleines voiles elle cingla vers l'escueil ; & sans l'honnesteté de la plage, elle eust faict vn naufrage deplorable. Donc comme elle vid que ses artifices luy succedoient mal, ou par la trop grande simplesse, ou par la trop grande soupplesse d'Alexis, qui, bien que fort auisé, faisoit semblant de ne s'en apperceuoir pas : & n'y ayant point de pire aueugle, ny de pire sourd, que celuy qui ne veut, ny ouïr, ny voir ; elle se hazarda luy parler, & en mots ambigus, & comme begayans (tant cette passion est sotte & enfantine en sa malice) de luy faire entendre sa passion, s'il eust eu des oreilles pour receuoir ces sornettes. Mais par le progrez, ne parlant que trop clairement, il la renuoyoit tousiours sur cette feinte creance; qu'elle se vouloit mocquer de sa simplicité, & luy faire la guerre sur les affections de Saincte; & comme elle protestoit auec des sermens solennels, ce qui n'estoit que trop veritable : il se rioit de ces iuremens, disant que les Cieux se mocquent de ceux des Amans & des femmes, & beaucoup plus de ceux des femmes Amantes. A la fin s'en voyant trop pressé & importuné, il la renuoyoit assez rudement, luy remettant tantost son honneur deuant les yeux, tantost la crainte de Dieu, vengeur seuere de ce crime tant infame; si bien que la honte la retenant quelque temps, son feu en deuenoit d'autant plus impetueux, & d'autant plus impiteux, qu'il estoit violemment r'enfermé : ce qui luy donna la resolution d'en venir aux effects, estimant que vers vn homme, ils auroient plus de credit que des paroles. Elle dressa de longue main vne partie pour la faire esclorre, lors qu'Alexis estimeroit sa flamme tout à faict amortie, pour luy leuer toute deffiance du piege, qu'elle luy tendoit pour l'enueloper en sa perte. Elle auoit vne assez gentille maison aux châps dans le val de Loire; c'estoit en la saison de l'Automne, quoy qu'on die des beautez du Primtems, la plus agreable comme la plus vtile de toutes, si sa queuë ne nous r'amenoit les brouillarts, les frimats, & l'Hyuer. Elle conuie aucunes de ses amies d'y aller passer quelques iours, entre lesquelles à dessein la Mere de Saincte, qui trainoit tousiours sa fille auec soy, comme le corps, son ombre, ne fut pas oubliee. Alexis qui estoit lors en cette trefue des estudes publiques, qu'on appelle vacances, se treuua libre de toute occupation, qui l'empeschast d'y accõpagner sa Saincte, y estant conuié par elle, à la suscitation de la rusee Argymire. Le soir comme se vint au coucher en la distributiõ des chambres, il se treuua qu'en celle d'Alexis (chose faite à la main) il n'y auoit qu'vn lict. Or vous sçauez ses apprehensions nocturnes, infirmité qu'il taschoit de dissimuler tant qu'il pouuoit : mais la necessité qui est vne dure maistresse, le contraignit de supplier Argymire, comme la Dame de la maison, ou de luy donner quelqu'vn qui dormist en sa chambre, ou auec luy, ou de le mettre en lieu où il pust reposer en compagnie. La miserable pensant l'auoir amené au poinct, où son effrené desir la conduisoit: cõbien de fois luy dit-elle : Mon beau fils, vous ay-je offert cette assistance, & vous l'auez rejettee ! Or, disoit-elle cela d'vne façon mocqueuse, pour treuuer son excuse dans la forme de dire, si le bel adolescent prenoit ces paroles au criminel : lequel prenant le tison par où il ne brusloit pas ; c'est à dire entendant ces mots, comme proferez par mocquerie : Si ie ne connoissois, dict-il, combien vous estes femme d'honneur, & combien vous faites estat de la gloire, & de la conseruation de vostre renommee ; ie dirois que vous seriez retombee dans vos premieres erreurs : ce qui me contraindroit de me retirer de vostre maison aussi promptement, que i'y suis venu franchement, sans penser à aucune mauuaistié. Elle qui s'imagiroit, que les effects estans plus pressans, tireroient plûtost son consentement, que des paroles, feignant d'auoir faict cette proposition pour risee luy promit de luy bailler vn petit fils qu'elle auoit pour coucher auec luy, ou de faire mettre vne paillasse pour vn valet dedans la chambre. Mais la fausse vefue (ainsi la puis-je appeller, puis qu'elle n'estoit pas de celles que sainct Paul appelle vrayes vefues) vouloit monstrer à nostre Iurisconsulte, qu'elle sçauoit

uoit aussi subtilement que luy le traitté des subst.itutions. Car comme chacun fut retiré, elle ordonna vn seruiteur de sa maison pour des-habiller Alexis, & pour se tenir en sa chambre auec de la lumiere, iusques à ce qu'on luy menast son petit fils, pour reposer auec luy. Alexis se coucha tout à la bõne foy, & s'endormit aussi tost, lassé des promenades du iour. Or comme les femmes sont subtiles, elles ourdissent ordinairement leurs tromperies, en trompãt ceux-là mesme, qui les aydent à trõper: elle feint d'amener son fils, & ayant sceu de ce seruiteur qu'Alexis estoit endormy, elle le faict sortir de la chambre, luy commandãt de la remener en la sienne auec la chandelle, ne voulant pas, disoit-elle, mettre son fils à ses costez, de peur de le réueiller. Quelque temps apres, sentant vn chaqu'vn estre en son repos, la passion qui l'empeschoit de fermer l'œil par où elle l'auoit admise, la faict sortir presque nuë, & en iuppe, vne petite bougie à la main: & s'estant glissee sans bruict dans la chambre d'Alexis, elle se mit à le contempler dormant: à peu prés de la sorte que les Poëtes content de Diane & d'Endimion, ou de la façon que ce Philosophe Platonicien, Apulee, en ses Transformations depeint Psyché, considerant son Espoux, auparauant inconnu, auec vne lampe ardante : dont elle fut priuee par sa curiosité, parce qu'vne goutte d'huille ardante, le resueillant en sursaut, luy fit voir sa desobeïssance. De vous dire les pensees d'Argymire en cet estat, & les mauuais desseins de son courage, estant animee d'vne rage qui faict oublier Dieu, le deuoir, l'honneur & la raison ; il seroit mal-aysé, sans laisser dans les ames des impressions perilleuses. Et comme transportee de sa fureur, elle estoit sur l'execution de son mauuais dessein, cette lumiere frappant les paupieres du dormeur, les luy fit mollement ouurir : & comme il apperceut le spectacle de cette femme, presque nüe, estant aussi chaste que peureux, (& c'est le propre des personnes pures d'estre timides, pource qu'elles apprehendent extremement la rencontre de ce qui peut offencer leur pureté) il m'a confessé, me racontant cecy tout à la bonne foy, que son imagination, qui luy cause tous ces troubles nocturnes, fut en mesme temps frappee de deux violentes attaintes ; l'vne de sa crainte naturelle, qui luy fit voir cette femme comme vne furie infernale, tenant vne torche ardante à la main ; car c'est ainsi que l'apprehension metamorphose en vn instant les obiects ; l'autre de la pudeur ordinaire, qui accõpagne inseparablemẽt l'hõnesteté. D'abbord il se treuua si saisi, que la voix luy faillit pour crier au secours (volõtiers qu'il auoit veu le Loup ou sa femelle:) cette femme le voyant en cette agonie, esteignit soudain sa lumiere, pour cacher sa surprise dãs les tenebres : & luy mettãt vne main sur la bouche, de peur qu'il ne criast, de l'autre bras elle luy enlasse le col, tout ainsi que le Dragon s'entortille à l'Elephãt, quand il le veut trainer à sa ruine. Mais le genereux Atlete de la Chasteté, inuoquant le Nom de IESVS cõtre la douce violẽce de ces charmes, fermãt les oreilles de sõ cœur à ces paroles charmeresses qui luy disoient : C'est moy, Alexis, n'ayez point de peur, Argymire qui s'est reduitte à ces extremitez, par la passion qu'elle a pour vous ; que pouuez-vous craindre auec vne si fidelle compagne ? Alors Alexis prenant auec l'ayde de Dieu vne force extraordinaire, & deliuree de sa premiere frayeur naturelle, sçachant que la seule fuitte est salutaire en de semblables occurẽces, se debattant rudemẽt, se destacha des replis de cette mal-heureuse vigne: & d'vn tõ de voix aigre, courroucé & plus haut, que le lieu & le temps ne sembloit permettre, en sautant du lict où cette miserable s'estoit mise : Comment, dit-il, est-ce de la façon que vous receuez vos hostes, impudique, & impudente que vous estes? falloit-il que vos importunes impertinences passassent en vne telle effronterie? Or sus, infidelle à Dieu, & traistresse à vostre propre honneur, sortez vistement, si vous ne voulez que ie publie à tout le mõde, qui est ceans, vostre honte, que la Charité me faict celer. A peine eut-il acheué ces paroles, qu'il sentit encore parmy ces tenebres cette Megere qui le persecutoit; si bien qu'il se mit à crier misericorde, & à l'ayde. A ce bruict plusieurs accoururent, qui sans chandelle, qui auec de la lumiere, auparauãt que l'eshontee Argymire peust sauuer son honneur par sa retraitte: mais la necessité la fit glisser derriere vn tapis qui estoit au deuãt de la cheminee; où elle se tapit auec les trãses que vous pouuez imaginer. On treuue Alexis parmy la chãbre, qui ne la voyant plus, commença à debattre en soy-mesme, & à douter si ce n'estoit point quelque fantosme, & quelque illusion diabolique qui l'eust trompé. Et en toute façon, desirant sauuer l'honneur de son hostesse : C'est, dit-il à ceux qui estoient venus à son cry, que i'ay eu la plus grãde peur que i'eus iamais, estant effrayé d'vne vision la plus horrible, & d'vn sõge le plus espouuentable qui se puisse dire. Il me sembloit, poursuiuit-il, que ie voyois vne furie auec vn flambeau ardant qui me poursuiuoit, & qu'vn grand serpent, pour m'empescher de fuir, s'entortilloit autour de moy, & m'enuelopoit auec ses replis, & le col & les jambes. Et certes le bon enfant ne disoit que trop vray : car quelle furie plus dangereuse qu'vne femme perduë, & quel serpent de feu plus venimeux & plus mortel, se peut attacher à celuy qui faict profession de Continence? Voylà continua-t'il des effects de ma timidité, & comme il a de coustume de m'arriuer, quand ie couche seul dans vne chambre. Argymire escoutoit tout cela de sa cachette auec des tremblemens, qui se peuuẽt mieux penser que descrire; car si quelqu'vn se fust auisé de leuer ce tapis, la furie & le serpent se fussent rendus visibles en elle. Alexis reprenãt ses vestemens s'habilla promptement, & quittãt cette chambre mal-encontreuse, descendit en la sale, où il reposa durant la nuict tout vestu sur le lict vert, ayant faict mettre le seruiteur qui l'auoit des-habillé sur des chaires, fermant la porte sur soy, pour n'estre plus suiect aux inuasions des furies. La chambre du stratageme estant deuenuë vuide & sans lumiere, Argymire se coula doucement parmy les tenebres en la sienne : d'où sortant toute mal habillee, & comme sommeillante, elle demanda quel bruict elle auoit entendu, feignant de l'ignorer : & lors se mocquant des ter[reurs] d'Alexis, elle ne disoit pas que la plus grande part de la peur auoit esté pour elle, n'ayant eu de sa vie de si chaudes allarmes. Le lendemain ce ne furent que risees de la peur d'Alexis, chacun luy en faisant la guerre, & Argymire plus qu'aucune autre, en parlant d'autant plus qu'elle vouloit monstrer y auoir moins de part : si bien que ce dessein qui auoit esté tragique, puis qu'il s'agissoit de la mort de l'honneur, que toute ame bien-faite preferera tousiours à la vie, eut vne Catastrophe Comique. Le lendemain toute cette compagnie reuint à Orleans, où en fin Argymire, voyant ses esperances mortes, changea, comme c'est l'ordinaire, son Amour en hayne : & s'imaginant que ce fust l'amitié de Sainᵭte, qui occupast tellement l'ame d'Alexis, qu'il n'y eust aucune place pour elle, que ne fit sa malice pour semer de la zizanie & de la diuision parmy ces deux belles ames ? Mais Alexis qui ne pouuoit rien celer à cette fidelle Saincte, luy ayant deſcouuert au vray, & les paſſions deſordonnees, & le ſuiect de ſa terreur des champs, fit qu'elle ne preſta aucune creance aux meſdiſances & aux faux rapports, que cette deſeſperee luy faiſoit de ſes deportemens. A la fin vn mariage ſi neceſſaire à cette fauſſe femelle, pour eſteindre ſes immoderees ardeurs, l'ayant tiree du voyſinage de Saincte, en la maiſon de ſon ſecond mary, rendit le bon Alexis exempt de ſes importunitez, & libre de ſes meſdiſances. Ce danger ne fut pas pluſtoſt paſſé, qu'vn autre plus eſclattant & plus redoutable ſe preſenta au vaiſſeau d'Alexis, qui ſur la mer du monde pleine de perils ſans nombre, a par la grace du Ciel euité tant de briſans & tant d'eſcueils: il me le faudra trancher court, puis que deſia nous aperceuons les murailles de Compiegne. Il y auoit deux Eſcoliers amis, l'vn de Paris, l'autre Gentil-homme du Gaſtinois, qui demeuroit en penſion à Orleans, chez vne vefue, qui parmy beaucoup d'enfans auoit vne fille aſſez grande, vaine, affetee, & de l'humeur de celles qui ſe portent volontairement au precipice de leur perte : ils frequentoient la maison du Docteur Radulphe, assistans aux Conferences, Repetitions, Disputes, communications, & autres exercices Academiques qui s'y faisoiēt, soubs la direction & en la presence de ce sçauāt homme. De là vint leur familiarité auec Alexis, lequel ils visitoient souuent en son estude, le consultans en leurs difficultez, & luy tesmoignās beaucoup de bien-vueillance. Luy reciproquement ayant l'ame bonne, & de la trempe que vous sçauez, leur rēdoit beaucoup de deuoir, auec des demonstrations d'vne affection singuliere. Ces compagnons, qui, comme camarades, s'aymoient: mais d'vne amitié mōdaine & ennemie de Dieu, se mocquoient ordinairement de la Deuotion d'Alexis, bien qu'ils prisassent son bel esprit & sa science. Cette humeur libertine qui les possedoit, leur fit mettre incontinent à perdition la fille de leur hostesse qu'ils desbaucherent miserablement, & par ce que les fruicts de cette folle accointance commençoient desia par leur tumeur, à mettre cette indiscrette au hazard d'estre connuë pour enceinte, & mettre sa honte en euidence: ces deux amis de dissolution commencerent à entrer en conteste à qui se confesseroit le pere de cette creature que la deplorable Auxane (tel est le nom que nous supposerons à cette perduë) portoit dans ses flācs, chacun renuoyoit ce pacquet à son compagnon, mauuais estoit l'arbre dōt ils euitoiēt de recueillir le fruict. Leurdebat estoit bien different de celuy de ces deux femmes qui plaidoient deuāt Salomon, à qui auroit l'enfant : de le receuoir par indiuis, c'estoit enfoncer d'auātage l'opprobre de la mere. En fin les loups qui s'entremangent, s'accordent pour deuorer vne brebis: ils s'auisent de s'en décharger sur vn tiers, auquel ils se deliberēt de faire part de leur proye. Ce tiers qu'ils choisirēt, fut l'innocent Alexis, object de leur mocquerie, & le sujet de leur trahison: mais le iuste ciel réuersa & l'vne &l'autre sur leurs testes. C'est vn enfant de Paris, (vous m'entendez) il est de bōne maison, il portera bien cette charge, il a l'humeur si douce, si humble, si charitable, que cette suauité l'empeschera de les quereller: cette humilité luy fera souffrir cet opprobre, & sa charité luy fera ouurir les bras à cette chetiue creature, encore qu'elle ne soit pas siēne. Et le diable qui fait esclorre ses desseins par ses supposts, fasché des escornes qu'il auoit receus par ce chaste iouuenceau, és personnes de celles par lesquelles il auoit voulu le prouoquer à l'impureté, fait estat de se venger cette fois de luy, en diffamãt sa deuotion & le faisant tenir pour vn meschant hypocrite, voilant ses abominations, sous vne apparence de pieté. Heron & Supere (appellons ainsi ces deux frippons) ayans remonstré à Auxane qu'ils estoient pauures Gentils-hommes, & qu'il valloit mieux qu'elle se deschargeast de son fardeau sur quelque enfãt de famille, qui estant de riches parẽs peût garder son enfant de famine, & elle de necessité, luy suggererent d'attirer en ses filets ce ieune pigeon d'Alexis: qu'il estoit beau, mignon, agreable, de bonne maison, qu'il les venoit voir quelques-fois, & qu'ils seruiroient de tesmoins de les auoir veus ensemble. Cette secõde Thais, autant susceptible de formes, que la matiere premiere, r'appellant en sa souuenance l'image & la figure du bel Alexis, consentit aysément à cette supercherie qu'elle estimoit auãtageuse, non à son honneur qu'elle tenoit pour perdu, mais à son humeur qui luy faisoit aymer le change. Or apres auoir souuent essayé par attraicts, & par blandices, de faire tõber cet oyseau dãs ses lacs, & ce poisson dans ses rets; & recognu que par des fuittes estudiees, il éuitoit sa rencontre comme vn escueil, en fin deuenuë plus ardante, qu'elle treuuoit de difficulté à appriuoiser ce farouche Damoyseau ; elle fit vne conjuration auec ces deux desbauchez, qui l'auoient precipitee en son mal-heur. Alexis leur rendant vne visite pour plusieurs, dont ils l'auoient obligé:(car ils le caressoient & le recherchoient d'autant plus affectueusement en apparence, qu'ils estoient resolus de le trahir en effect) comme il estoit en leur chambre, voicy entrer Auxane, paree comme celle qui s'estoit attachee d'vn long art tous les ornemens dont elle auoit pensé pouuoir rehausser sa beauté, qui n'estant que mediocre auoit bon besoin de ces aydes ; elle feignoit de chercher quelque chose qu'elle auoit perduë: (& pleust à Dieu qu'elle eust retreuué sa hôte qu'elle auoit esloignee de son front!) Heron sortit, cõme l'allãt chercher en certain lieu où il disoit l'auoir veuë, & Supere le suiuit bien tost pour aller, à ce qu'il faisoit entendre, prendre en son estude ie ne sçay quoy, & sortãt il ferme la porte apres soy sur cette fille & Alexis, qui eust mieux aymé rester auec Daniel dãs la fosse des Lyons. Alors cette vilaine prenant son temps, cõmence à l'accoster, & auec des caresses & des actions autãt impudẽtes, qu'impudiques à soliciter l'integrité du jouuenceau. Dieu! que deuint-il apres l'auoir repoussee, refusee, injuriee: ainsi qu'il veut par la fuitte euiter les griffes de cette Harpie, il treuue la porte serrée : alors iugeant qu'il estoit trahy, il commença à crier; mais aussi tost l'effrontee femelle esclattant plus haut que luy, & fermant la porte par le dedans, se plaint & se debat comme vne fille qu'on vouloit forcer. Elle joüa aussi bien son personnage que ce traistre Sinon du grand Poëte, qui estoit resolu

De trahir les Troyens, ou mourir en la peine.

Car par ses cris & ses lamentations, elle appella ses fauteurs à son secours, qui bien instruits du badinage accoururent, & treuuant la porte fermée en dedans, feignirent de la vouloir enfõcer: la mere entẽdant cette rumeur arriuer, elle entẽd sa fille qui crie à pleine teste, que c'est ce meschant Alexis qui la veut forcer; elle froisse ses habits, gaste son collet, décordõne ses cheueux, pour faire voir ces marques de la violence d'vn hõme qui est à l'autre bout de la chambre, & qui croit que son innocẽce est vn Soleil qui dissipera sans rien dire tous ces broüillars, en fin la porte est enleuee de ses gonds. La mere entre furieuse comme vne tigresse à qui on veut rauir la littee : elle se veut attacher comme vne furie au collet d'Alexis, & luy sauter aux yeux: mais ces rudes atteintes luy estans plus tolerables que les caresses de la fille, il les enduroit auec beaucoup plus de patience. Heron & Supere, pour faire les bons amis, arracherent Alexis des ongles de cette enragee qui sembloit le deuoir deuorer: & luy remonstrans qu'elle en auroit bien plus de vengeance par la iustice, dirent plusieurs outrages au pauure Alexis, comme s'il eust esté vn hypocrite, & vn corrupteur de filles, le chargeans de leur propre crime: ainsi dict Dauid; tandis que l'impie s'en-orgueillit, l'innocent est tourmenté. Tãdis que la mere irritee fait informer de cette action, de laquelle on parle diuersement par la ville, la populace estãt cõme la renommée pleine de langues & de voix, par vn secret iugement de Dieu, dix iours apres vn acte si mal-heureux, la miserable Auxane fut surprise sur la minuict, estant couchee dedãs la chambre de sa mere, des douleurs que les sages filles n'endurent iamais. Trãchees, qui la firent crier au ventre, bien plus hautement, & plus veritablement que quand elle feignoit estre pressee par Alexis; la mere accourt, à laquelle, cõme si ces douleurs de l'enfantement luy eussent... seruy de torture, elle confessa la verité de la seduction des deux complices, & manifesta pleinement l'innocẽce d'Alexis. Les deux galands se voyãs descouuers s'enfuirent, violans par cet abandõnement aussi cruellemẽt les loix de l'amour, qu'ils auoiẽt impudemment violé les droicts de l'hospitalité. La mere alors qui aymoit l'honneur, au lieu d'ayder à la deliurance de sa fille, la vouloit estrangler, si les freres & les seruantes ne l'eussent escartee; parmy ces hontes, ces angoisses & ces pressures de cœur & de corps, elle se deliura d'vn enfant de cinq mois, qui vint tout mort au monde, faisant voir qu'vn mauuais arbre ne porta jamais bon fruict. Toute la ville en fut incõtinent abbreuuee, & la verité, tiree du puits de Democrite, esclatta en l'honneur d'Alexis, & fit rire vn chacun democritiquement du mal-heur de cette pucelle qui auoit cõbatu si genereusement dix iours auparauãt pour la conseruation de sa virginité. Ceux qui auoient en la personne d'Alexis blasmé temerairement la deuotion, se retracterent & loüerent Dieu qui l'auoit tiré comme vne Susanne, du trouble de cette fausse accusation, & de la contradiction des langues. Ie m'asseure, que si vous considerez meurement ces deux violẽs assauts, vous les treuuerez tels qu'ils peuuent entrer en conference auec plusieurs dont l'antiquité nous faict feste dans l'Histoire. Mais si ie vous dis qu'ils ne sont rien à comparaison de deux autres qui luy sont arriuez à Paris depuis son retour des Vniuersitez: ie ne m'escarteray point de la verité. Car il me semble qu'il n'y auoit que le roc imprenable de la Chasteté d'Alexis qui en peust repousser la violence: & pour moy ie n'y pense iamais, que le poil ne m'en herisse en la teste, & que ie ne tienne ces deux actions pour deux miracles, puisque S. Bernard estime que la cõuersation des femmes est vne œuure miraculeuse. Car soit que ie pense aux stratagemes, soit que ie considere la qualité des personnes, soit que i'examine les particularitez des rencontres, ou les circonstances des faicts, apres cela ie ne treuue rien d'émerueillable; & trauerser les eaux à pied sec, & les flammes sans se brusler, me semblẽt des choses plus faisables.

Il faut neantmoins que nous remettions 6
ce recit à vne autre fois, puisque la proximité de la ville, promettant du repos à nos corps, annonce la trefue à nos paroles. Il n'y eut celuy des Pelerins qui n'admirast la cõstante & inuincible Chasteté d'Alexis, & qui ne conceust de sa pureté vne estime incomparable; principalement Meliton & Florimond, qui confesserent librement que Dieu leur enuoyoit la

robe selon l'hyuer, leur courage ne leur promettãt pas de pouuoir resister à tãt d'efforts, si vne grace speciale ne les soustenoit. Et Palemon se ressouuenant de quelques tours qu'il auoit remarquez estant page dedans la cour, qui est le sublimé du monde, & le theatre de semblables passions, confessa qu'il n'auoit iamais rien veu ny entendu de sẽblable, & que tout Religieux qu'il estoit, toutes ses vertus n'estoient que de verre aupres de celles d'Alexis, qu'il estimoit comme des diamans: car si dans l'horreur de la solitude, disoit-il, où est caché nostre Hermitage, ie ne puis cõbatre les idees des compagnies que i'ay veuës à la Cour, ny dompter les rebellions de mon sens par austeritez & par ieusnes, qu'eust-il esté de moy, si ie fusse demeuré dans le siecle? Sur ces deuis, ils s'auancerent vers Alexis, qui les attendoit à la porte de la ville de Compiegne, où arriuez, nous leur laisserõs prendre leur repos en l'hostelerie, tandis que nous prendrons le nostre, terminans en ce lieu cette Sixiesme Partie.

FIN.

www.ingramcontent.com/pod-product-compliance
Lightning Source LLC
Chambersburg PA
CBHW072108220426
43664CB00013B/2037

* 9 7 8 2 0 1 2 1 7 2 9 5 1 *